云南省教育厅科学研究基金项目"可行能力视角下云南佤族妇女旅游职业教育培训对策研究"（项目编号：2019J0095）的研究成果。

国家社会科学基金项目"云南'直过民族'地区妇女成人职业教育问题研究"（项目编号：17XMZ061）的阶段性成果。

云南『直过民族』社区居民旅游可行能力提升研究——以翁丁佤族村为例

李春梅 ◎ 著

云南大学出版社
Yunnan University Press

图书在版编目（CIP）数据

云南"直过民族"社区居民旅游可行能力提升研究：以翁丁佤族村为例／李春梅著．—昆明：云南大学出版社，2019

ISBN 978-7-5482-3703-7

Ⅰ.①云… Ⅱ.①李… Ⅲ.①佤族－民族地区－旅游业发展－研究－沧源佤族自治县 Ⅳ.①F592.774.4

中国版本图书馆CIP数据核字（2019）第123261号

策划编辑：李俊峰
责任编辑：严永欢
装帧设计：刘　雨

云南"直过民族"社区居民旅游可行能力提升研究
——以翁丁佤族村为例

李春梅◎著

出版发行：云南大学出版社
印　　装：昆明埕埕印务有限公司
开　　本：787mm×1092mm　1/16
印　　张：16
字　　数：253千
版　　次：2019年8月第1版
印　　次：2019年8月第1次印刷
书　　号：ISBN 978-7-5482-3703-7
定　　价：69.00元

社　　址：昆明市一二一大街182号（云南大学东陆校区英华园内）
邮　　编：650091
电　　话：（0871）65031070　65033244　65031071
网　　址：http://www.ynup.com
E-mail：market@ynup.com

若发现本书有印装质量问题，请与印厂联系调换，联系电话：0871-64167045。

序

李春梅博士在全面了解云南"直过民族"历史、政治、经济和文化的基础上，五次深入"直过民族"社区调研，收集第一手资料，并进行深入系统的分析研究，完成了《云南"直过民族"社区居民旅游可行能力提升研究——以翁丁佤族村为例》专著，这是一部具现实性、针对性、理论性、方法性等较新颖的著作。

一是现实性强。《云南"直过民族"社区居民旅游可行能力提升研究——以翁丁佤族村为例》是在我国坚决打赢脱贫攻坚战的大背景下所做的将旅游扶贫理论与实践结合、旅游扶贫与扶志扶智等相结合，并关注扶贫中居民旅游能力提升问题的探索性成果。该著作借鉴国外文化旅游成功的经验，分析思考翁丁佤族社区的旅游发展问题，运用人类学和管理学的相关研究理论和方法开展跨学科研究，深入研究佤族居民的旅游可行能力。

二是针对性强。中国是由56个民族组成的多民族国家。由于新中国成立初期的特殊情况，形成了"直过民族"这一类我国最特殊的少数民族群体。新中国成立以来，我国政府采取了一系列不同于其他地区的特殊政策措施，帮助他们直接过渡到社会主义。受惠于国家的民族政策和社会经济扶持政策，"直过民族"社会经济和生活水平有了极大改善和提升。其中，佤族就是9个"直过民族"之一，人口有42.9余万人，主要聚居于云南省沧源佤族自治县和西盟佤族自治县。由于特殊的地理、交通等原因，相比较而言，佤族仍是整体贫困程度较深的群体，面临着急需脱贫攻坚与人的发展、社会进步并重的艰巨任务。佤族人民创造了优秀的民族文化，如距今3000多年的沧源崖画、司岗里神话、干栏式建筑等等，在旅游扶贫的大背景下，这些优秀的传统文化是最宝贵的旅游资源，也正在变成佤族村寨经济发展的最大优势。在这一转变过程中，社区居民旅游可行能力提升成为关键性的问题，必须激发居民自身的内生动力，同时，也需要政府、村委会、旅游企业、专家学者等责任主体在居民旅游可行能力提升中发挥应有的功能。

三是具有很好的参考性。该专著研究发现，佤族旅游社区居民的孵化性运作能力分别是旅游参与可行能力、旅游就业可行能力、旅游产品开发可行能力、旅游技能提升可行能力和旅游融资可行能力。这些能力的增强能促进其他旅游可行能力的提升，因此，佤族社区内外部力量发挥合力的关键点在于提升这五大旅游可行能力。云南省有9个"直过民族"，除了佤族，还有景颇族、傈僳族、独龙族、怒族、布朗族、基诺族、拉祜族和德昂族。这一研究发现可为我国其他"直过民族"地区的旅游脱贫提供参考借鉴，对解决这些民族群体的区域性整体贫困，做到脱真贫、真脱贫有很大的现实意义。

四是具有较好的理论性。在该专著中构建了"直过民族"社区居民旅游可行能力理论的分析框架和评估指标体系。主要以可行能力理论为理论来源、国内外经验为现实依据，结合"直过民族"社区的特征，构建了"直过民族"社区居民旅游可行能力的理论分析框架和评估指标体系。在该理论分析框架中，居民旅游可行能力的外部影响因素有脆弱性环境、功能性活动和地方性知识。社区居民旅游可行能力提升的关键点在于找到居民的孵化性运作能力，与政府、村委会、旅游企业、专家学者的外力形成宏观、中观和微观交融的合力，最终实现社区居民旅游可行能力提升。

五是有较强的方法创新性。构建了"直过民族"社区居民旅游可行能力的评估指标体系，包括三大理论维度、六大观测指标和三十一个分指标。其中，三大理论维度是善治、经济条件和社会机会；六大观测指标是旅游参与可行能力、旅游就业可行能力、旅游产品开发可行能力、旅游技能提升可行能力、旅游融资可行能力和旅游社交可行能力。应用定性和定量相结合的研究方法对翁丁佤族社区进行实证研究，运用 SPSS 17.0 对调查问卷进行信度和效度检验，在符合信度和效度要求的基础上，通过因子分析法和模糊综合评价等定量研究方法对翁丁佤族社区居民的旅游可行能力进行评价，经过数据统计，得出每项居民旅游可行能力的评价值，进一步探究居民旅游可行能力存在的问题，然后提出提升居民旅游可行能力的对策。

综上所述，《云南"直过民族"社区居民旅游可行能力提升研究——以翁丁佤族村为例》是一部值得阅读的关于民族旅游可行能力研究的专著。期盼李春梅博士有更多的成果出现，以共同促进民族旅游的研究。

明庆忠
2019 年 3 月 30 日　于昆明

（作者为二级教授、博士、云岭学者、云南省优秀社科专家、中青年学术技术带头人，云南财经大学首席教授、旅游文化产业研究院院长、中国人类学民族学学会民族旅游专委会副主任）

目 录

第一章 绪 论

1.1 研究背景 | 2

1.2 问题提出 | 5

1.3 研究进展与述评 | 6

1.4 研究意义 | 31

1.5 研究思路和方法 | 32

第二章 概念界定及理论基础

2.1 相关概念界定 | 42

2.2 理论基础 | 49

第三章 "直过民族"社区居民旅游可行能力研究的理论分析框架和评估指标体系构建

3.1 现实依据 | 60

3.2 "直过民族"社区居民旅游可行能力的理论分析框架构建 | 72

3.3 "直过民族"社区居民旅游可行能力的评估指标体系构建 | 79

3.4　评价量表制作、定量指标测量和定级 | 87

　　3.5　调查问卷结构 | 90

　　3.6　研究假设 | 90

　　3.7　本章小结 | 90

第四章　翁丁佤族社区居民旅游可行能力的实证研究

　　4.1　案例选择 | 94

　　4.2　资料收集 | 95

　　4.3　翁丁佤族社区居民旅游发展概况 | 96

　　4.4　翁丁佤族社区居民旅游可行能力的主要特征 | 111

　　4.5　翁丁佤族社区居民旅游可行能力评价 | 126

　　4.6　翁丁佤族社区居民旅游可行能力现状分析 | 144

　　4.7　翁丁佤族社区居民旅游可行能力存在的问题 | 146

　　4.8　本章小结 | 147

第五章　翁丁佤族社区居民旅游可行能力提升的对策研究

　　5.1　翁丁佤族社区居民旅游参与可行能力的提升对策 | 150

　　5.2　翁丁佤族社区居民旅游就业可行能力的提升对策 | 154

　　5.3　翁丁佤族社区居民旅游产品开发可行能力的提升对策 | 157

　　5.4　翁丁佤族社区居民旅游技能可行能力的提升对策 | 166

　　5.5　翁丁佤族社区居民旅游融资可行能力的提升对策 | 171

　　5.6　翁丁佤族社区居民旅游可行能力提升的保障机制 | 172

　　5.7　本章小结 | 177

第六章　研究结论和展望

　　6.1　研究结论 | 180

　　6.2　研究的创新点 | 185

6.3 进一步研究的空间和展望 | 187

附 录

附录一 访谈提纲 | 190

附录二 访谈人员记录表 | 193

附录三 "直过民族"社区居民旅游可行能力维度和指标体系专家调查问卷及结果统计 | 203

附录四 "直过民族"社区居民旅游可行能力调查问卷 | 205

附录五 "直过民族"旅游社区游客调查问卷 | 211

附录六 翁丁佤族社区图片 | 213

附录七 勐角民族乡翁丁村民委员会翁丁村村规民约 | 219

参考文献

后 记

第一章 绪 论

本章在对大量文献进行梳理之后，明确了本书研究的核心问题是"提升"直过民族"社区居民的旅游可行能力"，先对前期研究成果的进展进行总结分析，然后确定研究思路为：构建理论分析框架—构建评估指标体系—对案例点进行实证研究—找出存在的问题—提出提升对策。研究内容包括构建"直过民族"社区居民旅游可行能力的理论分析框架和评估指标体系、翁丁佤族社区居民旅游可行能力的主要特征、翁丁佤族社区居民旅游可行能力的评价、翁丁佤族社区居民旅游可行能力的提升对策等内容。

1.1 研究背景

1.1.1 国内社会发展存在不平衡不充分的问题

在党的十九大报告中，习近平总书记指出，我国社会主要矛盾已经转化为人民日益增长的美好生活需要和不平衡不充分的发展之间的矛盾。从这一社会矛盾的转变中，我们看出，人民的需要已经从物质领域扩大到物质文明、精神文明、社会文明、制度文明和生态文明各个领域，需要的层次呈现多样化和个性化。从发展的区域看，区域发展不平衡，一般东部比西部发展快，城市比农村发展快，汉族地区比少数民族地区发展快。总之，社会发展不平衡不充分，发展的能力和水平还需加强，客观上还存在发展不够稳定和不持续的情况。对于云南省这个少数民族大省来说，同样存在着社会发展不平衡不充分的现实问题，位于云南省边境线上的"直过民族"社区，经济发展速度远远落后于城市的发展速度，很多"直过民族"社区属于国家贫困村，居民的生活水平较低。旅游发展是促进这些地区迅速发展的有效途径，提升居民的旅游可行能力是缩短与其他地区经济差距的重要措施。

1.1.2 国内旅游发展趋势对旅游社区居民能力的挑战

根据中国旅游研究院的国内旅游抽样调查结果，2016年我国国内旅游44.4亿人次，比上年同期增长11.0%，其中，城镇居民31.95亿人次，增长14.03%；农村居民12.4亿人次，增长4.38%。国内旅游收入3.94万亿元，增长15.19%。其中城镇居民花费3.22万亿元，增长16.77%；农村居民花费0.71万亿元，增长8.56%。出入境旅游2.6亿人次，其中，入境旅游1.22亿人次；出境旅游 1.38 亿人次，总增长 3.9%。① 全年实现旅游总收入 4.69 万亿元，增长 13.6%。从以上数据看，我国的旅游业稳步增长，而且，已经发展到了从大众旅游的中高级阶段，转向日常休闲旅游，差异化游憩环境逐渐成为休闲的手段，越来越多的老百姓开始加入休闲旅游的队伍，国内旅游需求旺盛。在这样的发展趋势推动下，随着旅游交通的升级，国内跨省、跨市、跨县、跨乡的游客将会越来越多，不同地域的游客将会选择游历全国各地有特色地域文化和民族文化的旅游目的地，城市游客喜欢到一些少数民族农村社区体验农村生活，感受异文化的生活方式。因此，为了在旅游大潮中，能顺应趋势，获取旅游经济效益，全国各地旅游目的地就必然要将建设地方特色文化和民族文化当作重点工作。"直过民族"旅游社区作为"直过民族"文化延续的聚居地，拥有优美的旅游自然资源和神秘的"直过民族"文化资源，吸引了众多游客前来游玩，可是，当大量为了体验异质文化的游客涌入"直过民族"旅游地区时，给这些地区的居民带来了机遇，也带来了前所未有的挑战。如何利用这种机遇，发展"直过民族"地区经济，提升当地"直过民族"居民的旅游可行能力，是云南省"直过民族"旅游社区面临的最艰巨的困难。

1.1.3 云南省翁丁佤族旅游社区发展的困境

佤族是我国 9 个"直过民族"之一。1953 年第一次人口普查统计佤族人口有 28 万人，2010 年人口普查佤族人口有 42.9 万人。② 据 2000 年第五次全国人口普查统计，全国佤族人口中，15 岁以上人口有 279900 人，在 15 岁以上的人口中，文盲人口 65800 人，文盲人口比率为 23.51%，其中男性成人文盲率为 18.10%，女性成人文盲率为 29.22%。近年来，在云南省民族文化旅游发展的大背景下，这些佤族地区居民开始尝试在聚居区内发展社区旅游，但是，由于缺乏对旅游资源的开发和保护能力，导致这些佤族社区旅游发展水平与其他发达地区相比仍存在较大差距，旅游经济发展严重不平衡。翁丁佤族社区是我国典型的佤族聚居区，这里拥有丰富的自然和人文资源，是我

---

① 数据来自 2016 年中国旅游研究院的国内旅游抽样调查统计数据。
② 周本贞等编. 中国少数民族大辞典：佤族卷 [M]. 昆明：云南民族出版社，2014.

国著名的旅游目的地，可是，近几年来，旅游发展进程缓慢，其原因在于居民的整体素质偏低，旅游可行能力有待提高。社区发展遇到的困难主要集中在以下几方面：第一，居民经济收入低。翁丁佤族旅游社区所在位置较偏远，位于山高林密、与外界隔绝的地域，地理环境封闭，存在地域的边缘性和封闭性，公路交通不方便，经济发展滞后，居民生活贫困。第二，居民参与旅游的程度不高。由于翁丁佤族社区位于国境线，平时游客很难到达，只有在节日期间才会有很多游客来旅游，社区居民对传统文化的旅游开发缺少思考。第三，居民难以转化成新型农民。翁丁佤族旅游社区仍然保留着浓厚的原始文化形态，佤族传统文化的传承主要依靠家庭教育和社区教育，大多数居民的受教育程度偏低，信仰原始宗教，他们相信万物有灵，在村寨中盛行叫魂活动，每年因叫魂祭鬼而大量杀牲，常有因此而倾家荡产者。居民忽视"旅游+农业"的融合发展，导致旅游无法实现可持续性发展。第四，翁丁佤族旅游社区完全依靠政府的政策开发，社区外部出现众多矛盾。居民与当地政府、旅游企业等利益相关者存在一些隐性的矛盾，阻碍了社区的旅游发展。第五，翁丁佤族旅游社区内部存在众多矛盾，如存在居民与村委会的矛盾问题。解决这些矛盾的关键是提升居民的旅游可行能力，促进社区旅游的可持续性发展。

1.1.4　云南省建设民族团结进步示范区的机遇

云南省是我国最大的民族大省，这里传承着众多少数民族和谐共生的智慧，党中央考虑到云南省的特殊性，新时期给云南经济社会发展的三大战略定位之一就是把云南建设成为我国民族团结进步示范区。云南省于2017年2月发布了《云南省建设我国民族团结进步示范区规划（2016—2020年）》，规划明确规定要通过着力补齐少数民族和民族地区全面建成小康社会的短板、着力增强少数民族和民族地区跨越式发展的动力。同时，云南省政府制订了《云南省全面打赢"直过民族"脱贫攻坚战行动计划（2016—2020年）》（云办发〔2016〕17号）文件，围绕独龙、德昂、基诺、怒、布朗、景颇、傈僳、拉祜、佤等9个"直过民族"，实施精准脱贫。到2019年，实现"直过民族"聚居区建档立卡18.73万户66.75万贫困人口脱贫。其中，2016年脱贫17.59万人，2017年脱贫26.78万人，2018年脱贫14.61万人，2019年脱贫 7.77 万人。佤族是云南省"直过民族"之一，佤族聚居区农村常住居民人均可支配收入低于全国平均水平。因此，作为"直过民族"主要聚居地的云南省的脱贫工作面临着巨大的困难，急需找到"直过民族"精准脱贫的有效路径，提高"直过民族"居民的旅游可行能力是实现旅游精准脱贫的关键。这些国家政策为"直过民族"社区提供了百年难遇的发展机遇，该机遇将能促进"直过民族"社区居民建设美丽家园，实现脱贫致富的"中国梦"。

1.2 问题提出

云南省"直过民族"旅游社区特殊的地理位置、特殊的社会形态决定了其发展速度缓慢，与城市的发展差距越拉越大。在全面建设小康社会的大背景下，居民贫困问题突出，脱贫任务异常艰巨，究其原因，还是当地人的整体素质制约了社会的发展。阿马蒂亚·森可行能力理论提出，要以一种全新的角度看待贫困。这种视角对解决"直过民族"旅游社区消除贫困问题很有借鉴作用，且基于此理论可发现居民贫困的根源是可行能力的贫困。随着民族文化旅游的兴起，翁丁佤族旅游社区开始积极地发展村寨旅游，取得了一定的经验，可是，由于居民旅游可行能力弱，导致社区内部功能性活动发展不足，外部能提供的机会不够，缺乏参与旅游的能力。那么，如何促进翁丁佤族社区居民的旅游可行能力提升？如何在促进翁丁佤族旅游社区居民在发展旅游的同时，又能传承自己的民族文化；如何让翁丁佤族旅游社区居民利用旅游发展经济，共享旅游发展成果，改善自己的生活？政府部门如何为翁丁佤族旅游社区居民提供提升旅游可行能力的社会机会？等一系列问题，就成了翁丁旅游社区急需解决的重要问题。

本书借鉴可行能力理论的部分观点，结合"直过民族"旅游社区居民的实际困难，构建了"直过民族"旅游社区居民旅游可行能力的理论分析框架和指标体系（居民旅游可行能力指标体系包括三个维度、六个观测指标和三十一个分指标），并编制调查问卷，对翁丁佤族社区居民的旅游可行能力进行实证调研，分析居民旅游可行能力的现状，找出能提升佤族居民旅游可行能力的孵化性运作，以地方政府、居民、村委会和当地精英、旅游企业和专家学者为提升主体，形成工作合力，共同提升当地居民的旅游可行能力。

本书的核心问题就是提升"直过民族"社区居民旅游可行能力，由此引出的子问题是：(1) 应该从哪些维度来研究"直过民族"社区居民旅游可行能力？(2) "直过民族"社区居民旅游可行能力的观测指标应包括哪些内容？(3) 翁丁佤族社区居民旅游可行能力现状如何？(4) 翁丁佤族社区居民旅游可行能力的旅游保障有哪些？(5) 提升翁丁佤族社区居民旅游可行能力的对策有哪些？

1.3 研究进展与述评

我国"直过民族"社区从20世纪末开始发展旅游，至今已经有近20多年的历史。1999年昆明举办世界园艺博览会，带动了滇东、滇西、滇中等地的民族文化旅游，一些"直过民族"旅游社区开始尝试在聚居地发展旅游。部分学术界的学者也开始关注"直过民族"社区的旅游发展，可是，研究的广度和深度都不够，对这些地区"直过民族"社区居民旅游可行能力的研究较少，未形成成熟的理论方法。"直过民族"社区居民旅游可行能力研究是个动态的研究问题，将随着社区参与旅游发展的深入而得到进一步的提升。为了找到与本书的研究相关见解的发展脉络，本书重点梳理了社区参与旅游发展研究、"直过民族"旅游社区研究和人的可行能力研究三个领域的前期研究成果并进行述评。

1.3.1 社区参与旅游发展研究

1.3.1.1 国外社区参与旅游发展研究进展综述

国外社区参与旅游发展研究要早于国内，经历了从缺失到重视的渐进的过程。即被忽视→逐步进入旅游规划→成为旅游可持续发展的保障。研究的内容主要有以下几方面：(1) 社区参与旅游发展的内涵研究。西方学者墨菲 (Peter E. Murphy)[1] 最先研究旅游的社区参与，他出版了《旅游：社区方法》一书，表明旅游属于社区产业，并应该充分考虑社区的意愿。Catley (1999)[2]

---

[1] Peter E. Murphy. Tourism：a community approach [M]. New York：Methuen, 1985.
[2] Catley, A. Methods on the move：A review of veterinary uses of participatory approaches and methods focusing on experiences in dry land Africa [M]. London：International Institute for Environment and Development, 1999.

认为，社区参与旅游包括社区参与旅游规划、旅游决策、旅游项目实施、旅游利益分享和旅游评估等方面。Cevat Tosum（2000）① 主张在社区参与旅游的过程中，应让社区居民参与决策管理，从而获得经济收入。（2）社区参与旅游发展的地位和作用。Simmons（1994）② 认为社区是目的地发展的特有重要因素。Tazim B. Jamal（1995）③ 论述了合作理论在社区参与旅游规划中的应用。Taylor, G（1995）④ 在文章中反复强调社区参与在旅游发展过程中的重要地位和作用。Pigram, John J（1997）⑤⑥ 将社区参与和可持续旅游发展的关系进一步推进，他认为，可持续性旅游规划首先要评估社区对于旅游发展的敏感性，社区必须对旅游方案进行全面的仔细审查，才能实现旅游的可持续性发展。Butler（1997）⑦ 也主张社区支持是可持续性旅游发展的重要因素，东道社区居民及其从旅游发展获得利益被置于可持续旅游发展的中心位置。Simpson（2008）⑧ 认为，在中国、泰国、巴西等国家发展旅游经济重在使社区获益而非社区参与决策规划过程。Pearce（1996）⑨ 出版了《旅游社区关系》一书，书中阐明了对社区参与旅游反应的理解，从社会表象的视角探讨旅游规划中社区参与及未来的旅游社区关系，对将来社区旅游规划、旅游项

---

① Cevat Tosum. Limits to community participation in the tourism development process in developing countries [J]. Tourism Management, 2000 (21).
② Simmons, D. G. Community participation in tourism planning [J]. Tourism Management, 1994, Vol. 15, 98 – 108.
③ Tazim B. Jamal, Donald Getz. Collaboration theory and community tourism planning [J]. Annals of Tourism Research, 1995, Vol. 22, No. 1, 186 – 204.
④ Taylor, G. The community approach: does it really work? [J]. Tourism Management, 1995, Vol. 16, No. 7.
⑤ Pigram, John J, Wahab, Salab. The challenge of sustainable tourism growth. [M] // In Salab Wahab and John J. Pigram, eds. Tourism, development and growth, 1997, 3 – 13.
⑥ Pigram, John J, Wahab, Salab. Sustainable tourism in a changing world [M] //In Salab Wahab and John J. Pigram, eds. Tourism, development and growth, 1997, 17 – 32.
⑦ Butler, Richard. Modelling tourism development: evolution, growth and decline [M] //In Salab Wahab and John J. Pigram, eds. Tourism, development and growth, 1997, 109 – 125.
⑧ Simpson M C. Community benefit tourism initiatives—A conceptual oxymoron [J]. Tourism Management, 2008, 29 (1): 1 – 18.
⑨ Pearce, P., Moscardo, G. Tourism community relationship [M]. New York: Pergamon, 1996.

目发展等有很实用的指导意义。(3) 社区参与旅游的类型和层次。Amstein (1969)① 根据社区参与的方式，将社区参与由低级到高级分为八种类型，即操纵型参与、理疗型参与、告知型参与、协商型参与、安抚型参与、伙伴型参与、代表型参与、公民控制型参与。Pretty (1995)② 将社区参与由低级到高级分为七种类型，它们是：象征性参与、被动式参与、咨询式参与、因物质奖励而参与、功能性参与、交互式参与和自我激励式参与。(4) 影响社区参与的因素及其措施研究。为了找到社区参与旅游发展的因素和解决现实中的问题，有关学者在全世界范围内展开了大量的实证研究。Tosun (1999)③ 研究发现阻碍社区参与有内外两大因素，认为解决办法是地方政府必须制定措施保护居民的利益，通过 NGO 来提高居民的参与能力。Cevat (2000)④ 研究指出，要实现真正的参与式旅游，就要对政治、经济和法律结构进行改革。Sofield T. (2003)⑤ 在《增权与旅游可持续发展》中指出旅游可持续性发展的前提是社区增权。(5) 社区参与和遗产保护研究。Anne (1996)⑥ 认为旅游对世界遗产的可持续发展具有积极的意义。Marks R. (1996)⑦ 以坦桑尼亚石头城为案例，通过研究分析，说明旅游促进了石头城的发展，可是也破坏了石头城的传统文化和古石建筑，因此政府管理部门应该采取措施保护传统文化。Hampton M. P. (2005)⑧ 认为遗产保护、社区发展和经济发展应和谐统一。他提出解决的途径是：鼓励当地小型旅游企业发展。Mearns M. & Du-

---

① Arnstein SR. A ladder of citizen participation [J]. Journal of the American Planning Association, 1969, 35 (4): 216 – 224.

② Pretty, J. The many interpretations of participation [J]. Focus, 1995, 16: 4 – 5.

③ Tosun, C. Towards a typology of community participation in the tourism development process [J]. International Journal of Tourism and Hospitality, 1999, 10: 113 – 134.

④ Cevat. Limits to community participation in the tourism development process in Developing countries [J]. Tourism Management, 2000, 21 (6).

⑤ Sofield T. Empowerment of sustainable tourism development [M]. London: Pergamon, 2003.

⑥ Anne D. Developing sustainable tourism for world heritage sites [J]. Annals of Tourism Research, 1996, 23: 479 – 492.

⑦ Marks R. Conservation and community: the contradictions and ambiguities of tourism in the stone town of zanzibar [J]. Habitat International, 1996, 20 (2): 265 – 278.

⑧ Hampton M. P. Heritage, local communities and economic development [J]. Annals of Tourism Research, 2005, 32 (3): 735 – 759.

toit A. (2008)① 认为知识审计可以作为传统村落土著文化变化的检测工具，传统村落可以充当土著文化的代言人。Sebele (2010)② 认为社区参与能促进社区增权和自然资源遗产的保护。

1.3.1.2　国内社区参与旅游研究综述

与西方相比，我国的社区参与旅游研究起步较晚，发展缓慢，还未形成相关的理论体系。国内的相关研究从时间上可分为两个阶段，第一个阶段是 20 世纪 80 年代至 90 年代，即起步阶段，源于我国旅游扶贫的社会大背景，社区参与旅游处于被忽视的位置，当时研究对象主要集中在农村贫困社区，研究内容比较单一，重点在对极其贫困的农村社区进行调查，探索社区脱贫的有效途径、模式和保障机制。第二阶段是 20 世纪 90 年代至今，即快速发展阶段，社区参与旅游在学术界得到了足够重视，学者们注意到了社区参与旅游的重要意义，把研究对象的范围扩展到了少数民族村寨社区、乡村社区、国家公园、旅游名胜区、都市社区等。研究内容包括以下七大方面：（1）借鉴国外经验，反思中国实践。张朋、王波 (2003)③ 总结了英国南彭布鲁克的成功经验，认为我国社区参与实践必须做到让社区居民广泛地参与到旅游发展中去，积极推进旅游相关的各个层面的发展，需建立一个代表社区利益的非政府部门对地方政府和社区进行整体协调，保证社区居民旅游收益和就业在社区内的平均分配。唐玲萍、符江红 (2009)④ 研究了加拿大 St Jacobs 社区旅游发展的基本情况，认为该社区发展的手段是旅游，特征是社区参与，并注重社区文化的保护。吕君、吴必虎 (2010)⑤ 认为国外社区参与旅游的研究经历了多层次的演进过程，中国的社区参与可借鉴这些理论和经验。保

---

① Mearns M. A. & Dutoit A. Knowledge audit: tools of the trade transmitted to tools for tradition [J]. International Journal of Information Management, 2008, 28 (1): 161 – 167.

② Sebele L. S. Community – based Tourism Ventures, Benefits and Challenges: Khama Rhino Sanctuary Trust, Central District, Boswana [J]. Tourism Management, 2010, 31: 136 – 146.

③ 张朋，王波. 国外社区参与旅游发展对我国的启示——以英国南彭布鲁克为例 [J]. 福建地理, 2003, 18 (4): 38 – 45.

④ 唐玲萍，符江红. 国外社区旅游的启示——以加拿大 St Jacobs 社区为例 [J]. 商场现代化, 2009, 567 (2): 218 – 219.

⑤ 吕君，吴必虎. 国外社区参与旅游发展研究的层次演进与判读 [J]. 未来与发展, 2010, 6: 108 – 111.

继刚、孙九霞（2006）① 通过中西比较，发现中国与西方的社区参与存在着较大差异，主要表现在：参与的社会意义不同、所追求的利益点不同、参与各方的主动性不同、参与方力量对比不同、参与的发展阶段不同等方面。作者探究了其背后的原因，并做了理性的思考，认为可以从地方政府管理、社区居民弱势地位转变、社区参与能力三个角度来考虑中国的社区参与实践。张骁鸣（2007）② 认为西方社区旅游概念在中国有四种误读，包括社区尺度模糊导致参与范围的变形、社区旅游是产品还是理念、参与的目的是否局限于经济利益、受益方应该主要是社区成员还是地方政府。（2）社区参与的旅游扶贫研究。邱云美（2004）③ 主张社区参与旅游是欠发达地区脱贫的有效途径，可以通过政府提供保障机制、建立合理的利益分配机制、培育当地旅游人才等措施来实现旅游扶贫的目标。田润乾（2010）④ 认为阻碍欠发达地区社区参与旅游的最重要因素为高素质人力资源的缺乏、良好资金来源的缺乏、信息资源的缺乏、非政府组织力量薄弱、社会功能障碍、资源转化功能障碍、思想观念障碍、法律政策障碍、监督管理障碍，因此需要建立一个以利益分享机制为核心，法律保障机制为基础，以培训机制、沟通机制和监督反馈机制为支撑的系统。吴应香（2010）⑤ 总结了少数民族参与旅游扶贫的三种模式。张娅莉（2013）⑥ 在旅游人类学的视野下将社区参与和旅游扶贫结合起来，对九寨沟社区参与旅游发展模式进行实证研究，提出加强社区能

---

① 保继刚，孙九霞. 社区参与旅游发展的中西差异［J］. 地理学报，2006，61（4）：401-413.
② 张骁鸣. 西方社区旅游误读与反思［J］. 旅游科学，2007，21（1）：1-6.
③ 邱云美. 社区参与是实现旅游扶贫目标的有效途径［J］. 农村经济，2004（12）：43-45.
④ 田润乾. 基于旅游扶贫的社区参与研究［D］. 郑州：河南大学，2010.
⑤ 吴应香. 少数民族社区参与旅游扶贫研究——以云南省文山州为例［D］. 昆明：云南大学，2010.
⑥ 张娅莉. 旅游人类学视野下社区参与旅游扶贫实证研究——以九寨沟为例［D］. 成都：四川师范大学，2013.

力建设等建议。丁焕峰（2006）①、漆明亮（2006）②、李云（2013）③、杨阿莉、把多勋（2012）④，田宏、张建春、张朝环（2015）⑤都对社区扶贫做了深入研究，提出了有效的对策。(3) 社区参与旅游的影响因素分析。邱云美、封建林（2005）⑥认为影响少数民族地区社区参与旅游发展的因素是参与意识不强、机制不健全、参与能力弱。陈梅（2010）⑦基于CSM新资源观理论，运用定量研究方法，实证检验了社会资本要素和人力资本要素对社区参与旅游开发的显著影响，得出影响社区参与旅游发展的主要因素是社会资本资源和人力资本资源，因此解决的途径就是加强社会资本、开发人力资源和加强制度建设。陈佳娜、李伟（2011）⑧认为民族地区社区居民参与旅游发展的限制性因素有经济资本因素、社会发育程度因素、文化教育因素、政策体制因素。必须通过旅游技能培训提高社区居民的参与能力。郭凌、王志章（2009）⑨发现影响社区主体参与的因素有缺少参与资金、缺乏经济的互动和收入平衡、缺少参与的个人能力。王江、罗仕伟（2012）⑩的研究结果表明无一技之长、政府管理不善、自身素质偏低、资金不够、年龄偏大、时间不够、形象不好、参与的竞争激烈等都是当地社区居民参与旅游的限制因素。

---

① 丁焕峰. 农村贫困社区参与旅游发展与旅游扶贫 [J]. 农村经济, 2006 (9): 49 - 52.

② 漆明亮. 社区参与旅游扶贫及模式研究 [D]. 成都：西南财经大学, 2006.

③ 李云. 社区参与旅游扶贫研究——以湖北省通山县西泉村为例 [D]. 浙江浙江师范大学, 2013.

④ 杨阿莉, 把多勋. 民族地区社区参与式旅游扶贫机制的构建——以甘肃省甘南藏族自治州为例 [J]. 内蒙古社会科学：汉文版, 2012, 33 (5): 131 - 136.

⑤ 田宏, 张建春, 张朝环. 石家庄乡村社区居民参与旅游扶贫开发的调查研究 [J]. 安徽农业科学, 42015, 43 (9) 189 - 190, 199.

⑥ 邱云美, 封建林. 少数民族地区社区参与旅游的影响因素与措施 [J]. 黑龙江民族丛刊, 2005 (6): 48 - 51.

⑦ 陈梅. 基于CSM新资源观论的农村社区参与旅游开发影响因素研究 [D]. 武汉：武汉大学, 2010.

⑧ 陈佳娜, 李伟. 民族社区居民参与旅游发展的限制性因素分析 [J]. 淮海工学院学报：社会科学版·学术论坛, 2011, 9 (21): 72 - 74.

⑨ 郭凌, 王志章. 论民族地区旅游社区参与主体的培育——以泸沽湖里格岛为例 [J]. 广西师范大学学报：哲学社会科学版, 2009 (6): 110 - 115.

⑩ 王江, 罗仕伟. 社区参与旅游的限制性因素研究——以云南澄江禄充社区为例 [J]. 重庆师范大学学报：自然科学版, 2012, 29 (4): 107 - 111.

胥兴安、王立磊、张广宇（2015）[1] 研究发现居民感知的分配公平、程序公平、互动公平分别通过影响社区支持感进而影响社区参与旅游发展。（4）社区参与旅游的模式研究。孙九霞（2009）[2] 从旅游人类学研究的视角出发，对遇龙河景区、世外桃源景区和傣族园景区的社区参与旅游现状进行调研和分析，结果发现这三个社区农民参与的积极性都很高，有积极的社会正效应，但也存在参与程度低、参与过程普遍有矛盾等问题，对此，作者提出提高居民参与度的路径是：政府有限主导，社区能力建设，合同制约与法制规范，第三方力量的介入。总结出中国社区参与旅游模式为：政府主导＋社区主体＋企业经营＋第三方介入＋法制规范，该模式运行的原则是自上而下，自下而上，由内而外，由外而内。李佳（2008）[3] 从管理者、社区居民这两个社区中最重要的"人"的因素方面研究九寨沟社区参与旅游模式，提出可行措施。张伟庆（2006）[4] 对原有模式进行创新，提出新的社区参与模式，即资源参与模式、产品参与模式、资本参与模式和实体参与模式。颜亚玉、黄海玉（2008）[5] 分析了"资产参与"模式、"人力资源参与"模式和"社区文化参与"模式的发展障碍，提出激励投入增大总效用，认定和提高社区居民的分利能力，构建"社区参与"的利益保障机制三项措施。樊华（2013）[6] 以历史文化名城吐鲁番社区为例，构建了社区参与旅游发展的五种模式研究。朱元秀（2014）[7] 对生态旅游发展中的社区参与典型模式进行比较分析，建议从三个方面努力，即完善体制、培育和发展非政府组织、加大教育投入。

---

[1] 胥兴安，王立磊，张广宇. 感知公平、社区支持感与社区参与旅游发展关系——基于社会交换理论的视角［J］. 旅游科学，2015，29（5）：14－26.
[2] 孙九霞. 旅游人类学的社区旅游与社区参与［M］. 北京：商务印书馆，2009.
[3] 李佳. 九寨沟社区参与旅游发展模式的研究［D］. 成都：西南财经大学，2008.
[4] 张伟庆. 少数民族社区参与旅游发展的模式创新研究［D］. 昆明：云南师范大学，2006.
[5] 颜亚玉，黄海玉. 历史文化保护区旅游开发的社区参与模式研究［J］. 人文地理，2008（6）：94－98.
[6] 樊华. 历史文化名城吐鲁番社区参与旅游发展模式研究［D］. 乌鲁木齐：新疆师范大学，2013.
[7] 朱元秀. 生态旅游发展中的社区参与典型模式比较与分析［J］. 商业时代，2014（35）：137－139.

曾艳（2007）[①]、陈海鹰、曾小红（2011）[②]、樊忠涛（2015）[③]、罗芳、李中建（2011）[④]、张禹（2008）[⑤]、胡兵（2014）[⑥] 等学者都对社区参与旅游的模式进行研究，取得了丰硕的成果。(5) 社区参与旅游的保障机制和措施研究。罗永常（2006）[⑦] 基于开发的基本理念和目标提出了民族村寨社区参与旅游的利益保障机制。王浪（2008）[⑧] 提出了民族社区参与旅游的动力机制优化的措施。曹兴华（2015）[⑨] 以西江、朗德、南猛、小黄、银潭和邑沙6个目标社区为例，进行实证研究，总结出民族村寨旅游社区居民参与旅游的内生动力特点，提出民族村寨旅游社区参与的内生动力激励措施为制度激励、目标激励和过程激励。武晓英、李辉、李伟（2014）[⑩] 研究得出西双版纳民族旅游社区参与旅游的可持续利益分配机制。吕君（2012）[⑪] 提出了社区参与旅游发展的七大运行机制。赵小远（2014）[⑫] 提出建立社区参与的增权机制、拓宽参与渠道、平衡各方利益、理顺管理体制、完善补偿机制等五大治理机制。陈志永（2015）[⑬] 提出农民组织化是少数民族村寨社区参与旅游发展的

[①] 曾艳. 国内外社区参与发展模式比较研究 [D]. 厦门：厦门大学，2007.
[②] 陈海鹰，曾小红. 利益相关者视角的乡村生态旅游社区参与模式探讨——以海口龙鳞村为例 [J]. 广东农业科学，2011（14）：157－160.
[③] 樊忠涛. 乡村旅游社区参与的模式与对策研究 [J]. 商场现代化，2015（3）：172－173.
[④] 罗芳，李中建. 民族村寨社区参与旅游发展模式探讨——以龙脊金竹壮寨为例 [J]. 科技情报开发与经济，2011（7）：168－170.
[⑤] 张禹. 乡村生态旅游的社区参与模式及其运作机制研究——以太湖源白沙村为例 [D]. 杭州：浙江大学，2008.
[⑥] 胡兵. 丙中洛小镇社区参与旅游模式优化研究 [D]. 昆明：云南师范大学，2014.
[⑦] 罗永常. 民族村寨社区参与旅游开发的利益保障机制 [J]. 旅游学刊，2006（10）：45－48.
[⑧] 王浪. 民族社区参与旅游发展的动力机制研究 [D]. 湘潭：湘潭大学，2008.
[⑨] 曹兴华. 民族村寨旅游社区参与的内生动力研究 [M]. 成都：西南财经大学出版社，2015.
[⑩] 武晓英，李辉，李伟. 社区参与旅游发展的利益分配机制研究——以西双版纳民族旅游地为例 [J]. 北京第二外国语学院学报，2014（11）：59－67.
[⑪] 吕君. 社区参与旅游发展的运行机制研究 [J]. 未来与发展，2012（8）：30－34.
[⑫] 赵小远. 社区参与旅游发展的冲突及治理机制研究 [D]. 郑州：郑州大学，2014.
[⑬] 陈志永. 少数民族村寨社区参与旅游发展研究 [M]. 北京：中国社会科学出版社，2015.

有效路径选择。宋鹏（2012）①、王洋（2008）②、宋章海（2005）③、李辉、王生鹏、孙永龙（2008）④ 都提出了各自的措施建议。(6) 社区参与旅游和传统文化保护研究。孙九霞（2005）⑤⑥ 研究证明社区参与旅游发展的强度与族群文化保护的程度之间呈现正相关关系。王宇翔、程道品（2014）⑦ 指出社区参与非物质文化遗产旅游开发式保护是必要的，也是可行的。目前，社区参与非物质文化遗产旅游开发模式有四种：生态博物馆模式、"前台—帷幕—后台"模式、节庆旅游模式和主题公园模式。王林（2014）⑧ 对程阳侗族和龙胜平安寨两个旅游社区进行横向比较，认为获取经济效益是社区参与景观村落可持续发展的经济动力，在社区参与过程中，解决困境的主要途径是社区增权，社区自组织成长，发挥他组织力量。最终，实现社区居民脱贫致富和文化景观遗产得到传承保护的双重目标。(7) 社区参与旅游发展的增权研究。左冰、保继刚（2008）⑨ 提出个人增权先于社区增权的观点。左冰、保继刚（2012）⑩ 指出，我国农村社区参与旅游权利失败的制度性根源在于集体土地所有权受限制支配、所有权主体"虚位"和吸引物权"缺位"，最后，在此基础上提出了推动中国农村社区参与旅游发展的土地权利变革之路。

---

① 宋鹏. 羌族文化旅游可持续发展中的社区参与研究——以茂县牟托寨和坪头寨为例 [D]. 成都：成都理工大学，2012.
② 王洋. 社区参与生态旅游的管理机制和发展模式研究 [D]. 成都：西南交通大学，2008.
③ 宋章海. 试论社区参与在区域旅游发展中的问题与对策 [J]. 贵州大学学报：社会科学版，2005（1）：62-65.
④ 李辉，王生鹏，孙永龙. 民族地区社区参与旅游发展现状与对策研究 [J]. 西北民族研究，2008（3）：136-141.
⑤ 孙九霞. 社区参与旅游对民族传统文化保护的正效应 [J]. 广西民族学院学报：哲学社会科学版，2005，27（4）：35-39，46.
⑥ 孙九霞. 社区参与旅游与族群文化保护：类型与逻辑关联 [J]. 思想战线，2013（3）：97-102.
⑦ 王宇翔，程道品. 近10年来（2001—2011）民族地区社区参与非物质文化遗产保护旅游开发研究综述 [J]. 旅游研究，2014，6（1）：34-39.
⑧ 王林. 景观村落旅游与社区参与 [M]. 北京：中国旅游出版社，2014.
⑨ 左冰，保继刚. 从"社区参与"走向"社区增权"——西方"旅游增权"理论研究述评 [J]. 旅游学刊，2008（4）：58-63.
⑩ 左冰，保继刚. 制度增权：社区参与旅游发展之土地权利变革 [J]. 旅游学刊，2012（2）：23-31.

王亚娟（2012）① 认为制度性增权有四种类型，实现路径有非正式制度的增权途径和正式制度的增权，在我国，更适用正式制度增权下的"中间扩散型"的制度增权途径。车慧颖（2013）② 对海岛社区旅游增权优化提出的具体建议是：经济利益分配方式多样化；加强教育培训，进行教育增权；全员参与，推进社会增权；实行海岛社区信息增权；完善法律制度，全面保障增权。潘植强、梁保尔、吴玉海、林琰、曹婷婷（2014）③ 认为社区增权是实现社区参与旅游发展的有效路径，从外部制度增权与内部自主增权相结合的方式探讨。保继刚、孙九霞（2008）④、吕秋琳（2012）⑤、翁时秀、彭华（2010）⑥、时少华（2012）⑦、王华、郑艳芬（2015）⑧、袁文（2014）⑨、郭文、黄震方（2011）⑩ 等学者也对社区参与旅游的增权进行了深入研究，对推动社区参与旅游实践做了重大贡献。如表 1.1 所示，国内和国外的社区参与旅游研究有重合的内容，也有不同的内容。

---

① 王亚娟. 社区参与旅游的制度性增权研究 [J]. 旅游科学，2012，26（3）：18-26，94.

② 车慧颖. 基于增权理论的海岛社区参与旅游研究 [D]. 青岛：中国海洋大学，2013.

③ 潘植强，梁保尔，吴玉海，林琰，曹婷婷. 社区增权：实现社区参与旅游发展的有效路径 [J]. 旅游论坛，2014，7（6）：43-49.

④ 保继刚，孙九霞. 雨崩村社区旅游：社区参与方式及其增权意义 [J]. 旅游论坛，2008，1（1）：58-65.

⑤ 吕秋琳. 增权理论视角下社区参与乡村旅游可持续发展研究 [D]. 济南：山东大学，2012.

⑥ 翁时秀，彭华. 权力关系对社区参与旅游发展的影响——以浙江省楠溪江芙蓉村为例 [J]. 旅游学刊，2010，25（9）：51-57.

⑦ 时少华. 权力结构视角下社区参与游的研究——以京郊二村为例 [D]. 北京：中央民族大学，2012.

⑧ 王华，郑艳芬. 社区参与旅游的权利去哪了？——基于我国旅游法律法规条文的内容分析 [J]. 旅游学刊，2015，30（5）：74-84.

⑨ 袁文. 湘西凤凰古城社区参与旅游发展的增权路径研究 [D]. 武汉：华中师范大学，2014.

⑩ 郭文，黄震方. 乡村旅游开发背景下社区权能发展研究——基于对云南傣族园和雨崩社区两种典型案例的调查 [J]. 旅游学刊，2011，26（12）：83-92.

表1.1　国内外社区参与旅游研究内容比较

地域	国外	国内
研究内容	社区参与旅游发展的内涵研究 社区参与旅游发展的地位和作用 社区参与旅游的类型和层次影响 社区参与的因素及其措施研究 社区参与和遗产保护研究	借鉴国外经验，反思中国实践 社区参与的旅游扶贫研究 社区参与旅游的影响因素分析 社区参与旅游的模式研究 社区参与旅游的保障机制和措施研究 社区参与旅游和传统文化保护 社区参与旅游发展的增权研究
涉及学科范围	社会学、旅游学、管理学、旅游人类学	民族学、人类学、管理学、旅游学、旅游人类学、社会学、经济学

注：笔者根据国内外社区相关研究内容整理。

综上所述，社区参与旅游研究需要多学科的交叉分析和探讨，涉及民族学、人类学、管理学、旅游学、旅游人类学、社会学、经济学等学科。从研究内容上看，国外社区参与旅游研究包括社区参与旅游发展的内涵研究、社区参与旅游发展的地位和作用、社区参与旅游的类型和层次影响、社区参与的因素及其措施研究、社区参与和遗产保护研究等方面。国内社区参与旅游研究的内容包括借鉴国外经验、反思中国实践、社区参与的旅游扶贫研究、社区参与旅游的影响因素分析、社区参与旅游的模式研究、社区参与旅游的保障机制和措施研究、社区参与旅游和传统文化保护、社区参与旅游发展的增权研究等内容。国内外学术界已达成社区参与能促进旅游可持续性发展的共识，研究目的都是提高社区参与旅游发展的有效性。目前，国内的研究热点主要集中在社区参与旅游发展的模式、社区参与旅游发展的增权和社区参与旅游发展的保障措施研究三个方面。这些研究大多沿用西方的理论和思路，出现很多重复研究，有些研究成果不但对中国"直过民族"社区参与旅游发展欠缺指导作用，而且对我国"直过民族"旅游社区居民的能力建设、居民旅游可行能力提升、旅游业与其他产业融合发展、社区旅游收入分配和传统文化"活化"开发保护等领域研究的深度也不够。从研究方法上看，现有的研究多采用定性的研究方法，定量的研究较少。

因此，本研究认为在中国社会文化背景下，应重视我国"直过民族"社区的旅游参与，找出制约这些"直过民族"旅游社区发展的最大障碍，才能真正做到精准旅游扶贫。"直过民族"社区居民的旅游可行能力提升是这些社区发展的关键要素，如果这些"直过民族"社区居民能掌控旅游的发展，让旅游服务于社区建设，必将促进社区的发展。那么，在经济全球化和现代化的背景下，如何提升"直过民族"社区居民的旅游可行能力就是最重要的问题。这种旅游可行能力暗含理顺旅游产业和"直过民族"文化展示之间的复杂关系，在旅游发展中，唤醒"直过民族"的民族意识、推动民族传统文化的复兴和再生产，让"直过民族"地区实现旅游开发和文化保护共赢。

1.3.2 "直过民族"旅游社区研究

回顾"直过民族"旅游社区的所有研究，多集中于佤族旅游社区的研究，并取得了一些研究成果，但对其他 8 个 "直过民族" 旅游社区的关注较少。佤族是云南省 9 个 "直过民族" 之一，是直接由原始社会末期过渡到社会主义的民族。在汉文记载中，汉晋年间，其先民主要分布在澜沧江及红河以西的广大地区，与其他少数民族交错杂居。唐、宋时期，澜沧江以西 "望蛮" "朴子蛮" "赤子濮" 都是孟高棉各支系族称。[①] 在佤族的族群记忆里，由于族群之间的冲突，他们的祖先被迫由南向北迁移到今天的阿佤山中心区，随后由此繁衍、发展、扩散，逐渐形成以阿佤山中心区为核心，地跨中国与缅甸两国边界的自然分布状况。佤族传统上信仰万物有灵，形成了丰富多彩的佤族独特文化。2010 年第六次人口普查统计佤族人口有 42.9 万人，主要聚居于云南省 4 个佤族自治县，即沧源佤族自治县、西盟佤族自治县、耿马傣族佤族自治县和双江拉祜族佤族布朗族傣族自治县。社区是社会学的一个基本概念，最先由德国社会学家 F. 滕尼斯提出。1881 年他出版了《社区与社会》一书，首次使用德文 *gemeinschaft*，后来美国社会学家罗密斯将它翻译为英文 *Community and Society*。到 20 世纪 30 年代，芝加哥学派代表帕克来中国讲学时，以费孝通为首的燕京大学学生们将 community 翻译为社区。中外学者对社

---

① 邵琪伟, 等. 中国旅游大辞典 [M]. 上海：上海辞书出版社，2012.

区有不同的定义。根据美籍华裔社会学家杨庆坤的统计,社区的定义多达140余种。滕尼斯认为社区是由自然意志为基础形成的社会共同体,其中的连接纽带是熟悉、亲情、信任和相互依赖以及社会传统等共同联系。费孝通先生认为社区是若干个社会群体或社会组织聚集在某一地域里形成的一个在生活上相互关联的大集体。吴文藻先生认为社区至少要包括三个要素:人口、人口所居住的地域、人民生活的方式或文化。综上所述,可以得出社区实质上就是一个区域性的社会,是一定区域内人们社会生活的共同体。它包含四层含义:第一,社区都有一个相对稳定、相对独立的地理空间;第二,社区包括以特定社会关系为纽带的一定数量的人口;第三,社区内有维系社区归属感的组织结构,它对建立社区共同规范和社区意识有重要的作用;第四,社区成员有共同的文化认同感,由知识、信仰、艺术、道德、法律和习俗等方面组成。

综合"直过民族"和社区的特点,本研究认为"直过民族"旅游社区是指以"直过民族"为主体的民族聚居区,社会成员遵守"直过民族"共同的价值观念和行为规范,具有浓郁的"直过民族"风俗习惯和文化的地域,这些社区居民长期开展旅游接待活动。"直过民族"社区具有以下特点:(1)具有"直过民族"社区的特性,由地域、人口、组织结构和文化四个要素构成;"直过民族"世代居住于此,保留着"直过民族"传统的宗教信仰,以及原始的社会生产方式,积累了悠久的佤族文化底蕴。(2)在"直过民族"聚居区,自然和人文资源变成了稀有的旅游资源,此处也具备发展文化旅游的各种人文旅游资源。在这里,可以满足游客深度体验异质文化的旅游需求,社区致力于通过发展旅游促进经济的发展。(3)"直过民族"社区介于传统社区与现代社区之间,处于传统走向现代的过程中。它属于农村社区,具有中国乡土文化特色,自然资源丰富和人文资源丰富。由于旅游开发的到来,居民开始从事旅游接待活动,由原来以农业生产为主的经济生活方式转变为"农业+旅游"的经济生活方式。目前,"直过民族"社区面临的困境是如何提高自身文化转型的自主能力,掌控旅游的发展,抓住机遇,实现"直过民族"文化复兴,增加旅游经济收入,达到脱贫致富的目的。(4)社区与旅游区域一体化发展,形成社区旅游圈;"直过民族"居民的居住区域也是旅游区域，他们的生活也变成了游客参观的风景，而且，表现出东道主居民的行为趋向前台化，民俗节事趋向舞台化的特征。

在中国知网上查找佤族的相关研究，搜到从1958年至2018年佤族相关的论文2272篇，其中，研究佤族旅游社区的论文有16篇。从研究的内容看，这些研究多集中在旅游产品的开发、民俗旅游景观开发、旅游发展模式研究、生态旅游的可持续发展、民族传统体育的旅游传承等方面。（1）旅游产品的开发。段超（2014）① 建立了文化展演式旅游产品开发模型。黄倩辉（2014）② 提出了实现翁丁村佤族土著知识旅游综合开发的策略，即通过"土著遗产品牌塑造+文化氛围营造"这一途径来打造核心吸引力中心、"文化创意设计+深度闲居体验"这一途径来构造休闲聚集中心、"活态土著知识展示+项目市场化运营"这一途径来建立民族生态旅游经营模式。张怡（2016）③ 认为为了保护少数民族旅游社区的文化原真性，应加强传统产业，减缓旅游发展对传统社区的冲击。提升旅游从业人员"文化"意识。构建"前台—后台"互动模式等建议。（2）民俗旅游景观开发。蔡红燕（2013）④ 思考佤族旅游村镇建设中民俗旅游开发的途径。余晓兰（2014）⑤ 提出翁丁佤寨特色文化旅游产业体系建设思路。蓝玲（2014）⑥ 提出要充分认识翁丁佤寨土著知识原真性保护的必要性，提出了改革管理模式、协调利益关系的建议。周雅婷（2015）⑦ 以翁丁为案例，分析翁丁开发旅游10年以来存在的问题，并

---

① 段超. 翁丁佤族文化展演式旅游产品开发研究［D］. 昆明：云南师范大学，2014.

② 黄倩辉. 云南翁丁村佤族土著知识旅游综合开发研究［D］. 昆明：云南师范大学，2014.

③ 张怡. "原真性"视角下西双版纳基诺山寨民俗旅游开发研究［D］. 昆明：云南艺术学院，2016.

④ 蔡红燕. 保山市少数民族旅游村镇建设研究——以施甸县布朗族民俗旅游景观开发为例［J］. 保山学院学报，2013（3）：53-58.

⑤ 余晓兰. 云南翁丁佤寨特色文化旅游产业体系建设与管理研究［D］. 昆明：云南师范大学，2014.

⑥ 蓝玲. 翁丁佤寨土著知识旅游化利用及原真性保护研究［D］. 昆明：云南师范大学，2014.

⑦ 周雅婷. 民族特色村寨在旅游开发中存在的问题及解决路径——以沧源佤族自治县翁丁村为例［D］. 昆明：云南大学，2015.

寻求解决路径。(3) 生态旅游的可持续性发展。胡冀珍（2013）① 从生态旅游可持续发展角度对翁丁佤族社区进行研究，提出了翁丁佤寨特色旅游产业发展的总体规划方案。杨家娣（2004）② 以翁丁村为案例进行研究，认为民族文化生态村是村寨旅游可持续发展的必由之路，并总结出村寨旅游开发的一般方法和一般模式。(4) 民族传统体育的旅游传承。很多学者开始关注到佤族的体育旅游产业发展。杨文杰（2016）③ 提出可以将少数民族的一些体育项目，如溜索、射弩、摔跤等应用于旅游，满足游客的体育娱乐体验。张天华（2016）④ 认为少数民族武术文化是打造边疆文化旅游村的重要文化资源。

纵观"直过民族"旅游社区的所有研究，它们都从不同的视角提出"直过民族"旅游社区旅游可持续性发展的途径。研究的内容包括"直过民族"旅游社区的旅游产品的开发研究、民俗旅游景观开发、生态旅游可持续性发展和民族传统体育的旅游传承。特别值得一提的是，有些学者开始重视"直过民族"传统体育的旅游开发。但这些研究都忽视了"直过民族"旅游社区发展中的人的发展，对这些"直过民族"旅游社区的人力资源开发未进行深入研究，没有专门研究"直过民族"旅游社区居民旅游可行能力的相关成果。事实上，这些地区居民面临着旅游参与能力差、职业转换能力弱、劳动技能落后等问题，居民的旅游可行能力偏低制约着旅游社区的发展，导致居民生活贫困、民族文化旅游发展滞后，因此，本研究希望能充实这一区域的研究内容。

1.3.3 可行能力研究

1.3.3.1 国外可行能力的相关研究

人类发展和能力协会于 2004 年成立，每年举办一次年会，出版一份杂志《人类发展与能力杂志》，隶属于联合国开发计划署，会长由能力理论的创始

---

① 胡冀珍. 云南典型少数民族村落生态旅游可持续发展研究——以沧源翁丁佤寨为例 [D]. 北京：中国林业科学研究院，2013.

② 杨家娣. 沧源县翁丁佤族文化生态村旅游开发研究 [D]. 昆明：云南师范大学，2004.

③ 杨文杰. 独龙族体育旅游产业发展动因的解读与启示 [J]. 曲靖师范学院学报，2016，35（6）：83-86.

④ 张天华. 澜沧拉祜族武术文化的传承与保护研究 [D]. 昆明：云南师范大学，2016.

人印度经济学家阿马蒂亚·森（Amartya Sen）、美国哲学家玛莎·C. 纳斯鲍姆（Martha C. Nussbaum）、牛津大学的弗朗西斯·斯图尔特（Frances Stewart）和康奈尔大学的考希克·巴苏（Kaushik Basu）担任。协会的目标是让有志于能力理论研究的学者跨越现存于学术界的一些重大分野，即学科之间的分野、理论和实践之间的分野、前辈学者和青年学者之间的分野、地区和国家之间的分野。阿马蒂亚·森是可行能力理论的奠基者，他最先提出可行能力的概念，提出人的贫困实质是人的能力剥夺，通过提升人的五大功能性活动能提升人的可行能力，即政治自由、经济条件、社会机会、透明性担保和防护性保障。① 这五个功能性活动分别帮助人们按照自己的意愿过有价值的生活，它们相互联系、相互促进，共同做贡献。政治自由包括人们在民主政体下所拥有的最广义的政治权益；经济条件是指个人享有的将其经济资源运用于消费、生产或交换的机会；社会机会是指在教育、保健等方面的社会安排，它们影响个人享受更好生活的实质自由；透明性担保是指人们在社会交往中需要的信用，它取决于交往过程的公开性、对信息发布及信息准确性的保证；防护性保障是指为那些遭受天灾人祸或其他突发性困难的人，收入在贫困线以下的人，以及年老、残疾的人，提高扶持的社会安全网。②

玛莎·C. 纳斯鲍姆（2016）③ 发展了可行能力理论，她认为人的能力分为混合能力和内在能力，内在能力是指一个人的特质（个人状态），包括品性特点、智商、情商、身体健全与健康状况、内在学识、感知和运动的技巧等；混合能力是指个人内在能力和政治、社会以及经济环境结合后所创造的自由或机会。玛莎·C. 纳斯鲍姆在阿马蒂亚·森的基础上，列出了人的可行能力内涵，包含十种可行能力：生命（life），身体健康（bodily health），身体健全（bodily integrity），感觉、想象和思考（senses, imagination, and thought），情感（emotions），实践理性（practical reason），归属（affiliation），其他物种

---

① 阿马蒂亚·森. 以自由看待发展 [M]. 任赜, 于真, 译. 北京：中国人民大学出版社, 2012.
② 阿马蒂亚·森. 以自由看待发展 [M]. 任赜, 于真, 译. 北京：中国人民大学出版社, 2012.
③ 玛莎·C. 纳斯鲍姆. 寻求有尊严的生活——正义的能力理论 [M]. 田雷, 译. 北京：中国人民大学出版社, 2016.

(other species)，娱乐（play）和对外在环境的控制（control over one's environment）。她还强调能力主要归属于作为个人存在的人，只是在此基础上推演至团体。有时候，以团体为单位的行动（比如少数族群平权行动）可能是创造个人能力的有效手段。玛莎·C. 纳斯鲍姆认为，在解决劣势和不平等的问题时，教育是最重要的"孵化性运作"。人们即便只接受了基本教育，也能大大增加他们的工作选择、政治参与机会，以及在地方、国家乃至全球范围内与其他人进行卓有成效的沟通的能力。

Jonathan Wolff 和 Avner De-Shalit 在 *Disavantage*（《劣势》）（2007）[①] 中支持和丰富了可行能力理论，提出了"能力安全"（capability security）这一重要的概念，他们证明公共政策不能只提供给民众一种能力，还应该以一种民众未来可依赖这种能力的方式提供。他们在各自的国家观察新移民团体后，发现在这些人运用和享有玛莎·C. 纳斯鲍姆所列的所有能力时，未来的安全具有一种压倒性的意义。从能力安全的视角看，我们必须知道，每一种能力，能在多大程度上得到保护，得以免于市场欲望或权力政治。他们还提出了两个有意义的概念，孵化性运作（fertile functioning）和腐蚀性劣势（corrosive disadvantage）。孵化性运作是指一种能力有可能促进其他相关能力，归属和教育就是一种孵化性运作，支持着许多领域内的能力形成。腐蚀性劣势是孵化性运作的反面，它是一种可能极大影响生活其他领域的剥夺。例如家庭暴力就是一种腐蚀性劣势。确定孵化性运作和腐蚀性劣势的目的是找到公共政策的最佳干预点。选择应该优先发展的能力，即孵化性运作，将我们的稀缺资源投放在那些最具孵化性的能力上面。

伯纳德·威廉斯（Bernard Williams）（1987）[②] 首先表达了他对阿马蒂亚·森可行能力理论的赞赏，同时，他也尖锐地提出了对可行能力理论方法路径的疑问。他认为，功能性活动和可行能力的关系为"可能"和"事实"的关系，进一步推理，那么，假如某个人正在做某件事，他本来就可能做或能做此事，但是，却不能证明这个人具有做这件事的可行能力，解决的办法就是去证明这

[①] 玛莎·C. 纳斯鲍姆. 寻求有尊严的生活——正义的能力理论［M］. 田雷，译. 北京：中国人民大学出版社，2016.
[②] 玛莎·C. 纳斯鲍姆. 寻求有尊严的生活——正义的能力理论［M］. 田雷，译. 北京：中国人民大学出版社，2016.

种行为是可行能力的表现。伯纳德·威廉斯还提到了可行能力成本的问题，他认为，必须考虑实现功能性活动组合中的某种功能性活动而没有选择其他功能性活动所付出的成本，要解释这种成本消耗，只有引入权利概念，仅从可行能力本身，则无法解决这个问题，引入权利概念在特定的贫穷和贫困评估中可能具有重大意义。总之，西方学者可行能力研究内容如表1.2所示。

表1.2　西方学者和机构可行能力研究内容比较分析表

Amartya Sen①	Martha C. Nussbaum②	Klasen③	联合国	Jonathan Wolff 和 Avner De-Shalit④	共同指标
生存、健康、营养	生命、身体健康、身体健全	住房、饮水、医疗卫生、营养、医疗保健	期望寿命	生命、身体健康、身体健全	健康
教育	感觉、想象和思考	教育	教育	感觉、想象和思考	教育
有工作、有经济收入	对外在环境的控制	收入、财产、能源、就业、经济状况	收入水平	对外在环境的控制	经济收入
快乐幸福	娱乐、其他物种	幸福感		娱乐、其他物种	幸福
参与社会生活、有自尊	情感、实践理性、归属	服务		情感、实践理性、归属	政治参与和社交

---

① 阿马蒂亚·森. 以自由看待发展[M]. 任赜, 于真, 译. 北京：中国人民大学出版社, 2012.

② 玛莎·C. 纳斯鲍姆. 寻求有尊严的生活：正义的能力理论[M]. 田雷, 译. 北京：中国人民大学出版社, 2016.

③ Klasen S. Measuring Poverty and Deprivation in South Africa[J]. Review of Income and Wealth, 2000, 46(1): pp. 33-58.

④ Wolf, Jonathan, and Avner De-Shalit. Disadvanage[M]. NewYork：Oxford University Press, 2007.

续表

Amartya Sen[①]	Martha C. Nussbaum[②]	Klasen[③]	联合国	Jonathan Wolff 和 Avner De-Shalit[④]	共同指标
选择自由	对外在环境的控制	出行		对外在环境的控制	选择
防护性保障		安全		能力安全	社会保障
				孵化性运作	
				腐蚀性劣势	

注：笔者根据西方学者和机构的可行能力研究整理。

1.3.3.2 国内可行能力的相关研究

第一，对阿马蒂亚·森可行能力理论的解析研究。这些研究着重阐述可行能力理论的含义和意义。吴正本（2013）[⑤] 分析了可行能力发展观的内涵，得出了对我国经济发展的启示：改善人民的生活才是发展的真正目的；教育的目的就是要最大限度地扩展人的可行能力；为了提高生活水准，必须充分发展政治民主、经济条件、社会机会、透明性担保和防护性保障五项功能性活动；可行能力发展观仍然存在建立在经验研究的基础上等缺点。李萍（2009）[⑥] 阐释了阿马蒂亚·森自由发展观的核心内容，它以自由为首要目的和重要手段，对我国经济发展的启示是：发展要体现以人为本、重视发展的能力建设、坚持发展的可持续性。主要缺点是：过度强调个人自由、可行能力概念模糊等。刘宏涛（2017）[⑦] 提出从"实质自由"供给侧角度来说的五种工具自由政策。

---

① 阿马蒂亚·森. 以自由看待发展 [M]. 任赜，于真，译. 北京：中国人民大学出版社，2012.
② 玛莎·C. 纳斯鲍姆. 寻求有尊严的生活：正义的能力理论 [M]. 田雷，译. 北京：中国人民大学出版社，2016.
③ Klasen S. Measuring Poverty and Deprivation in South Africa [J]. *Review of Income and Wealth*, 2000, 46 (1): pp. 33–58.
④ Wolf, Jonathan, and Avner De-Shalit. *Disadvanage* [M]. NewYork：Oxford University Press, 2007.
⑤ 吴正本. 阿马蒂亚·森的可行能力发展观解析 [D]. 大连：东北财经大学，2013.
⑥ 李萍. 阿马蒂亚·森的自由发展观及其启示 [D]. 哈尔滨：哈尔滨工业大学，2009.
⑦ 刘宏涛. 阐述及辨析阿马蒂亚·森发展观——暨"自由"的供给侧改革 [J]. 现代管理科学，2017（1）：57–59.

袁初明（2006）① 从发展的伦理视角研究阿马蒂亚·森发展观，认为自由是一种可行能力、一种权利，也是一种价值标准。陈辉和李海艳（2007）② 认为在可行能力视阈下社会发展的工具是经济增长，教育是提升可行能力的重要条件，社会保障是可行能力保障的防护墙，自由是社会发展的价值目标。

第二，可行能力理论分析视角下的贫困实证研究。王春萍等（2007）③ 研究发现国家越贫困，则教育程度越低。教育程度越高的国家，越不会贫困。因此，要摆脱贫困，就要加强教育和培训，提高劳动力素质，增强谋生能力，提供改变生活的机会。刘晓靖④（2011）欣赏阿马蒂亚·森的贫困观，将收入低下转向可行能力剥夺，认为扶贫任务的重点是恢复和增强贫困者自身摆脱贫困的能力，如加强教育基础设施建设、加强医疗保健设施建设等。朱健等（2017）⑤ 主张社会医疗教育文化等方面的资源投入应重点优先扶助那些由于能力或天赋不足处于弱势地位的群体（比如妇女），保障他们的基本政治民主权利。贾隆基（2010）⑥ 研究了阿马蒂亚·森贫困思想，提出解决贫困的途径是扩大公共支出以增强国人的可行能力、完善社会保障体系等。杨兴华和张格儿对阿马蒂亚·森和玛莎·C. 纳斯鲍姆的可行能力理论进行比较研究，找到两人于伦理学和哲学层面上、道德层面上以及标准和执行层面上视角的异同点。王前强等（2017）⑦ 以广西壮族自治区为案例，调查研究贫困群众的医疗保障现状，提出完善社会支持系统，提高贫困群众的可行能力等扶贫对策。高燕

---

① 袁初明. 发展的伦理视角：以自由看待发展——论阿马蒂亚·森的发展观 [D]. 桂林：广西师范大学，2006.
② 陈辉，李海艳. 可行能力视阈下的社会发展与行政选择 [J]. 云南行政学院，2007（3）：14-18.
③ 王春萍，杨蜀康. 可行能力视角下教育与贫困关系的实证研究 [J]. 山西财经大学学报，2007（11）：50-55.
④ 刘晓靖. 阿马蒂亚·森以"权利"和"可行能力"看待贫困思想论析 [J]. 郑州大学学报：哲学社会科学版，2011（1）：24-27.
⑤ 朱健，储城山，杨善发. 阿马蒂亚·森的可行能力理论发展及其在卫生经济学中的应用 [J]. 中国卫生经济，2017（3）：5-7.
⑥ 贾隆基. 阿马蒂亚·森贫困思想研究 [D]. 上海：华东理工大学，2010.
⑦ 王前强，董秋红，黄李凤，周一，刘亚军，等. 可行能力理论视域下的贫困人群医疗保障现状及健康扶贫对策 [J]. 中国医疗保险，2017（7）：32-37.

(2013)① 从阿马蒂亚·森的能力视角研究中国农村贫困问题，认为这种贫困的原因是五个功能性活动的缺乏，可行能力过低，不能通过市场竞争获得足够的资源。吴丽萍（2014）②的研究结果表明，我国农民贫困的主要原因是可行能力被剥夺，存在医疗、教育、住房、就业和社交等困难，因此，要发挥政府对农民可行能力方面的支持作用。韦芸分析了西部民族地区农民规避大病风险的局限及根源，提出应该制定通过增进农民的可行能力来改善大病风险规避效果的社会政策。杜兴端等（2014）③主张通过发展农村金融来发展农民的可行能力。沈茂英（2016）④以川西贫困藏族地区女性为研究对象，发现这些地区的农村女性对功能性活动的选择能力和管理能力偏低。

第三，阿马蒂亚·森可行能力理论中能力的内涵。蓝蔚（2009）⑤将西部民族地区的个人可行能力归纳为利益表达、经济参与和社会机会。任广斌（2016）⑥分析贫困地区人口可行能力的贫困，认为他们的基本可行能力可归结为健康生存能力、劳动能力、获取知识和信息的能力三个方面。康锋莉等人（2015）⑦确定可行能力的维度为健康、教育和技能、经济条件和生活条件，具体衡量指标为教育、身体健康、心理健康、医疗可及性、生活条件、家庭收入和家庭资产。

第四，研究得出居民的综合可行能力。研究结论之一就是要缩小城乡差距，提高农村劳动力素质，通过教育均等化提升农村教育质量，对 18～35 岁劳动者加强职业教育和继续教育。陈翀（2016）⑧以阿马蒂亚·森的理论为

---

① 高燕. 中国农村的贫困问题研究——基于阿马蒂亚·森的能力视角 [J]. 劳动保障世界，2013（1）：10-12.

② 吴丽萍. 中国农民可行能力贫困研究——以阿马蒂亚·森可行能力理论为视角 [J]. 西安石油大学学报：社会科学版，2014（3）：42-47.

③ 杜兴端，陈成，李晓. 可行能力视角下的农村金融发展 [J]. 江苏农业学报，2014，30（3）：654-657.

④ 沈茂英. 农村女性可行能力与生态扶贫路径探究——以川西贫困藏区为例 [J]. 2016（6）：68-74.

⑤ 蓝蔚. "可行能力"与西部民族地区和谐社会构建 [J]. 新疆社科论坛，2009（2）：69-72.

⑥ 任广斌. 民族地区贫困人口可行能力清单初探 [J]. 科技经济导刊，2016（22）：16-18.

⑦ 康锋莉，区蕾，赖磊. 中国居民旅游可行能力不平等的测算 [J]. 统计与决策，2015（21）：89-92.

⑧ 陈翀. 我国老年人可行能力模型构建——基于阿马蒂亚·森的理论 [J]. 老龄科学研究，2016（8）：52-59.

基础构建了我国老年人可行能力模型，确定五个可行能力指标维度是经济可行能力、生活可行能力、医疗可行能力、精神可行能力和社会参与可行能力。殷美全（2006）[①]认为培育农民可行能力是建设社会主义新农村的核心，农民的可行能力贫困表现在三方面：健康生存能力贫困、自我发展能力贫困和权利贫困。李丙金和徐璋勇（2012）[②]认为新型农民应具备的可行能力有发现市场机会的能力、利用市场机会的能力、承担决策风险的能力、参与民主决策的能力、自我提高技能的学习能力、平等的社会地位和公平的市场机会等。李超吉等人（2012）[③]根据中国文化传统和实际情况，归纳出我国国民七个可行能力：健康状态、教育、闲暇、收入、经济满意、信任和自由选择。郭悦（2009）[④]研究分析农民工的特点，认为他们的可行能力应包括四个方面：公平就业、医疗保障、职业培训和公共参与。

　　可行能力理论源于西方著名思想家亚里士多德对选择的思考的自由思想，后由阿马蒂亚·森正式提出该理论，再经玛莎·C.纳斯鲍姆发展，已经成为福利经济学的重要理论之一。该理论对发展中国家的经济发展有现实的指导意义，它关注到社会中弱势群体的全面发展，对我国"直过民族"旅游社区居民有一定的指导作用。这些居民在现代化发展的背景下，正在努力探索适合自身特点的民族旅游发展途径。那么，在人类学和管理学结合研究的视角下，如何通过人力资源开发提升居民的旅游可行能力、如何引导居民"活化"传承"直过民族"传统文化等问题就成为迫切需要解决的社会现实问题。而且，针对本书研究的对象，应重点考虑"直过民族"居民旅游可行能力的内涵，如旅游参与可行能力、旅游就业可行能力和旅游产品开发可行能力等方面。笔者根据以上所有中国学者对可行能力的研究内容，编制了中国学者可行能力研究内容比较分析表（见表1.3）。

[①] 殷美全.培育农民可行能力是建设社会主义新农村的核心[J].南京航空航天大学学报：社会科学版，2006（3）：20-24.

[②] 李丙金，徐璋勇.赋予选择权利和提高可行能力：新农村建设中新型农民培养的核心[J].西北大学学报：哲学社会科学版，2012，42（6）：92-95.

[③] 李超吉，王冰，张宇.基于WVS的中国国民可行能力实证研究[J].自然辩证法研究，2012，28（2）：120-125.

[④] 郭悦.中国农民工可行能力分析——基于经济伦理学的视角[D].长春：吉林大学，2009.

表 1.3　中国学者可行能力研究内容的比较分析表

学者\内容	康锋莉等	李超吉等	陈翀	郭悦	殷美全	李丙金等	蓝蔚	任广斌	共同指标
对象	中国居民	中国国民	老年人	农民工	农民	农民	西部民族地区居民	西部民族地区居民	
健康	身体健康、心理健康、医疗可及性		医疗可行能力	医疗保障	健康生存能力		社会机会	健康生存能力	健康
教育	教育	教育		职业培训	自我发展能力	自我提高技能的学习能力	社会机会	获取知识和信息的能力	教育
经济收入	家庭收入、家庭资产	收入、经济满意	经济可行能力	公平就业		发现和利用市场机会的能力	经济参与	劳动能力	经济收入
幸福	生活条件	闲暇	生活可行能力、精神可行能力						幸福
参与		政治参与	社会参与可行能力	公共参与	权利	平等的社会地位和公平的市场机会、参与民主决策的能力	利益表达		政治参与

续 表

学者 内容	康锋莉等	李超吉等	陈翀	郭悦	殷美全	李丙金等	蓝蔚	任广斌	共同指标
社交		信任							
选择		自由选择							
保障						承担决策风险的能力			

注：笔者根据中国学者的可行能力研究整理。

中国学者因对象的不同而对可行能力内容的选择各有侧重，但是，他们共同选择的指标都包括健康、教育、经济收入和参与。研究对象是中国国民的研究指标相对全面一些，包括教育、收入、经济满意、闲暇、政治参与、信任和自由选择；研究对象是老年人的研究指标依据老年人的特点，偏重医疗、经济、生活、精神、社会参与；研究对象是农民工的研究指标偏重公平就业、医疗保障、职业培训、公共参与；研究对象为农民的研究指标偏重健康、教育、经济和参与；研究对象为西部民族地区农民的研究指标偏重健康、教育、经济收入和参与。可见，农民和西部民族地区农民的共同指标有5项相同，包括健康、教育、经济收入、政治参与和幸福。只有一个学者的研究指标涉及社交、选择和社会保障。

综合西方学者和中国学者关于可行能力的研究，他们都有一些共同的研究内容（见图1.1），都关注到健康、教育、经济收入、政治参与、幸福、社交、选择和社会保障。但是，与西方学者的研究内容相比较，中国学者对社交、选择和社会保障的关注较少。究其原因，可能跟我国的传统文化相联系，我国的文化背景是倡导集体主义文化的，在一个群体中，个人要服从集体的利益。在这样的社会里，居民很有归属感，社交问题并不突出，因此，学者们也就忽视了社交、选择和社会保障的作用。

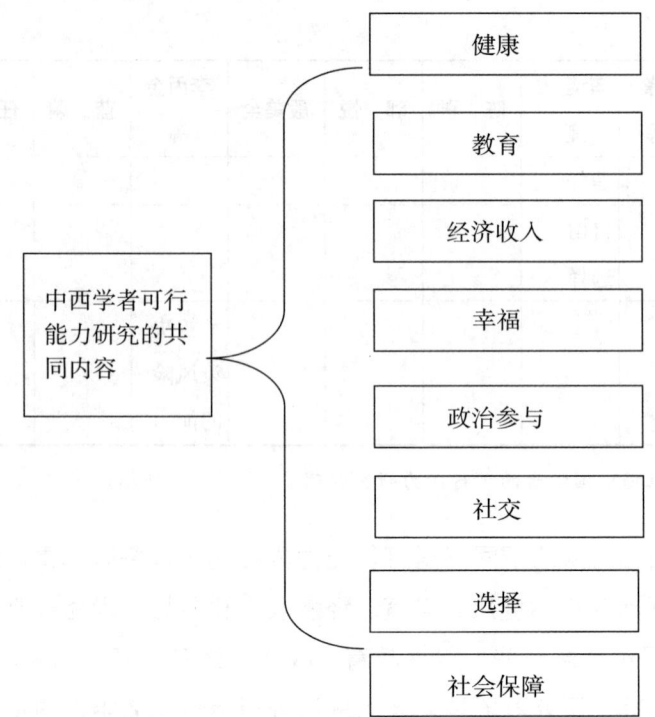

图 1.1　中西学者关于可行能力的共同内容

注：笔者根据中西方学者的可行能力研究整理。

纵观国内外关于可行能力的研究，从研究对象看，多集中于社会弱势群体，包括农民工、失地农民、老年人、残疾人、贫困人口、农村儿童、农村女性、留守妇女和留守儿童等，还没有专门针对"直过民族"旅游社区居民的相关研究成果。从研究内容看，在对阿马蒂亚·森可行能力理论进行解析研究时，大多停留在对该理论的解释层面上，缺少批判反思精神，只是照搬套用理论思想，很少出现推进创新该理论的研究成果；在可行能力理论分析视角下进行贫困实证研究时，缺少中国本土化运用的深入思考，对在中国传统文化背景下，能否运用该理论、需要做哪些调整等问题思考不够，导致研究出的解决对策没有适用性，无法解决社会生活的实际困难；在对可行能力理论的内容进行研究时，针对不同的研究对象，有不同的可行能力研究内容，至今还没有将可行能力运用于旅游研究领域的相关成果。

1.3.4　研究综述

通过大量的文献梳理，笔者发现，社区参与旅游发展研究、"直过民族"

旅游社区研究和可行能力研究的前期研究成果丰硕，研究内容包括社区参与旅游发展的模式、社区参与旅游发展的增权、社区参与旅游发展的保障措施研究、"直过民族"旅游社区的旅游产品开发研究、民俗旅游景观开发研究、生态旅游可持续性发展和民族传统体育的旅游传承、人的可行能力提升（包括健康、教育、经济收入、政治参与、幸福、社交、选择和社会保障）等。这些研究成果在一定程度上推动了我国旅游发展的理论和实践。但是，部分研究沿用西方的理论和思路，缺少中国本土化研究的创新思考，对中国"直过民族"社区的旅游发展欠缺指导作用。在社区参与旅游发展和"直过民族"旅游社区研究中忽视了人的发展的核心问题，没有对当地社区异质性人力资源开发进行过深入的研究，未将可行能力理论引入这些旅游目的地的发展研究，未重视提升当地居民旅游可行能力的问题，几乎没有可行能力理论与旅游发展相结合的研究成果。在研究方法上，前期研究大多数是定性研究，将定性和定量研究结合的相关研究成果较少。因此，本研究期望从研究内容和研究方法两个方面有所贡献，在我国文化背景下，尝试将可行能力理论运用于"直过民族"社区的旅游发展，推进可行能力理论在我国本土化的实践，构建出"直过民族"社区居民旅游可行能力理论分析框架和评价指标体系，指导"直过民族"社区的旅游发展。

1.4 研究意义

1.4.1 理论意义

本研究以人的发展为前提，以可行能力理论为理论基础，推进阿马蒂亚·森可行能力理论在中国的本土化发展，致力于构建我国"直过民族"社区居民旅游可行能力理论分析框架和指标体系，包含了善治、经济条件和社会机会三个理论维度，旅游参与可行能力、旅游就业可行能力、旅游产品开发可行能力、旅游技能提升可行能力、旅游融资可行能力和旅游社交可行能力等六个可行能力观测指标，并运用这个评估指标体系去评估翁丁佤族社区居民的旅游可行能力水平，找到提升居民旅游可行能力的对策。可行能力理论对"直过民族"社区居民旅游可行能力建设有实践指导作用。可行能力表现为按照自己的意愿，过有价值生活的实质自由，它重点强调的是人们主导自己生活的能力——个人不是为环境所迫去过某种特殊类型的生活，相反，他有完全的自由去选择自己的生活方式。可行能力发展观充分关注人力资本强有力的手段性作用，同时，又在目标和手段之间作出区分，它强调发展是扩展人类的可行能力以使他们过上自己有理由珍视的那种生活。本研究有利于丰富可行能力理论的理论体系，拓展社区管理学理论、旅游人力资源开发理论、旅游社区能力建设理论、旅游可持续发展的理论和社区参与旅游理论。

1.4.2 实践意义

本研究致力于探讨"直过民族"社区居民旅游精准扶贫的有效对策，帮助他们提升自身的旅游可行能力，对维护边疆稳定发展、建设云南省民族团结进步示范区和提升居民旅游可行能力有很大的实践意义，具体表现在国家、社会和居民三个层面。国家层面：有利于促进我国边疆的维稳工作，消除云南省社会发展不平衡的现状，推进云南省面向南亚东南亚辐射中心的建设工作。"直过民族"旅游社区大都位于边境线上，如果"直过民族"居民的旅游可行能力得到提升，将能推进当地社会的政治、经济和文化的繁荣发展。社会层面：本研究构建了"直过民族"社区居民旅游可行能力的理论分析框架和指标评估体系，提出翁丁佤族社区居民旅游可行能力提升的对策是可行能力理论在我国本土化的实践研究。本研究成果可以为我国其他少数民族旅游社区居民旅游的可行能力提升和管理提供参考，将引发少数民族旅游社区建设的新思考，为少数民族旅游社区管理者提供参考经验，能促进全面建成小康社会和云南省民族团结进步示范区建设。居民层面：有利于"直过民族"居民提升自身旅游可行能力，过上一种能自我主导的生活。增强"直过民族"居民的文化自觉和文化自信，促进"直过民族"传统文化的复兴和创造，让他们能与现代化社会接轨，缩短与城市居民发展的差距，早日实现脱贫致富的"中国梦"，过上幸福富裕的生活。

1.5 研究思路和方法

1.5.1 研究思路

本研究以云南省建设我国民族团结进步示范区为契机，以阿马蒂亚·森的可行能力理论、彼得·德鲁克的文化管理理论、人力资源能本管理理论和旅游人类学"舞台真实"理论等为理论基础，构建了"直过民族"社区居民旅游可行能力的理论分析框架和评估指标体系，选择云南省临沧市沧源县翁丁佤族旅游社区为案例点，运用文献法、实地调查法、扎根理论分析法、定性和定量相结合的研究方法、口述资料分析法和案例分析法等研究方法，在对案例点进行全面调查的基础上，通过定性分析和定量评价，总结分析翁丁佤族社区居民旅游可行能力发展的现状，探索当地居民旅游可行能力存在的问题，最后提出翁丁佤族社区居民旅游可行能力提升的对策和保障机制，实现让当地居民自主参与旅游，过上自我主导生活的目标。

1.5.2 研究方法

文献法：文献法是学术研究常用的一种方法。为了了解与本研究相关的研究成果，笔者阅读了大量著作、报纸、杂志、互联网、影视媒体、学术数据等，希望在原有的研究成果基础上，找出不足之处，为进一步研究指明方向。为保证资料的科学性和可靠性，对于国外文献选择科学指引（Science Direct）和 EBSCO 两个数据库，对于国内文献选择中国知网数据库、国家哲学社会科学文献中心和万方数据库；案例地的政策文件主要来自临沧边境经济合作区对外合作局、沧源县旅游发展委员会、沧源县文化局、沧源县政府办公室、翁丁佤寨原生态文化旅游区管理委员会和沧源国际旅游度假区网站。

实地调查法：是指经过专门训练的民族学工作者亲自进入民族地区，通过直接观察、具体访问、住居体验等方式获取第一手研究资料的方法。实地调查被看作是"现代人类学的基石"。实地调查的类型包括自观和他观、宏观和微观、社区和个案、定性和定量、专题和综合；具体研究方法有观察和参与观察法、个别访问和问卷调查法等。本研究采用实地调查法里的参与观察法、个别访问和实地问卷调查法，笔者曾5次居住在翁丁佤族旅游社区，生活在村民家中，和他们同吃、同住、同劳动，相互建立了友好关系，获得村民的充分信任，从而了解到社区居民群体和旅游发展的真实情况。

案例分析法：是从具体经验事实走向一般理论的一种研究工具。本研究选取沧源翁丁佤族旅游社区为案例点，对其进行定性和定量分析研究，希望找到制约翁丁佤族旅游社区居民可行能力提升的根源，寻找提升居民旅游可行能力对策，供云南省其他少数民族旅游社区参考借鉴。选择翁丁佤族旅游社区作为案例点基于以下三个理由：第一，它是典型的"直过民族"旅游社区。居民都以农业生产为主，以旅游业为辅助。社区居民群体都身处一个团结的佤族文化共同体中，社区内部交往频繁，村民关系紧密。第二，当地居民的旅游可行能力水平具有典型性，能代表云南省其他"直过民族"居民的旅游可行能力水平，研究出的对策可为其他少数民族提供参考。在田野调查过程中，笔者每天都撰写研究日志，并进行反思性分析，给出解释性评论。第三，翁丁佤族社区的研究可进入性高。在调研时笔者能用临沧方言与当地居民沟通，获取居民的真实想法，且前期已有一些成果可为本书做参考。对翁丁佤族旅游社区居民旅游可行能力现状进行分析时，笔者将访谈对象进行归类和编码，对访谈获得的信息进行归纳总结，分析居民的孵化性运作，并根据收集到的所有文献资料，以及社区文化精英、经济精英、政治精英提供的社区发展的历史材料，探索居民旅游可行能力弱的深层缘由，提出有效的提升对策。

扎根理论分析法：本研究的主要理论基础是阿马蒂亚·森的可行能力理论。通过对搜集到的资料进行"译码"分析，研究回答了四个理论假设：阿马蒂亚·森的可行能力理论能否运用于中国？居民旅游可行能力有无高低？旅游社区居民旅游可行能力能否提高？旅游社区居民旅游可行能力如何提高？在调研之前，笔者做了大量的文献综述工作，然后，结合案例点搜集到的访谈材料，对可行能力理论在中国少数民族地区的运用进行了分析，并进行中国本土化研究的可行性论证。笔者在正式到翁丁佤族旅游社区调研之后，有机会到印度尼西亚的巴厘岛访学，发现所研究的社区和巴厘岛有共同的社会特点：都属于经济落后地区、文化独特的社会，村民以农业生产为主，兼顾发展旅游业，而且，两个地区居民的旅游可行能力有差距。可见，居民旅游可行能力的确有高低之分。那么，如何提高居民的旅游可行能力呢？笔者对这两个地区居民的旅游可行能力进行了比较分析，尝试找到提升居民旅游可行能力的对策。研究发现居民旅游可行能力存在的问题与阿马蒂亚·森提到的功能性活动紧密相关，与旅游社区居民对传统文化的保护和开发能力有很大的关系。

口述资料分析法：在实地调查时，在大多数情况下，笔者都是用录音设备将访谈的内容录下来，晚上再将其整理成文本，在整理过程中，力求能反映出被访谈者的真实想法，如出现前后矛盾的观点时，分析产生矛盾的原因，并再次与被访谈者核实，每次整理完以后，都对整理的材料做一次整体的评估，以便改进下一次的访谈工作。有些佤族不会讲汉语，笔者就请来当地的年轻人当翻译，通过文本准确地表达他们的想法，总结提炼关键的内容。

定性和定量相结合的研究方法：定性和定量相结合的方法是社会科学研究常用的研究方法，在研究过程中，应根据研究的核心问题来选择具体的研究方法。本研究先采用定性研究法对案例点进行调研，主要通过对社区居民及相关工作人员进行深度访谈，了解佤族社区在旅游发展过程中存在的各种问题，目的是找到佤族旅游社区居民旅游可行能力的提升对策。在正式调研阶段，先对124名村民进行了深度访谈，总结出翁丁佤族社区居民旅游可行能力的主要特征。然后，根据可行能力理论和访谈材料内容，构建"直过民族"社区居民旅游可行能力的评估指标体系，并采用李克特量表编制调查问卷，运用SPSS 17.0对调查问卷进行信度和效度检验（KMO和Barlett球形检验），在符合信度和效度要求的基础上，通过因子分析法和模糊综合评价法等定量研究方法对翁丁佤族社区居民的旅游可行能力进行评价。最后，综合定性和定量的研究结果，全面分析翁丁佤族社区居民的旅游可行能力现状和存在的问题。

1.5.3 研究技术路线

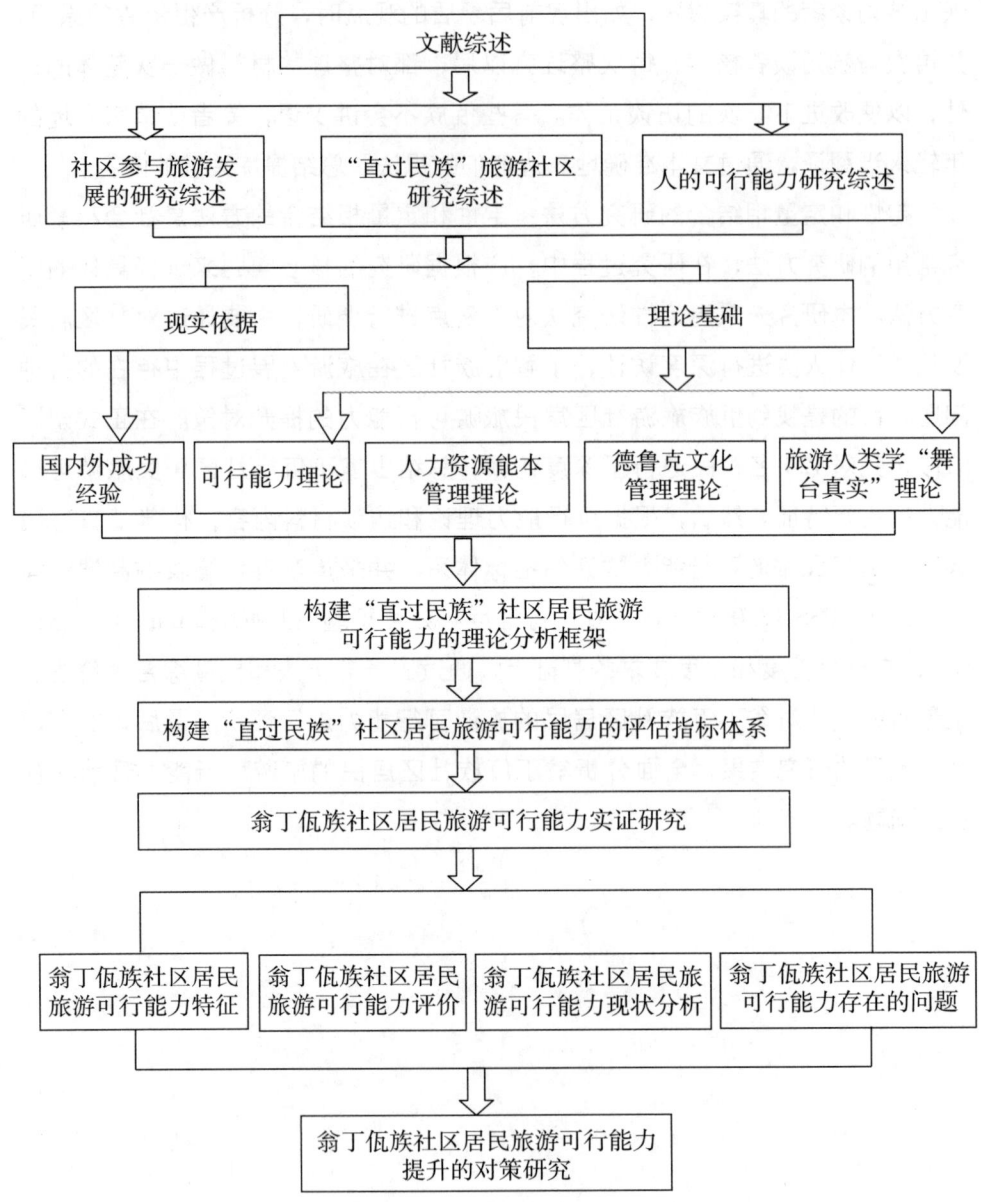

图1.2 研究技术路线

1.5.4 研究框架结构

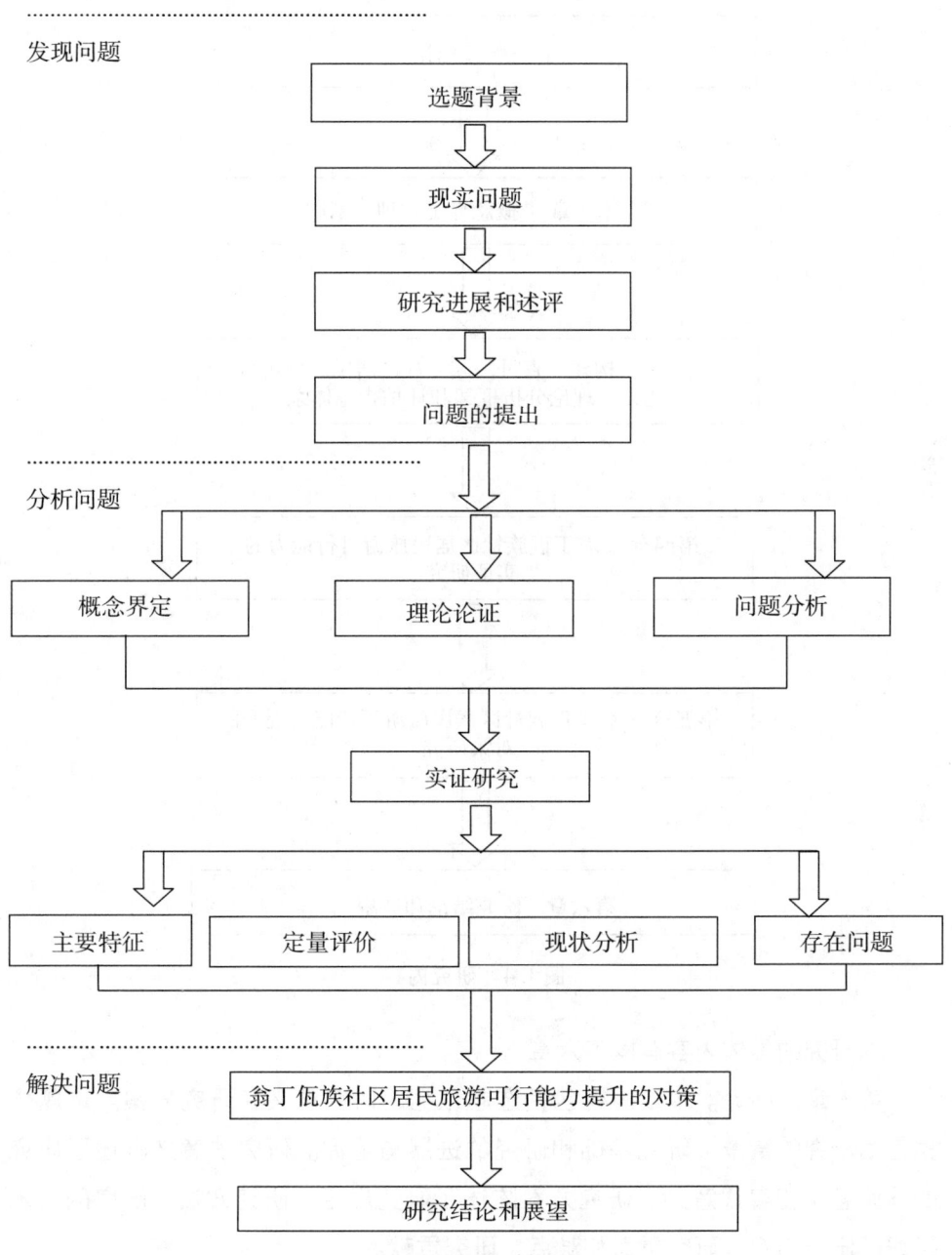

图 1.3　研究框架结构

1.5.5 研究内容

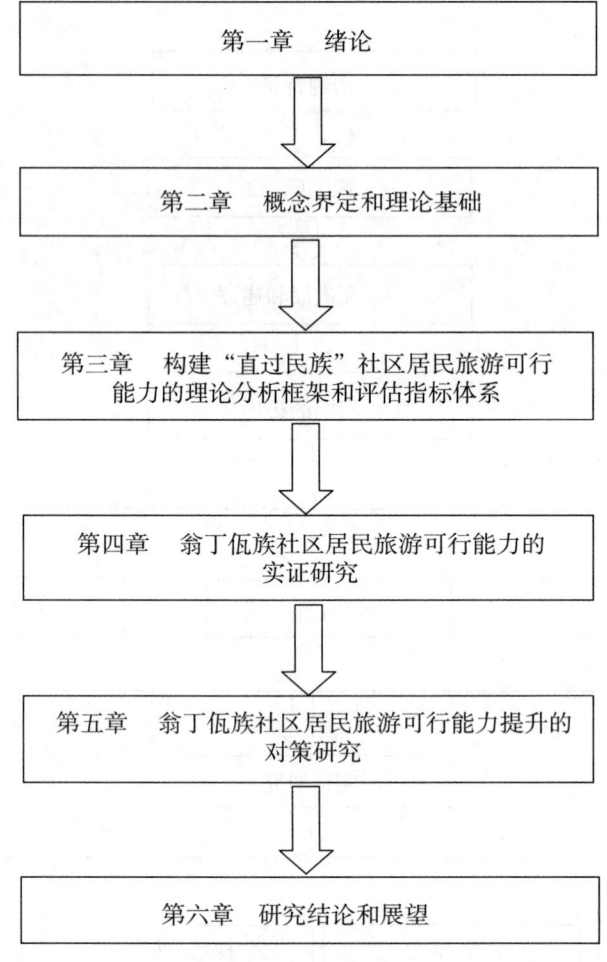

图1.4 研究内容

本研究的具体内容有以下六章：

第一章，绪论。本章内容包括选题依据、研究意义和研究方案。选题依据包括研究的背景、研究基础和研究的进展与述评。研究的意义阐述了研究的理论意义和实践意义。研究方案陈述了研究思路、研究方法、研究的技术路线、研究内容、研究重点和难点、研究贡献。

第二章，概念界定和理论基础。本章界定了居民可行能力、居民旅游可行能力、佤族社区等核心概念。研究的理论基础是可行能力理论、德鲁克文化管理理论、人力资源能本管理理论和旅游人类学"舞台真实"理论，并对这四大理论在中国运用的适用性进行了充分的论证，探索它们在中国本土化的研究途径。

第三章，构建"直过民族"社区居民旅游可行能力的理论分析框架和评估指标体系。本章阐述了理论分析框架的构建思路，包括理论来源、现实依据和研究对象的特征。"直过民族"社区居民旅游可行能力理论分析框架的理论来源是可行能力理论；"直过民族"社区居民旅游可行能力理论分析框架的现实依据是国内外旅游目的地的经验；"直过民族"社区的特点有特殊的地理位置、特殊的社会发展阶段和特殊的文化形态。本章构建出"直过民族"社区居民旅游可行能力的理论分析框架和评估指标体系，可用于"直过民族"社区居民旅游可行能力的评估，该理论体系有三大维度，六大旅游可行能力观测指标，三十一个旅游可行能力分指标。

第四章，翁丁佤族社区居民旅游可行能力的实证研究。本章选择了最具代表性的云南省临沧市沧源县翁丁佤族社区为案例点，依据前面所构建的"直过民族"社区居民旅游可行能力理论分析框架和指标体系，对案例点的居民旅游可行能力进行调查评估，运用定性和定量相结合的研究方法，分析翁丁佤族社区居民的六大旅游可行能力的现状，即旅游参与可行能力、旅游就业可行能力、旅游产品开发可行能力、旅游技能提升可行能力、旅游融资可行能力和旅游社交可行能力的现状。研究发现翁丁佤族社区居民的旅游可行能力总体偏低，所调查的六大旅游可行能力指标中，只有旅游社交可行能力较强，旅游参与可行能力、旅游就业可行能力、旅游产品开发可行能力、旅游技能提升可行能力和旅游融资可行能力都较弱。

第五章，翁丁佤族社区居民旅游可行能力提升的对策研究。本章提出提升居民的旅游参与可行能力、旅游就业可行能力、旅游产品开发可行能力、旅游技能提升可行能力和旅游融资可行能力五大旅游可行能力的对策建议。其保障机制是佤族旅游社区"前台开发＋后台保护"的旅游规划政策、激发居民内生动力和外部多元主体支持。居民内生动力应与外部环境支持相结合，形成多方责任主体合作的联动机制，充分开发政府、居民、村委会和社区精英、旅游企业和专家学者的支持系统，为居民旅游可行能力的提升献策献力。

第六章，研究结论和展望。本章内容有研究结论、创新之处和研究展望。

通过实证研究，笔者得出以下研究结论：旅游发展程度与居民旅游可行能力成正向关系、翁丁佤族社区居民旅游可行能力评价值偏低、翁丁佤族社区需要制定本土旅游规划政策、翁丁佤族社区居民旅游可行能力的提升对策、"直过民族"社区居民旅游可行能力的理论分析框架有实践指导作用、"直过民族"社区居民旅游可行能力提升的重点是激发居民的内生动力、"直过民族"社区居民旅游可行能力提升需要多元主体的支持。

1.5.6 研究重点和难点

本研究的重点是构建"直过民族"社区居民旅游可行能力的理论分析框架和评估指标体系。在以往研究的基础上，研究将可行能力理论引入"直过民族"旅游社区，根据"直过民族"旅游社区居民的生活现状、"直过民族"旅游社区的社会环境、旅游的六大要素和旅游的利益相关者等内容进行构建，将"直过民族"社区居民旅游可行能力进行细化，变成具体的评价指标，进而评估居民的旅游可行能力水平，分析翁丁佤族旅游社区居民的旅游可行能力发展的现状。此理论分析框架和评估指标体系构建是研究的核心部分，影响着本书的研究深度。本研究的难点是对佤族居民进行的实证研究部分，大部分居民不会讲普通话，因此，做调查问卷时，笔者共请了2名当地的大学生和2名当地居民一起参与，让他们来当翻译，与昆明的2名大学生组成调研组，大家分成2组进行调研，7人共用了10天时间才完成问卷调查。

1.5.7 研究贡献

本书具有国际研究和跨学科研究的视野，将人类学和管理学结合起来进行交叉研究，构建了"直过民族"社区居民旅游可行能力的理论分析框架和评估指标体系。理论分析框架包括旅游发展背景、脆弱性环境、功能性活动、资源、旅游可行能力评估分析、孵化性运作、旅游保障、旅游可行能力提升策略和旅游可行能力提升成果。评估指标体系包括三大理论维度、六大观测指标和31个分指标。本研究还将可行能力理论引入"直过民族"旅游社区，将"直过民族"居民的旅游可行能力作为主要研究内容，将"直过民族"居民旅游可行能力的研究维度概括为旅游参与可行能力、旅游就业可行能力、旅游产品开发可行能力、旅游技能提升可行能力、旅游融资可行能力和旅游社交可行能力。

第二章 概念界定及理论基础

本章对重要核心概念进行界定，它们是居民的可行能力、居民的旅游可行能力、居民旅游可行能力的六大维度，以及"直过民族"社区的特点。为了深入研究"直过民族"社区居民的旅游可行能力，本章论证了人力资源能本管理理论、德鲁克文化管理理论、旅游人类学"舞台真实理论"和可行能力理论等理论基础的可行性，探索它们对"直过民族"社区居民旅游可行能力提升的启示，为下一章构建理论分析框架奠定基础。

2.1 相关概念界定

2.1.1 居民可行能力的概念、内涵和特征

居民可行能力是阿马蒂亚·森提出的一个概念，指居民能过上一种实质自由的生活的能力，主要指的是个体的可行能力，但也可在此基础上推演至团体，包括种族团体、国家或民族。他认为通过扩展个体的五个功能性活动，即政治自由[①]、经济条件、社会机会、透明性担保和防护性保障，能提升人的可行能力。他没有总结出可行能力的内涵，但是他指出可行能力的基本要素是阅读和写作，得到充分的信息和通报，拥有实现自由地参与的机会。可行能力的核心含义是：一个人是怎样的？可以做什么？能够成为什么？在中国政治文化背景下，根据"直过民族"社区居民的主要特征，以及当地旅游发展的程度，本研究选择了善治、经济条件和社会机会作为居民可行能力提升的重要因素。

玛莎·C.纳斯鲍姆在阿马蒂亚·森研究的基础上提出三个概念：内在可行能力（internal capabilities）、混合可行能力（combined capabilities）和核心可行能力（basic capabilities）。核心（基本）可行能力是指个人固有的内在潜能，它让后期的发展和训练成为可能。她设计出了一个包含十个类别的核心可行能力菜单[②]。（1）生命（life）：正常长度的人类预期寿命；不会过早死亡，或者在死亡之前，一个人的生活已经降到不值得活下去的水平。（2）身

[①] 阿马蒂亚·森. 以自由看待发展 [M]. 任赜, 于真, 译. 北京: 中国人民大学出版社, 2013.

[②] 玛莎·C.纳斯鲍姆. 寻求有尊严的生活: 正义的能力理论 [M]. 田雷, 译. 北京: 中国人民大学出版社, 2016.

体健康（bodily health）：可以拥有良好的健康水平，包括生理健康；可以摄取充分的营养；有体面的居所。(3) 身体健全（bodily integrity）：可以在各地之间自由迁徙；免于暴力攻击（包括性骚扰和家庭暴力）的安全；有机会得到性的满足，并在生育事务上有选择的机会。(4) 感觉、想象和思考（senses, imagination, and thought）：能够运用感官进行想象、思考和推理——以一种"真正人之本性"的方式进行上述活动，这是指应有充分的教育来提供信息和教养，包括但绝不限于读写、基础数学和科学训练。在体验和生产个人自我选择的宗教、文艺、音乐等作品和事件时，有能力运用想象和思考。思考可以得到政治和文艺言论表达自由、宗教活动自由的保障。可以享有愉悦的经验，避免无价值的痛苦。(5) 情感（emotions）：有爱的能力，可以去爱外在于我们自身的人与物；爱那些爱我们并且关怀我们的人，因为他们的离开而悲伤。总体上说，可以去爱，去悲伤，去体验渴望、感激和有正当理由的愤怒。切勿让恐惧和焦虑毁坏一个人的情感发展。（培育这一能力，也就意味着要支持各种形式的结社，只要可以证明该社团在能力发展中是关键的）(6) 实践理性（practical reason）：有能力形成一种人生观，进行有关生活规划的批判性反思。（这就要求保护良心和宗教仪式的自由）(7) 归属（affiliation）：(A) 能够与他人共同生活在一起，承认并且展示出对他们的关切，参与多种形式的社会互动；能够设身处地地想象他人的处境。（如要保护这一能力，就要保护那些构成并且培育此类归属的制度，还要保护结社和政治言论的自由）(B) 享有自尊和禁止羞辱的社会基础；被当作一个有尊严的存在来对待，其价值等同于他人的价值。这要求禁止基于种族、性别、性倾向、民族、种姓、宗教和国籍身份的歧视。(8) 其他物种（other species）：在生活中可以关注动物、植物和自然世界，并与它们保持联系。(9) 娱乐（play）：有能力去欢笑、游戏、享受休闲活动。(10) 对外在环境的控制（control over one's environment）：(A) 政治上，可以有效参与塑造个人生活的政治选择；享有政治参与、自由言论和结社的权利。(B) 物质上，能够拥有财产（包括土地和动产），可以在与他人平等的基础上拥有财产权利；有权在与他人平等的基础上寻找工作；享有免于不正当搜查和占有的自由。在工作中，可以作为一个人进行工作，行使其实践理性，加入与其他工作者相互承认的有意义的关系。

本研究赞同玛莎·C.纳斯鲍姆关于人的十类基本可行能力内涵的研究成果。同时，因本研究的研究内容是"直过民族"社区居民的旅游可行能力，因此，在玛莎·C.纳斯鲍姆的研究基础上，本研究将基本可行能力与旅游相结合，提出旅游社区居民的旅游参与可行能力、旅游就业可行能力、旅游产品开发可行能力、旅游技能提升可行能力、旅游融资可行能力、旅游社交可行能力六大可行能力内涵。

阿马蒂亚·森的可行能力理论是在西方价值观影响下提出的正义经济学理论，西方价值观往往以个人为本位来处理个体与集体的关系，奉行个人主义。故该理论注重个人的价值、个人的尊严，强调通过提升个人的可行能力，促进社会的发展。可是，中国传统文化历来以集体为本位来处理个体与集体的关系，推崇集体主义，特别是对于少数民族族群来说，由于受环境和文化的影响，居民的群体意识还更加强烈。因此，本研究认为阿马蒂亚·森的可行能力理论在中国运用时，应以中国传统文化为基础，居民旅游可行能力应重点研究以家庭为单位的居民旅游可行能力，在调查时，也应以户为单位进行调研，进行深入的本土化研究。

2.1.2 居民旅游可行能力的概念、内涵和特征

居民旅游可行能力是居民可行能力研究的重要组成部分，专指居民在旅游发展方面的可行能力，具体指居民对旅游资源的开发和保护的能力，对旅游的掌控能力。居民主动发展旅游，让旅游成为促进经济收入增长的工具、为生活服务的有效手段，最终，过上一种自我主导、幸福感增强的生活。本研究中的"直过民族"社区居民旅游可行能力是指居住于同一地域，在相同的组织管理机构下，彼此有稳定社会交往关系、有认同感的"直过民族"居民的旅游掌控能力，包含了居民的地方性知识传承能力和将这些地方性知识转化为经济收入的能力，也关注居民的幸福感。在旅游发展的大背景下，居民旅游可行能力受脆弱性环境、功能性活动和拥有的地方性知识三个因素的影响，具体包含旅游参与可行能力、旅游就业可行能力、旅游产品开发可行能力和旅游技能提升可行能力、旅游融资可行能力和旅游社交可行能力。从宏观、中观和微观三个层面看，居民旅游可行能力提升的责任主体是政府、旅游企业、专家学者、村委会和社区精英及居民。居民旅游可行能力研究对

云南省少数民族村寨的旅游发展有指导作用。目前，在云南省少数民族村寨旅游发展过程中，居民对旅游经济增长有着过高的期望，导致过度的开发，造成旅游的负面影响严重，居民被动参与旅游，为了获得旅游经济利益，甚至不惜牺牲自身的文化尊严。因此，要强化居民对旅游的认识，增强保护传统文化的意识，提升他们对本族文化的再创造能力，提升他们的旅游可行能力，变被动参与为主动参与，主导旅游的发展方向，推进文化旅游的可持续发展。

居民的旅游可行能力包括居民的旅游参与可行能力、旅游就业可行能力、旅游产品开发可行能力、旅游技能提升可行能力、旅游融资可行能力和旅游社交可行能力。（1）旅游参与可行能力是指居民能在多大程度上融入旅游的发展，突出自身的主体地位，开展旅游相关的营利活动的能力。它涉及的范围广泛，包含了旅游社区居民社会生活的方方面面，影响着居民的旅游参与能力。本书的旅游参与可行能力重点研究居民对旅游的掌控能力，以及他们在社区旅游发展中的主体地位，以促进他们的参与式发展。参与式发展理论强调发展的重点是人的发展，人是发展过程中的主体。参与式发展的宗旨是通过民主参与和专家的辅助作用，使社区居民公平地拥有发展的选择权、参与决策权和受益权，从而使社区真正参与到发展项目的决策、评估、实施、管理等环节中，利用自己的知识、经验，形成对发展的责任感，积极主动地推动社区发展。[①] 当"直过民族"社区开始发展旅游以后，当地居民更需要推进参与式发展，居民的旅游参与可行能力变得极为重要，影响着居民的生计。（2）旅游就业可行能力是指旅游进入社区后，增加了居民的就业机会，居民能利用这些机遇解决自身就业问题的能力，它决定着居民的旅游经济收入状况，决定着居民享有的将其经济资源运用于消费、生产或交换的机会，影响着居民的经济条件。经济收入是人的工作报酬，每个人作为社会的一个成员，必须通过工作为社会做出贡献。经济收入决定着人的消费水平，影响着人的消费、生产或交换的机会。经济收入的能力是宽泛的，主要指人的就业能力、收入的多少，以及对收入的消费分配能力。本研究的旅游就业可行能力特指居民从事旅游经营、参与民族节庆、增加旅游经济收入等方面的能

---

① 孙九霞. 旅游人类学的社区旅游与社区参与 [M]. 北京：商务印书馆，2009.

力。由于旅游业具有投资少见效快、就业容量大、就业岗位门槛低、就业方式灵活等特点，因此，对于"直过民族"社区的居民来说，除了农业劳动，他们仍然可以从事旅游业。冯学钢认为旅游就业有三种类型和层次，它们是旅游直接就业、旅游特征产业就业和旅游经济就业。[①] "直过民族"社区居民都可以从事这3种旅游就业。（3）旅游产品开发可行能力是指居民开发能满足游客吃、住、行、游、购、娱需求的旅游产品的能力。这种能力包含了居民对自身传统文化内涵的理解能力、对自身文化再生产的能力、对游客需求的认知能力和艺术创意开发能力，是一种让民族传统文化实现再创造，"活化"传承的能力。本研究的旅游产品开发可行能力特指居民结合自身民族文化的优势，充分考虑游客需求，将传统文化艺术与旅游产品相结合，开发出独具特色的旅游产品的能力。旅游产品因功能和性质的不同而分为不同的类型。根据旅游产品的功能，其可分为陈列式旅游产品、表演式旅游产品和参与式旅游产品。[②] 根据旅游产品的性质其可分为观光旅游产品、度假旅游产品和专项旅游产品。在旅游发展初期，旅游目的地的陈列式旅游产品和观光旅游产品居多。（4）旅游技能提升可行能力是指居民接受旅游教育的机会和能力。它包含了外部环境能提供居民接受教育和培训的机会，以及居民自身受教育的水平。人的受教育能力包括接受教育的程度和接受教育的机会。教育是有价值的知识和技能的传递活动，促进人运用感官进行想象、思考和推理。教育能使人们发挥主观能动性，促进情感和实践理性的发展，让人们获取知识、激发思考、解决生活实践问题。佤族旅游社区居民的教育发展能促进经济的增长，能帮助他们思考脱贫的路径，探索幸福生活的道路。本研究的旅游技能提升可行能力特指居民受教育的程度和机会、接受成人继续教育和职业教育的机会，以及居民对传统文化保护的意识。旅游技能培训是一种学习活动，它能促使人的知识、认知和能力发生循序渐进的变化，培训内容偏重于实践性和操作性，培训的目的是提高居民的旅游技能和职业素养。（5）旅游融资可行能力是指居民在拥有和支配资金方面的能力。可支配资金的数量

---

① 冯学钢，胡小纯. 中国旅游就业研究：类型与层次分析 [J]. 经济问题探索，2007（8）：113 – 117.
② 张秋芬，江五七. 旅游管理学 [M]. 北京：航空工业出版社，2008.

决定了居民从事旅游活动的可能性和参与的程度，资金是人们可以获得的财政资源，它帮助人们实现不同的生计选择。居民可以通过银行贷款、民间借款等途径获得财政资源。本研究的旅游融资可行能力特指居民参与旅游经营的资金保障能力。"直过民族"社区居民存在的融资问题有两个方面，一方面，居民缺乏贷款意识。他们惧怕贷款，觉得贷款会增大生活压力，担心到规定时间内还不上贷款，认为最好自己有多少钱就办多大的事情，这样比较安全。另一方面，他们缺少贷款机会。急需金融机构增设旅游扶贫信贷业务，降低贷款门槛，简化贷款程序，延长还款周期。（6）旅游社交可行能力是指在发展旅游的过程中居民的社交能力。广义上涉及居民与当地政府、村委会、邻居和游客的社会关系，这些社会关系影响着居民发展旅游的积极性，以及保护和开发旅游的能力。狭义上仅指居民与游客的互动关系。本研究的旅游社交可行能力特指当地居民与当地政府、村委会、邻居和游客的相互关系。哈贝马斯认为交往行为的重点是构建人与人的和谐关系，交往的双方要在平等的基础上对话。从相互理解的角度看，交往行为是用来传播和更新文化知识的；从社会化的角度看，交往行为是为了形塑个人独有的特征和本质。旅游是介乎东道主与游客间的结构性行为，它不仅仅指具体的人的行为，也包含一种自然生态或者生产形态的改变。[①] 这种东道主与游客的互动贯穿于旅游的整个过程，居民的社交可行能力影响着旅游目的地的旅游发展速度。

居民旅游可行能力最突出的特点是只关注居民掌控旅游的能力，这种旅游可行能力包括两方面的能力，一方面是居民的地方性知识传承能力，另一方面是居民将这些地方性知识转化为经济收入的能力。居民自身的天赋，比如音乐、舞蹈、画画等特长是居民内在的能从事旅游活动的特质，它们是全世界独有的艺术，也是当地居民的传统文化要素。对于"直过民族"社区的居民来说，他们都具有这种传承地方性知识的能力。可是，居民将这些天赋的艺术转化为旅游产品的能力有待提高，地方政府需要提供必要的交流平台来促进居民的创新思考，促进他们的传统文化实现再生产，将其变为提升生活质量的重要途径。

---

① 彭兆荣．"东道主"与"游客"：一种现代性悖论的危险——旅游人类学的一种诠释［J］．思想战线，2002（6）：41-42．

2.1.3 "直过民族"旅游社区的特点

"直过民族"旅游社区与其他旅游社区相比，具有三种特殊性，其一，这些社区处于特殊的地理位置。"直过民族"居民居住在沿边和较封闭的特殊区域，位于与老挝、越南、缅甸交界国境线上，这里山高林密，这种特殊的地域具有沿边性、边缘性和封闭性的特征。从1953年至今，"直过民族"经历了发展的"黄金时期"（1953—1958）、曲折时期（1958—1978）、新时期（1978至今）三个发展阶段，由于政府制定了对"直过民族"特殊的倾斜政策，"直过民族"社区的旅游有了跨越式的发展。其二，特殊社会发展阶段："直过民族"社区社会生产力水平普遍低下，生产工具十分简陋，竹、木、石工具在其原始生产过程中占据主要地位。党和政府实行特殊的"直接过渡"政策帮助他们直接地、逐步地进入社会主义社会。"直接过渡"以后，我国政府从政治、经济和干部培养方面采取了很多优惠倾斜政策帮助"直过民族"居民实现了历史性的跨越。可是，由于社会发展的基础薄弱，"直过民族"的发展速度与全国全省的差距在不断继续拉大，呈现出居民生活极度贫困、文化素质低、生产生活环境差等突出的问题，这些地区有的至今还处于"交通基本靠走，通信基本靠吼，娱乐基本靠酒，治安基本靠狗"的落后状态，现代文明带来的实惠，他们分享得太少。"直过民族"是我国最贫困、最弱势和最特殊的群体。其三，特殊文化形态。"直过民族"仍然保留着浓厚的原始文化形态。翁丁佤族村是一个典型的"直过民族"旅游社区，它由翁丁大寨、翁丁新芽和翁丁下寨三个寨子组成，具有"直过民族"旅游社区的三大特点，叫魂活动在村寨中较为盛行，摩巴在佤寨中垄断着民族文化和教育，传统佤族文化传承主要通过家庭教育和"火塘教育"。

但正是由于"直过民族"社区地处偏远山区，与外界接触较少，一些悠久的民族传统文化被传承下来，"直过民族"居民的这些独特的地方性知识成为宝贵的旅游资源。随着大众旅游时代的到来，这些地区的人文资源强烈地吸引着游客体验异质文化的好奇心。"直过民族"社区居民旅游可行能力表现出的特点是动态发展。纵观"直过民族"的发展历史，"直过民族"居民的旅游可行能力随着外部社会环境的发展而发展，居民的旅游可行能力取得了很大的进步。但与旅游发展较快地区比较，"直过民族"社区居民旅游可行能力还偏低。如果佤族居民能发挥自身民族文化优势，对佤族的非物质文化遗产，如佤族木鼓舞和民间文学《司岗里》（国家级非物质文化遗产）、佤族甩发舞（省级非物质文化遗产）等进行旅游开发保护，将能提升自身文化的旅游影响力。同时，加强佤族居民地方性知识的学习，包括佤族传统文化中的宗教、音乐、舞蹈、雕刻、绘画、饮食等艺术，发展民族自身的天赋，将能形成独具特色的异质性人力资本，在现代竞争条件下以其独特性获得现实的旅游经济利益，进一步增强翁丁佤族社区居民的旅游竞争优势，推进当地旅游的可持续发展。

2.2 理论基础

2.2.1 人力资源能本管理理论

人力资源能本管理理论就是以能力作为本位的管理理论。能本管理理论思想源于知识经济的产生，国外能本管理理论研究主要侧重于提升组织的能力，对个人的能力研究不多，最早开始研究的是经济学家亚当·斯密，他认为一国全体居民所有后天获得的能力是资本的重要组成部分。西奥多·舒尔茨发表的"人力资本投资"演讲表明人力资本的核心是提高人口质量，有能力的人民是现代经济丰裕的关键。他们意识到人的能力能增加价值和财富。国内最早研究能本管理的学者是韩庆祥，他针对"物本"和"资本"提出"能本"的概念，从哲学的角度提出了能力本位的思想。威鲁对能本管理理论进行了系统的研究，他指出能力从哲学上讲，是指一个人具有的认识和改造客观和主观世界的力量；从管理上讲，就是一个人具有的促进管理目标实现的力量。能本管理理论的能力结构包括德能、体能、技能和智能四个方面。他提出能本管理源于人本管理且高于人本管理。能本管理包括四层含义：（1）把能力作为管理的首要对象；（2）把以能力为本位作为管理理念，即把能力作为管理的根本出发点，看作是管理的决定性因素；（3）把提高和发挥能力看成管理追求的最终目标；（4）把提高和发展能力作为主要激励手段。能本管理是以人的能力为根本，并对人的能力进行发现、使用、开发、培训和提升等一系列活动所进行的管理，能本管理的内在机制包括能力发现机制、能力使用机制和能力开发机制。能力发现机制是管理者采用一定的方式方法，科学地测定每个组织成员的能力总量和结构状况；能力使用机制是对具备不同能力的组织成员配置不同的岗位，给予不同的待遇；能力开发机制是采取各种有效措施促使组织成员的潜在能力转化为现实能力，促使组织成员不断提高已有能力的系统活动。①

人力资源能本管理理论对"直过民族"旅游社区发展有启示作用，这些地区人口数量多，但人口质量差，经济发展必须依靠当地的人力资源开发，提高当地居民的能力。在旅游社区管理过程中，要以他们的能力为根本，发现、使用、开发和培训他们的能力，以此促进这些社区的发展。杨红英教授②认为少数民族发展中的人力资源开发应从两个方面进行：一方面，以现代教育和培训为依托，通过科学技术知识、现代信息等普同性知识的学习，形成通用型或常规型人力资本，这种开发方式以提高少数民族与主流社会接轨的知识和技能为目的；另一方面，以民族文化传承为核心，通过地方性知识的学习和强化，形成独具特色的异质性人力资本，在现代竞争条件下以其独特性获得不同于主流的发展路径，在一种有效的现代机制中为其所有者带来现实的利益。根据"直过民族"旅游社区居民的特征，本研究认为应培训他们掌握农业种植、养殖的先进技术、以互联网为基础的电子商务技术、旅游开发和管理的能力、运用语言的能力等，通过提高他们的市场参与性，使其在全球化竞争中能够反"边缘化"，从而在世界民族之林获得应有的发展席位；同时，加强"直过民族"居民地方性知识的学习，包括"直过民族"传统文化中的宗教、音乐、舞蹈、雕刻、绘画、饮食等艺术，发展自身的民族天赋，以此增强"直过民族"旅游社区居民的竞争优势。这样，在全球经济发展背景下，"直过民族"居民就既能享受和运用现代化进程中的文明成果，又能传承和创新本民族的地方性知识，以独一无二的民族特征屹立于世界民族之林。

2.2.2 德鲁克文化管理理论

德鲁克③认为，管理者的工作之一就是培养人才（包括自己）。管理者和员工都要了解自身的优势和价值观。他认为一个人只能在工作中发挥自己的

---

① 威鲁. 人力资源能本管理与能力建设 [M]. 北京：人民出版社，2003.
② 杨红英. 少数民族发展中的人力资源开发研究——基于云南民族文化传承与民族教育开发 [M]. 昆明：云南大学出版社，2008.
③ 德鲁克（Drucker, P. E）. 管理的实践 [M]. 齐若兰，译. 北京：机械工业出版社，2006.

长处，而不能靠短处创造绩效，更不用说靠根本就不存在的能力创造绩效。用回馈分析法可以发现我们的长处，人要集中精力发挥自身的优势，你能够在哪些领域发挥优势，创造出优异的业绩和成果，你的优势就在那些领域，然后将精力集中在你具有较高能力和技能的领域，并努力增强你的优势。在改进弱点上，我们要尽可能少浪费精力。盖洛普推进了德鲁克的这种管理思想，提出了优势理论，他研究了成千上万的成功案例，发现成功者尽管路径各异，却有一定之规律，就是扬长避短。人的优势由才干、技能和知识组成，才干是个人所独有的，贯穿一生，并且无法传授、培训和强求。管理就是要发挥自己的才干，也让员工发挥自己的才干。同时，德鲁克认为管理是一种实践，管理一定要在当地的文化中才能发芽生根，因此要培养熟悉地方文化的当地管理人才。只有中国人才能建设中国，只有中国人才能发展中国。中国式管理的秘密可能在于把家庭因素融合到现代企业中。德鲁克主张，现代的经营理念应该建立在"组织环境—特殊使命—核心能力"这一假设上。德鲁克主张发展经济靠的是人而不是钱，他认为只有以分销为导向的经济发展才能营造中国最需要的人力资源。中国需要建立一套能开发人力资源能量的现代分销系统，将中国夫妻店的老板培养成小企业家，这些充满活力的小企业恰恰是改变中国经济未来的力量，在经营过程中，店主学着做决策和管理。

从德鲁克关于中国人力资源开发的思想观点中我们得到的启示是，"直过民族"旅游社区的发展最重要的事情就是培养人才，要发挥"直过民族"居民的自身独特优势，让他们做很擅长很喜欢做的事情，包括唱歌、打歌、跳舞、过节、体育运动等集体传统活动，这些活动恰恰是吸引游客的重要旅游资源。也就是说，旅游给"直过民族"居民提供了一个能发挥自身优势的平台，"直过民族"居民不仅可以借助旅游复兴、创造传统文化，还能获得经济效益，改善生活条件。而且，"直过民族"旅游社区的发展要依靠当地的人才，一方面，要培养一批热爱家乡的"直过民族"管理人才；另一方面，要对当地居民进行异质人力资源的开发。除了发展旅游，"直过民族"社区居民的特长还有种庄稼，如果能加强对他们的劳动技能的培训，让他们掌握先进的农业种植技术，培育出游客喜爱的高原生态农产品，将有效地提升中国经济发展的短板，当前，发展"直过民族"旅游社区经济的最大任务就是开发当地居民的人力资源,提高这些社区居民的旅游可行能力,尤其需要解决限制居民发展的各种因素,为培养农民成为小型旅游企业家做准备。

2.2.3 旅游人类学"舞台真实"理论

"舞台真实"理论来源于欧文·戈夫曼(Erving Goffman)的理论,他把社会比作一个舞台,将社会结构分为"前台"(front stage)和"后台"(back stage)。"前台"就是演员和宾主,或是顾客与服务人员接触交往的地方,是个体在表演期间有意无意使用的、标准的表达性装备。它分为舞台设置、外表、举止等传统的几个部分。而"后台"则是演员空隙休息并准备节目的地方,"后台"应该是封闭的空间,不能让观众和外来者进入,"后台"的东西是神秘的,不能向外来者随意展示,否则就会给社会带来"不安定因素",甚至会使社会遭到破坏,所以保护"后台"对维护一个社会来说是十分重要的。迪安·麦坎内尔(Dean MacCannell)发展了旅游中的"舞台真实"理论,他在《旅游者:休闲阶层新论》中表明了自己的观点,他认为为了保护"后台"东道主的传统文化,不受旅游发展的破坏,文化旅游产品应当主要通过舞台来实现对"真实性"文化的再现,用一些带有象征性的真实东西向游客进行展示,以此来满足游客的好奇心。他强调旅游者脱离城市生活,就是希望在旅游中寻找到真实,而不应该简单地将这种真实理解为虚假,在旅游中获得的生命的意义和完整性本就是真实的。

"直过民族"旅游社区是"直过民族"的历史聚居区,这里深藏着"直过民族"传统的文化底蕴,旅游的发展给当地居民带来了机遇和挑战。为了对人文资源进行保护性旅游开发,减少旅游给这些社区带来的负面影响,根据"舞台真实"理论的观点,可以将"直过民族"旅游社区分为"前台"和"后台","前台"为旅游开发区,"后台"为文化保护区。也就是说,在"直过民族"历史聚居区旁边建设一个民族文化展示区,我们称之为"前台",这里是能满足游客吃、住、行、游、购、娱需要的民族文化体验区,这里的民族文化是经过包装和创新的,是"直过民族"文化与其他文化交流的区域。"直过民族"历史聚居区我们称之为"后台",这里应重在保护,保护"直过民族"生活的原貌,特别要保护传统的民居和人们的生活方式。

2.2.4 可行能力理论

2.2.4.1 哲学根源

可行能力理论是一种现代观念，它探讨一个人的机会和选择，涉及个人实际上可以做到什么和能够成为什么的问题，它还探索人的基本权益、正义理念与人类机会之间的关联等问题。追溯历史，可行能力理论最早的历史本源来自苏格拉底的思想，他的哲学追求是真正的善，他提倡用"苏格拉底方法"进行批判性思考，探讨真理。他认为善才是人们最高的生活目的和美德。他的教育目的是造就治国人才。亚里士多德的政治和伦理思想也成为可行能力理论的源泉。亚里士多德非常重视选择的重要性，他认为只有在人的行为受控于自己的思想和选择时，这种行为才算是有德行的。他论述了丰满人生的伦理学，目的是为政治家提供指导，了解人们过一种丰满的生活需要些什么，要培育能力或制造机会，让全体公民都能过上一种基于他们选择的丰满的生活。他认为理性的发展是教育的最终目的。斯多葛学派也为可行能力理论提供了养分，它认为每一个人，只是因为他是人，就有尊严并且应该得到尊重。人性尊严不应该受制于他人的武断意志，永远不能被欺凌。亚当·斯密提出了可行能力理论的核心理念，他认识到，人类来到世界上，其能力处于一种初生的或未发展的形态，因此需要来自环境的支持——包括对身体健康，特别是对智力发展的支持，只有这样，他们才能以一种人性尊严所要求的方式成熟起来。他在《国富论》中进行了要求政府提供免费义务公立教育的论证，他指出：没有教育，一个人的"心智就是残缺和畸形的，就好像另一个人生活在他的身体中，他因此失去了一些最基本的身体部件，或者无法对它们加以运用"。

2.2.4.2 可行能力理论内容

阿马蒂亚·森的可行能力理论提出了可行能力新方法，以"可行能力剥夺看待贫困"。他认为贫困不仅仅是收入低下，还是基本可行能力被剥夺，要解决贫困问题，不仅需要提高收入，更须提高人的基本可行能力。一个人的可行能力是指此人有可能实现的各种可能的功能性活动的组合，是一种有选择的自由，是对"一个人选择有理由珍视的生活的实质自由——即可行能力"的全面扩展。可行能力受政治、经济、文化、地域环境、性别、年龄因素、社会角色等影响，并注重社会的整体发展，关注的最终目标是发展，它认为财富、收入、技术进步、社会现代化等等固然可以是人们追求的目标，但它们最终只属于工具性的范畴，是为人的发展和人的福利服务的。[1] 阿马蒂亚·森认为，以人为中心，最高的价值标准就是自由，自由是人们的价值标准与发展目标中自身固有的组成部分，它自身就是价值。自由是人们能够过自己愿意过的那种生活的可行能力（capability），即享受人们有理由珍视的那种生活的可行能力，是一种人能主导自己生活的能力。可行能力强调重视发展的伦理维度、能力建设和可持续性问题。阿马蒂亚·森的可行能力方法聚焦于人们所能做的和所能达到的状态——可行能力，以评价个体福利、贫困、不平等、社会安排、制度设计等。阿马蒂亚·森主张通过提升人的功能性活动，来提高人的可行能力，他分析促进发展有五种重要的功能性活动[2]，即政治自由、经济条件、社会机会、透明性担保和防护性保障，它们分别帮助人们按自己的意愿过有价值的生活，又相互联系、相互促进，共同做贡献。功能性活动反映了一个人认为值得去做或达到的多种多样的事情或状态[3]，包括快乐、自尊、受人尊重、可以参加正常的社交活动等复杂功能。一个人的功能性活动组合反映了此人实际达到的成就，而可行能力则反映可供这个人选择的各种相互替代的功能性活动组合。可行能力一方面有着功能性活动发挥的意思；另一方面还有机会和选择的意思。也就是说，功能性活动与可行能力之间的区别是"实现"与"有效可能"的区别。可行能力理论的具体内容参看"从可行能力视角看待发展示意图"[4]（见图 2.1）。对个人而言，可行能力方法强调个人的主体地位，它对什么是人的福利、什么是人的自由，做了独特的理解，把能够实现各种有价值的功能性活动的实际能力作为评价个人生活的实质内容。他从可行能力的角度，将贫困视为由于机会、能力与权利的

---

[1] 王春萍. 可行能力视角下城市贫困与反贫困研究 [M]. 西安：西北工业大学出版社，2008.
[2] 阿马蒂亚·森. 以自由看待发展 [M]. 任赜，于真，译. 北京：中国人民大学出版社，2013.
[3] 阿马蒂亚·森. 以自由看待发展 [M]. 任赜，于真，译. 北京：中国人民大学出版社，2013.
[4] 吴正本. 阿马蒂亚·森的可行能力发展观解析 [D]. 大连：东北财经大学，2013.

绝对或者相对的剥夺而造成的物质资源、文化资源和社会资源匮乏，为我们理解和消减贫困开拓了可借鉴性的思路。个人可行能力越大，他过某种生活的自由也就越大。可行能力着重强调的是人们主导自己生活的能力。对社会而言，可行能力方法为了获得一种综合性的评价和制度安排、政策选择，把个体可行能力集看作构成评价和选择的一个必不可少的核心部分，提出了一个非常宽泛的能力评价框架。

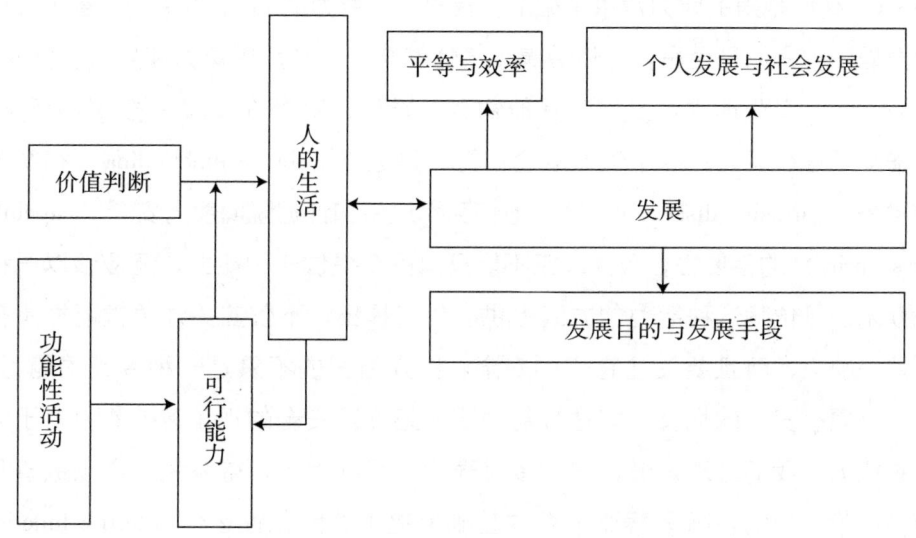

图 2.1　从可行能力视角看待发展示意图

玛莎·C. 纳斯鲍姆①在阿马蒂亚·森研究的基础上，提出三个概念：内在可行能力（internal capabilities）、混合可行能力（combined capabilities）和核心（基本）可行能力（basic capabilities）。核心（基本）可行能力是指个人固有的内在潜能，它让后期的发展和训练成为可能。将可行能力理论进行细化研究，具体设计出一个包含十个类别的可行能力内涵：即生命（life）、身体健康（bodily health）、身体健全（（bodily integrity）、感觉、想象和思考（senses, imagination, and thought）、情感（emotions）、实践理性（practical reason）、归属（affiliation）、其他物种（other species）、娱乐（play）、对外在

---

① 玛莎·C. 纳斯鲍姆. 寻求有尊严的生活：正义的能力理论［M］. 田雷，译. 北京：中国人民大学出版社，2016.

环境的控制（control over one's environment）。

Klasen 调查研究时用了可行能力的 15 个指标，它们是教育、收入、财产、住房、饮水、医疗卫生、能源、就业、出行、经济状况、服务、营养、医疗保健、安全、幸福感。

联合国的人口发展指数选用收入水平、期望寿命和教育指数。

沃尔夫（Jonathan Wolff）和以色列的德夏利特（Avner De-Shalit）在玛莎·C. 纳斯鲍姆的能力清单基础上，提出可行能力的 11 个清单，丰富了可行能力理论。它们是生命，身体健康，身体健全，感觉、想象力和思考，情感，能力安全，实践理性，归属，其他物种，娱乐，对外在环境的控制。而且，还增加了可行能力的两个理论观念：孵化性运作（fertile functioning）和腐蚀性劣势（corrosive disadvantage）。他们列举理由和证据说明能力安全（capability security）的重要性，公共政策不能只向民众提供一种能力，还应该以一种民众未来可依赖这种能力的方式提供。他们提出，不仅应关注关键能力是存在还是缺失，而且要关注它们的安全。民众所需的不只是一种今天的能力，而且还要有安全的期待，即这种能力明天还在。安全的视角意味着，对于每一种能力，我们必须知道，它在多大程度上得到保护，得以免于市场欲望和权力政治。他们在阿马蒂亚·森的基础上提出的孵化性运作（fertile functioning）和腐蚀性劣势（corrosive disadvantage）是两个有意义的概念，他们的研究表明孵化性运作是指一种能促进其他相关能力提升的能力，归属和教育就是一种孵化性运作，腐蚀性劣势是孵化性运作的相反方面，它会极大地影响生活其他领域的剥夺。那么，政府在制定公共政策时，应找到最佳干预点，重点干预孵化性运作。

2.2.4.3 可行能力理论启示

可行能力理论对我国的"直过民族"旅游地区发展有很大的启示，我国 2016 年的经济增长速度为 6.7%，仍然是世界上的第二大经济体、亚太经济增长的"领头羊"。但是，我国的"直过民族"地区长期发展缓慢，经济的发展速度远远滞后于城市地区，与城市的贫富差距越拉越大，二者之间隔着一道难以愈合的鸿沟。如何快速发展、缩小这种差距，成为"直过民族"地区面临的最紧迫的难题。发展民族文化旅游是"直过民族"地区经过长期实践,探索到的一条能发挥自身优势的发展路径。根据阿马蒂亚·森可行能力的理论观点,要提升"直过民族"社区居民旅游可行能力,必须从五个功能性活动着手,即增加他们的政治自由、经济条件、社会机会、透明性担保、防护性保障。但是,从"直过民族"旅游社区的社会发展现状看,如果在5个方面都下大力气去齐抓共管,那么政府需要投入大量的资金,效果还不一定明显,必须选出五大功能性活动中的重点。在我国传统文化大背景下,结合"直过民族"旅游社区居民的特征,本研究认为"直过民族"社区居民旅游可行能力应重点考虑善治、经济条件、社会机会三大方面。综合玛莎·C.纳斯鲍姆、Jonathan Wolff 和 Avner De-Shalit 的观点,必须调查"直过民族"旅游社区发展中的孵化性运作和腐蚀性劣势,强化孵化性运作,进行重点干预,减少腐蚀性劣势,进行强制消除,才能有的放矢地提高"直过民族"社区居民旅游可行能力。从调研结果来看,"直过民族"旅游社区居民发展中的孵化性运作有旅游参与可行能力、旅游就业可行能力、旅游产品开发可行能力、旅游融资可行能力和旅游技能提升可行能力。如果"直过民族"旅游社区居民能够提升这五种孵化性运作,将能促进他们其他可行能力的提升。目前,旅游技能培训是"直过民族"旅游社区发展中的重中之重。我们需要聚集社会各界的教育力量来发展"直过民族"旅游社区,特别需要让教育培训回归农村,发挥基础教育和旅游职业培训的作用,让乡村培训切实地为农村社会和生活服务,让旅游职业培训成为"直过民族"农村社会发展的助推器,支持"直过民族"农村经济的发展,促进"直过民族"农村社会和谐发展,缩小城乡发展的差距。

2.2.5 本章小结

本章对居民的可行能力、居民的旅游可行能力和"直过民族"社区的特点等核心概念进行界定,并论证了人力资源能本管理理论、德鲁克文化管理理论、旅游人类学"舞台真实理论"和可行能力理论等理论基础的可行性,目的是寻找理论分析框架的理论来源,并结合国内外成功经验的现实依据和"直过民族"居民的特征,构建"直过民族"社区居民旅游可行能力的理论分析框架。通过论证分析,发现影响居民旅游可行能力的三大因素是脆弱性环境、功能性活动和地方性知识。

第三章 "直过民族"社区居民旅游可行能力研究的理论分析框架和评估指标体系构建

本章将阿马蒂亚·森的可行能力理论引入"直过民族"社区的旅游发展实践，以可行能力理论为理论来源，以国内外旅游目的地的成功经验为现实依据，结合研究对象的特征，构建了"直过民族"社区居民旅游可行能力的理论分析框架。理论分析框架是在旅游发展的大背景下思考居民旅游可行能力提升的问题所必需的，包括影响居民旅游可行能力的脆弱性环境、功能性活动和地方性知识三大因素，居民旅游可行能力的评估分析，居民旅游可行能力的孵化性运作，旅游保障，旅游可行能力提升的主体和旅游可行能力提升的成果等内容。

3.1 现实依据

为了构建"直过民族"社区居民旅游可行能力研究的理论分析框架，需要借鉴国内外民族文化旅游发展较好的成功案例作为现实依据。通过大量的文献综述和实地调研，本研究认为国外巴厘岛、国内浙江和贵州的成功经验值得借鉴。相关学者研究结果表明，巴厘岛的文化旅游最有特色，当地的文化和旅游呈现共赢的发展趋势，旅游实际上强化了对巴厘岛的传统文化的保护、改善和创新，增强了巴厘人的民族认同感。而且，通过调研，笔者发现巴厘岛和翁丁佤族社区有共同的社会特点，它们都是经济落后地区、文化独特的社会，村民都以农业生产为主，兼顾旅游业发展。但是，巴厘岛居民的旅游可行能力偏高，对"直过民族"社区居民旅游可行能力的提升有一定的借鉴参考意义。因此，本研究将巴厘岛作为理论分析框架的现实依据，以居民的功能性活动为基础，结合旅游发展的六大要素，构建出评估指标体系，对他们的旅游可行能力进行评估分析。

3.1.1 巴厘岛成功经验借鉴

巴厘岛是深受游客欢迎的国际旅游目的地，巴厘岛旅游已经成为著名的国际旅游品牌。在旅游开发过程中，巴厘人的可行能力强，突出了保护性开发的特色。巴厘岛旅游非常注重保护当地独特的文化。上至政府官员、下至普通百姓都达成共识：巴厘岛的旅游与文化是合一的，每个巴厘人都有责任保护当地文化，使其有足够的旅游吸引力。他们提出的口号是：旅游业为了巴厘岛，而不是巴厘岛为了旅游业。在这里，游客能真正地体验到人与神、人与自然、人与人的和谐。2016 年到巴厘岛旅游的外国游客总数为 490 万人，与上年同比增长 22.6%，其主要的旅游特色就是独特的文化旅游。澳大利亚学者（Michel Picard）对巴厘岛旅游进行了历时的、定位的、前后关联的几十年研究，他认为旅游不再是巴厘岛的外部事件，而是巴厘岛历史发展中的内部固有现象，巴厘人利用旅游来加强自身的文化身份。他的研究结果表明，巴厘人一直在发展的文化旅游不但没有污染巴厘文化，还复兴了巴厘文化，使其得到了进一步的保护。巴厘人自认为是巴厘文化的拥有者，他们意识到他们的文化是宝贵的、值得珍惜的，应该当作资本来利用，当作遗产进行保护。

美国学者麦基恩（Mckean）的研究结果表明，旅游是有益的发展途径，旅游实际上可能强化了保护、改善和创新某些传统的过程。巴厘岛的文化旅游是可持续的，当地的文化和旅游呈现共赢的发展趋势。参与旅游强化了巴厘人的自我意识，增强了巴厘人的民族认同感，促进了他们传统文化的延续。罗伯特·埃勒根特认为"巴厘人比以前甚至更像巴厘人，巴厘的社会结构太稳固，也太灵活，以至于容易赚钱并不会改变。旅游业可能有选择地强化了当地传统和社会"。新西兰学者麦克雷（Graeme MacRae）以巴厘岛乌布为案例完成博士论文《一个巴厘岛旅游城镇的经济、仪式和历史》，经过多年的田野调查，她发现乌布和巴厘岛其他的旅游区不一样，它是以艺术、文化和跨文化交流为基础发展起来的社区，来这里的游客并不是很富有，他们不想住五星级酒店，他们只想进行比较实惠的旅行，和当地人住在一起，体验他们的生活，体验他们的舞蹈、音乐、食物和信仰仪式。一些游客可能是学舞蹈、音乐的学生，一些游客可能是艺术家，一些游客可能是学术专家，一些游客可能是为了体验异质文化，他们待的时间相对较长，有的待几个星期，有的待几个月，有的待几年，在旅游的过程中，他们了解了巴厘人的文化，巴厘人也开始了解他们的文化，他们互相学习，互相做生意，甚至互相通婚。经过几十年的发展，乌布发展成了一个现代社会与传统社会相结合、外国文化与巴厘文化相融合的侨民社区。1999 年，印度尼西亚放开退休签证政策，更是吸引了各国的退休老人到乌布享受退休生活。2006 年，在乌布建成了一所全世界出名的 Green School，吸引了更多的外国人安居在乌布。她认为乌布提供了一种旅游发展的独特模式。我们需要用两种视角来看待：一方面，需要扩大旅游者的概念，即长期居住的外籍人士；另一方面，认识到当地社区是旅游过程中的一部分，需要了解社区各个因素的彼此关系。巴厘人很聪明，他们利用旅游业带来的权利来赢取在国家中的社会地位，利用西方学术机构的技术来审视和保护自己的文化，他们不断地走出国门，在世界舞台上展示自己的独特文化。

巴厘岛文化和旅游共赢的发展经验给我国"直过民族"旅游社区带来了启示，"直过民族"旅游社区旅游发展的出路就是促使"直过民族"传统文化和旅游深度融合，发展文旅融合的可持续性发展的道路。巴厘岛的文化旅游发展特色是宗教、艺术和旅游形成了良性的互动，三者联系紧密，构成一个有机的整体共同推动巴厘岛的社会发展。宗教是整个社会的核心，渗入居民的日常生活中，在生活仪式中得到传承，并推动当地艺术的发展，活化了巴厘岛的传统文化。在传统节日庆祝时，展现其独特的艺术文化，实现传统文化的传承、交流和创造。与旅游相结合，创造出富有特色的旅游产品，满足各种档次游客的吃、住、行、游、购、娱的需求，以此解决居民的就业问题，增加经济收入，提升幸福感。巴厘岛宗教（印度教）、艺术、旅游和社会形成了良性互动，互相支撑，四者的关系如图3.1所示。

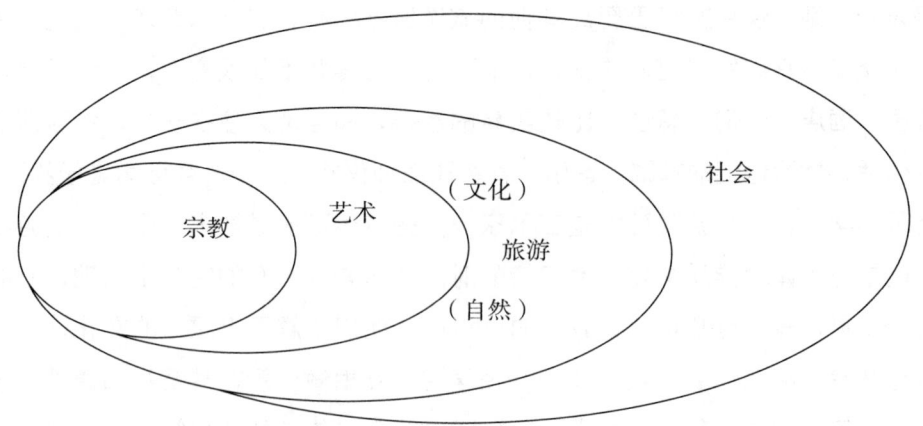

图 3.1 巴厘岛宗教、艺术、旅游、社会四者关系的示意图

3.1.1.1 提升居民的旅游参与能力

旅游社区自治管理。政府授权当地社区，让当地社区承担起旅游规划、

管理、决策等重大事情,解决大多数居民的就业、收入、健康、教育等问题。Banjar 是巴厘人生活管理的重要民间组织。虽然政府明文规定了县市村里的行政系统,但真正推动运作的是 Banjar。Banjar 是比村还次一级的小单位,一般由 50 至 100 户家庭组成,属于巴厘岛的自治组织,不在政府机关的档案上。在巴厘岛,每个旅游社区都属于一个 Banjar,每一个巴厘人都是某个 Banjar 的成员。它管着巴厘人的居民证,大家都必须服从 Banjar 的安排。Banjar 在巴厘社会管理中发挥着很重要的作用,它保证了巴厘岛社会的稳定和安全。如巴厘岛著名景区巴厘岛圣猴森林景区,它完全以社区为基础,全民参与旅游发展,除了每年交 12% 的税给政府,社区的事情完全由社区内部决定,上级政府部门基本不干涉社区旅游管理的内部事务,如社区土地的用途、管理机构设置、管理制度的制定、员工的工作安排、工资发放、基础设施建设等。

村民民主参与。巴厘岛旅游社区建立了合理的管理机构,以服务居民群体为目标。在社区内部推进民主制度,充分尊重所有居民的权利,在进行社区各项管理决策时,必须召开居民大会,全民投票决定。在旅游社区,村民们民主参与社区的管理和决策,如圣猴森林景区的主管部门是 Padangtegal 村,从 1988 年开始收门票,景区开始发展旅游后,最先解决的是村民的就业问题,全村共有 641 户,景区能满足每户至少有 1 人在景区工作,家庭特别困难的可有 2 人在景区工作,整个景区共有员工 100 人,其中 97 人都是村民,只有 3 个人是外村的护士。每个月全景区员工集体开一次会议,所有人都必须参加,在会议上,管理者将宣读本月景区的重要事情,让大家共同讨论,商量的决定必须 461 户全部同意才能实施。景区工作人员有一种主人翁的责任感,将景区的事当作自己的事情,工作时,非常敬业,能为游客提供最舒心的服务。巴厘岛的另一个村 Penglipuran 也是全民参与旅游,游客以民居观光为主,居民分为男女两个小组,每天定时打扫卫生和检查卫生,每家都经营当地的农产品销售,游客可以自由进入居民家中参观,并和主人交谈。

培育村民的主体地位。政府很重视培育居民的主体意识,让他们积极参与旅游发展,让旅游为他们的生活服务。政府制定了各种政策来保护当地的文化,并培育当地居民的主体地位。巴厘人树立了旅游为生活服务的观念,认识到他们的文化是独特的文化，是重要的文化资本，通过旅游，可以让全世界的游客来了解他们。倡导东道主和游客互相尊重彼此的文化。游客须尊重巴厘文化，巴厘人也要尊重游客。旅游社区的居民主动地参与到旅游开发过程中，而且占据着十分重要的地位。当某个酒店想要开发巴厘岛的某个区域，它必须得到政府和当地居民的同意，才可以进行开发，通常，Banjar 领导人会召集所有的村民开会，征求大家的意见，作出大家都一致通过的决定，这个决定一定是对社区和居民发展都有利的。这种体制决定了巴厘岛的旅游业注重当地人的参与，绝不让他们成为旁观者。同时，巴厘岛政府严格执行导游证的考核，而且要求导游必须身穿民族服装，主动出示导游证，如发现无证上岗的导游，罚款高达几千美元，甚至旅行社也要被罚款，旅游协会也会强迫旅行社关门。政府部门对导游的培训也非常严格，入职前有岗前培训，要求他们懂得如何延续和维护巴厘文化。

居民保护传统文化的能力。巴厘人利用传统节日实现文化的传承、交流、创造。巴厘人利用节日旅游，实现了传统文化的传承和复兴。节日期间，巴厘人在展示、欣赏自己传统文化的同时，也在发展旅游，二者实现了共赢的态势。这些宗教节日包括静居日（Nyepi）、加隆安节（Galungan）和库宁安节（Kuningan）等。静居日（Hari Raya Nyepi）[①] 是全世界只有巴厘岛才有的节日，它也是巴厘岛旅游和巴厘文化实现共赢的典型案例，静居日源于巴厘人的信仰，他们认为新年的第一天，需要静静地思过，寻求内心的安宁，并进而融入自然界的宁静之中，达到真正的"空"和"静"。在巴厘人庆祝静居日时，宗教、艺术、生活和旅游很自然地结合在一起，过节当天，政府要求游客尊重巴厘风俗，不准走出酒店，晚上不准开灯，不准煮饭，只能吃些干粮充饥，静居日 24 小时全岛一片寂静，所有的飞机场、交通车、工厂、商店、大学、酒店等一律不运营。

节日旅游实现了巴厘文化与其他文化的交流，使之保持着无尽的活力。巴厘岛的节日不但给巴厘文化提供了展示平台，同时，也提供了巴厘文化与世界其他文化交流的机会。巴厘岛艺术节从 1978 年开始，每年都举办一届，游客可以在巴厘岛的节日期间深刻感受到巴厘文化中的各种民间艺术。巴厘

---

① 本人于 2017 年 3 月 28 日—4 月 6 日在巴厘岛体验了整个静居日的节日氛围。

岛政府还邀请世界其他艺术团体参加艺术节，如来自日本、澳大利亚、中国的艺术团，促进了世界艺术文化的交流，巴厘艺术也能从中吸收到其他文明的艺术精华，促进了自身文化的进一步发展。节日旅游再创造了巴厘文化。一种文化如果只是把它画圈保护起来，拒绝和其他文化互动，那么最终它只能走向灭亡，巴厘文化之所以能独具活力，是因为旅游让它既能接受现代社会带来的变化，又能让传统文化得以延续。巴厘人对待外来文化的态度向来是"内向固守，外向包容"，只要不触及信仰的根基，包容性极强的巴厘文化并不拒绝外来文明。在旅游过程中，他们也创造自身的文化，如艺术节、瑜伽节、风筝节等。

3.1.1.2 提升居民旅游就业能力

培养居民掌控旅游的意识。政府让他们主动掌控旅游发展，让旅游为他们的生活服务，随着社会的发展，他们想办法排除影响个人自由程度和范围的社会因素，积极主动地提高自身的可行能力，确立了自身在旅游发展中的主体地位，不断地扩展自身的自由，寻求幸福的生活。巴厘岛旅游发展的口号是：旅游业为了巴厘岛，而不是巴厘岛为了旅游业。这个口号提出的目的就是提醒旅游从业者要警惕和限制外来文化的影响。口号的寓意很明确，旅游业是为巴厘岛服务的，巴厘人是旅游业发展的主人，而不是旅游业的奴隶，游客到巴厘岛游玩一定要尊重当地的文化。担任过两届巴厘岛导游协会会长的 IGdePitana 是一个从业 30 多年的老导游，IGdePitana 说："在旅游业的发展中，我们一直提醒大家要小心维护传统文化，这是巴厘岛旅游得以持续发展的根本。"

让旅游解决村民的就业问题。旅游拓展了巴厘人的就业机会，在"旅游+"产业融合发展的带动下，巴厘人都在参与和旅游相关的各种服务产业。巴厘岛产业融合的特点是：实现了"旅游业+农业""旅游业+渔业+餐饮业""旅游业+艺术产业+商业""旅游业+交通业""旅游业+互联网"等融合发展。在这种全域旅游的大趋势下，居民的就业空间扩大，机会增多。普通巴厘人主要从事个体经营和旅游企业工作。有些从事个体经营的居民有多重身份，既是农民、画家、舞蹈家，也是音乐家、雕刻家等，他们利用自身特长，创作各种旅游产品，自己开店，自己当老板，赚钱养家糊口，实现自己的价值。有些政府单位的工作人员也会利用自己的休息时间从事运输、餐饮等第二职业。旅游业是巴厘岛的主要经济支柱产业，巴厘人的工作都是围绕旅游开展的。很多巴厘人原来的身份是农民，学了一技之长之后，成为舞蹈家、画家、雕刻家或建筑师。于是，就在自己的家里以卖艺谋生，开起舞蹈工作室、画室、木雕店、石雕店和面具店等，游客经常会惊奇地发现，店主有多重身份。在巴厘岛的乌布，巴厘本地人开的小作坊很多，以家族产业的方式发展，多数是子承父业，世代相传。这些巴厘人的可行能力很强，他们既懂得艺术，又懂得经商。

要求旅游企业提供就业机会。因为旅游业的发展，巴厘岛的农民真正从事农业生产的已经不多，当他们的土地被企业占用以后，他们要求旅游企业提供工作，解决生计问题，因此，许多农民都在酒店、SPA馆、餐馆、轮船、水上娱乐中心工作，他们有固定的工资，还有游客给的小费，每个月的收入很可观，有些家庭妇女就留在家里照顾小孩，全家依靠丈夫一个人的收入生活。居民能正确认识旅游的利弊，想尽一切办法扩大旅游带来的经济效益，缩小旅游带来的负面影响。巴厘人的聪明之处是他们有能力来驾驭旅游，他们能够提供各种奇妙有趣的旅游产品来刺激游客的消费欲望，满足游客吃、住、行、游、购、娱的旅游需求，赚取旅游收入，提高自己的生活质量。农民和Banjar为了维护自己的权利，会要求企业拨款帮助社区完善公共基础设施。例如，捐一笔钱给Banjar，建立社区基金会，用于社区的宗教仪式费用、建设社区的公共活动场所，给社区修建公路，给社区修庙，解决村民的用水、用电问题，完善农业水利灌溉设施，在社区建设一所小学、一所医院，资助贫困儿童上学，等等。只有企业答应了这些条件，社区才允许企业进行项目建设。

将旅游收入全部用于社区服务。圣猴森林景区一个月总收入大概是45亿卢比，合人民币2250000元，一年总收入为27000000元。给政府交税12%，管理成本25%，包括猴子的食物和员工的工资等，员工的工资最高标准是一个月6000000卢比，合人民币3000元，最低标准是一个月1937000卢比，相当于968.5元人民币，含每个员工一天补助生活费20000卢比（人民币10元）。除去收入的37%，剩下的交给Desa。Desa将剩余的63%全部用于服务全村村民，主要用于以下几方面：第一，用于村子的公共设施建设。如公路、沟渠、厕所等。第二，节日的庆祝费用。如过节需要的各种祭品，龙旗（Penjor，高山和各路神灵的象征，用竹子和椰树叶等制成，象征着人们享受土地的一切收成都来自天上的神灵）等。第三，赞助村里有亲人逝世的村民。凡是家里有人去世的村民都可以从 Desa 领到一笔钱来办理丧葬。巴厘人的丧葬费用很高，这笔钱可以帮助那些生活贫困的村民渡过难关，解决实际生活困难。第四，给员工提供语言方面的培训。本地的英语老师一个星期为员工培训两天英语，如果员工想学其他语言，可以自己在外面选学，由 Desa 支付学费。第五，资助大学生完成学业。如果他学的是农学、林学、生物学、兽医等专业，成绩在 2.75 以上，他们可以自己垫资先学习，第二年可以回村里申请全额资助学费。第六，资助全村病人看病。Padanategal 全村村民生病，都可以根据看病的费用进行报销，获得资助。

3.1.1.3 提升居民旅游技能培训的能力

增加居民群体接受培训的机会。政府重视对村民的旅游技能培训，使居民有更多机会提升自身的旅游就业能力。在开发某个村寨之前，政府会将项目交给专家，由专家开展专门针对当地居民的旅游职业培训。同时，村民也积极地参与到旅游的过程中，村民的收入主要来自游客门票和停车收费。这种以社区为基础的乡村生态旅游在巴厘岛得到较快的发展，NGOs（非政府组织）开始在推进过程中发挥出很重要的作用。巴厘岛政府非常注重农村中的传统文化保护，制定各种旅游措施推广乡村旅游，促进当地居民的旅游就业。目前，巴厘岛已有 146 个村庄开始发展乡村旅游。傍晚，当你漫步在巴厘岛乡村的梯田上，你会发现乡村其实才是这个海岛最具魅力也最能展现其文化特色的地方。当你步入与自然融为一体的乡村度假屋和乡间美食餐厅时，你会感觉进入了大自然的怀抱之中，远离了世间的一切烦恼，只想就那么待着，让时间停在这一刻，享受当下的宁静。

巴厘岛政府注重搭建社区与大学的合作平台，推进大学服务社区的工作。巴厘岛国家旅游部会拨资金给旅游学院为社区提供相关培训，例如社区导游培训、民宿经营培训、语言培训和烹饪服务培训等。政府要求大学服务社区，因此，巴厘岛的各个大学都成立了社区服务中心，这些服务中心一直在做社区公益项目（community dedication），致力于帮助一些落后的传统社区发展旅游，每年开展两次，每次去巴厘岛不同的村落，这个项目的老师主要有三部分工作，即社区的培训工作、社区旅游发展的研究和社区公益工作。

加强对居民群体的职业教育。巴厘岛有很多职业教育类的学校，主要培养熟练的旅游服务人员，学生只需学习 1~2 年，就可以直接就业。很多巴厘成人也会到这些职业学校短期学习英语、职业技能等。同时，为了提高旅游人才的品质，政府要求进行小班教学，班级规模控制在 15~20 人。旅游社区根据社区发展的需要，注重人才的培养。在圣猴森林景区，作为员工的村民有很多机会参加培训。首先，景区注重管理层员工的管理能力提升。每年都要求这些员工参加巴厘岛组织的旅游技能培训项目，提高员工的旅游服务能力。其次，重视现职员工的英语培训。因为圣猴森林景区外国游客多，为满足语言交流，景区特别重视员工语言方面的培训。

政府加强对导游的管理和培训。据官方统计，巴厘岛现有导游 6000 多人，其中 2500 人是英语导游，2200 人是日语导游，1100 人是中文导游，400 人是韩语和德语导游，350 人是印尼语导游。政府意识到导游关系到旅游的整体品质，直接影响着巴厘岛留给游客的印象。因此，导游证的考核非常严格，而且要求导游必须身穿民族服装，主动出示导游证，如发现无证上岗的导游，罚款高达几千美元，甚至旅行社也要被罚款，旅游协会也会强迫旅行社关门。对导游的培训也非常严格，入职前有岗前培训，要求他们懂得如何延续和维护巴厘文化。

全社会重视教育传承儿童传统舞蹈。巴厘岛的舞蹈文化深受游客欢迎，促进了传统舞蹈的传承，教育儿童的传统舞蹈教育是重点。政府层面，主要负责监督舞蹈的表演质量，为保证私人舞蹈工作室的教育质量，每周的周六和周日，登巴萨政府都要求所有的私人舞蹈工作室参加传统舞蹈比赛，地点在巴厘艺术中心，组织出名的艺术家和教师进行评比，最后颁发奖品，大大提高了传统舞蹈演出的质量。同时，登巴萨政府出资在巴厘艺术中心每天免费教巴厘男孩学习甘玛朗（Gamelan）传统乐器，这些男孩有很多机会到大型的宗教仪式里演奏，等长大后，他们大多数都从事甘玛朗传统乐器演奏工作。社区层面，Banjar 是巴厘岛最小的行政管理机构，每个 Banjar 都会选出全村跳舞跳得最好的村民，让他（她）义务教全村的小孩跳传统舞蹈。家庭层面，巴厘父母认识到巴厘舞蹈文化的价值，很重视孩子的舞蹈和音乐教育，富裕人家的孩子可以交一些学费，到私人舞蹈工作室跟专业的舞蹈教师学习，贫穷人家的孩子可以免费到 Banjar 学习。

巴厘人有文化自信。巴厘人对游客心怀感恩之心，感谢游客给了他们工作，他们真诚地为游客做好各种服务，目的是换取更多的工资和小费，同时，他们热情帮助游客，因为他们本性善良，宗教信仰培养了他们乐善好施的好品质。因此，游客一到巴厘岛，就有一种来到天堂的感觉，这里的人们身心和谐，精神愉悦，互相关爱，互相帮助，有强烈的集体意识，他们满足于神明的保佑，憧憬着每一天的美好生活。当游客向他们询问事情时，他们真诚地回答，并热心地帮助解决问题，很多游客都会为他们的热情所感动，从而，增进了对巴厘岛的感情。有些游客会忍不住延长旅游假期，有些游客是巴厘岛的回头客，有些游客常年旅居在巴厘岛。目前，乌布已成为著名的国际旅游度假村，其中一半的居民都是国外的游客，为此，这里还专门为游客建设了一所名为 Green School 的国际学校。而且，他们也不会为了讨好游客而丢掉自己的文化。他们保证旅游决不能触碰宗教信仰的底线，他们坚信"上下位"，认为上位"向东""朝山"的位置是神圣的地方，下位"向西""朝海"的位置是不洁净的地方。因此，巴厘岛的旅游开发位置主要集中在西部和南部，政府禁止在北部和东部进行旅游开发项目。

居民改善医疗条件的能力。巴厘岛旅游社区为了满足村民的就医需求，都会在景区开设景区的医疗中心。圣猴森林景区有自己的 AID 帮助医药诊所，工作人员有 1 个医生、3 个护士。当地人生病都可以去 AID 帮助医药诊所免费看日常小病，如重病住院治疗，自己提出申请，交到 Saba Desa，至少可得到 50 万卢比（相当于 250 元人民币）的帮助。

3.1.1.4 提升居民文化再创造能力

巴厘人将传统艺术与旅游融合发展，研发出多样的旅游产品。巴厘人将部分传统文化艺术以旅游产品的形式呈现给游客，有巴厘岛传统舞蹈、甘玛朗音乐、巴厘岛皮影 WayangKulit、巴厘岛绘画、巴厘岛雕刻、巴厘岛银器等巴厘人绞尽脑汁开发出的特色旅游产品，以此获得工作，增加经济收入，提高生活质量，实现了旅游和艺术的共赢发展。巴厘人将农产品和旅游结合，开发农业旅游产品。巴厘岛结合农村地理条件，发展农业产品特色村，并将旅游引入这些村庄，开发这些村庄的旅游潜力，如 KiadanPelaga 咖啡旅游村、DukuhSibetan 蛇果旅游村和海藻养殖旅游村 Nusa Ceningan；巴厘人还能提供上千家规格齐全、档次各异的酒店，能满足各类型游客的住宿需求；汇集了全世界最多的美食，已成为世界级的就餐目的地，这里云集了全球最具创新精神、最有天赋的厨艺大师。巴厘岛每个高尔夫球场都与众不同，提供了独特的高尔夫体验。水上活动项目齐全。巴厘岛聚齐了全世界最棒的水上项目，游客可以享受到各种水上运动的快乐，冲浪、漂流、水上乐园、海底漫步、潜水、浮潜、风筝冲浪、香蕉船、沙发船、飞鱼、水上摩托车、ATV 骑行、彩弹射击游戏、帆伞运动和 SPA 享受等等。

总之，巴厘岛旅游的成功，关键是居民能掌控旅游的发展，他们的旅游可行能力的水平偏高，具体表现在参与旅游的能力、旅游就业的能力、旅游技能培训的能力、文化再生产的能力。这些能力的增强，保证了巴厘人在旅游开发中的主体地位。

3.1.2　中国旅游社区成功经验借鉴

国内的成功案例有浙江省"千村改造，万村整治"工程和贵州西江苗寨。这些社区在发展旅游时，重点还是提高当地居民的旅游可行能力，主要包括提高他们的经济收入能力、改变他们"等、靠、要"的思想、提高他们参与旅游的能力等，以此提升他们的整体素质。

3.1.2.1　浙江省"千村改造，万村整治"成功经验

首先，发挥地方政府财政的主导作用。省政府设立专项基金，各市、县根据实际情况，出台相应的财政支持政策，改变了农村的面貌，缩小了城乡差距。重点治理农村的"脏、乱、差"，加大资金的投入力度，完善村庄的公共设施，整治村庄的垃圾乱放等现象，实现村庄环境优美，居民生活幸福的目标。其次，充分尊重农民的意愿，动员农民主动参与村庄建设。广泛听取当地居民的建议，因地制宜地制订发展规划，促进政府、社区和农民形成合力。再次，为农民提供旅游就业创业的条件，促进农民增收。在改善村庄投资环境的同时，推动农民积极发展农家乐、特色农产品等旅游经营。最后，

恢复和发展集体经济，促进农民组织化。利用村庄的集体收入，建立图书馆、公园和健身锻炼的场所。

3.1.2.2 贵州西江苗寨经验

首先，推进社区居民积极参与旅游。通过社区参与和社区增权，促进居民参与旅游的能力，积极经营苗家乐，增加居民的经济收入，实现居民旅游脱贫。其次，旅游区还通过招商引资引入了旅游企业，加大投入或引进资本，加大旅游基础设施投资并帮助居民就业；当地的社区管理模式是"政府+企业+村民"，积极引入了有经验的旅游企业，解决部分居民的就业问题，当地的旅游与苗族传统文化实现了良性互动发展，主要依托独特的苗族传统文化，开发了很多有特色的旅游文化商品，包括体育体验文化商品、苗族服饰、苗族传统饮食、苗族民居、苗家乐等。再次，地方政府制定能力安全政策，保证居民旅游可行能力提升。地方政府投入了大量资金，改善了景区的交通设施和旅游基础设施。雷山县政府成立了西江苗寨景区管理局和西江苗寨旅游开发公司，全面管理景区的发展。目前，贵州西江"千户苗寨"是全国最出名的民族文化旅游景点，这里苗族历史悠久、苗族节庆文化丰富、民族民风独特。目前，正在打造"中国苗寨文化中心"和"世界苗人最后的家园"的文化品牌。已获得了"中国乡村旅游飞燕奖""最佳景观村落"等称号。

3.1.3 "直过民族"社区居民的特征分析

3.1.3.1 "直过民族"社区居民面临着脆弱性环境

"直过民族"社区多处于山高林密、与外界隔绝的地域，这种特殊的地域具有沿边性、边缘性和封闭性的特征，还处于"交通基本靠走，通信基本靠吼，娱乐基本靠酒，治安基本靠狗"的落后状态，当地的自然条件较差，每年都会遇到各种自然灾害，当地居民很难分享到现代文明带来的实惠。"直过民族"社区处于特殊的社会发展阶段，是从原始社会末期直接过渡到社会主义社会的。当时，"直过民族"社会组织形态基本是母权制家族组织、父权制家庭公社和地缘性原始村社组织并存，呈现典型的村社公有与家庭私有并立的局面。一方面，传统的政治组织仍在该地区发挥着一定的作用；另一方面，历史上它又被纳入了中央的、地方的封建统治系统。开始发展旅游后，由于"直过民族"居民对自身文化缺乏保护意识，导致部分文化面临着被同化的危险。

3.1.3.2 "直过民族"社区居民的功能性活动有待提升

历史上,"直过民族"成为我国最贫困、最特殊的群体。他们的旅游参与意识和能力薄弱,经济条件差,社会机会少,透明性担保和防护性保障不足。中华人民共和国成立前,这些地区的居民常年衣不蔽体、食不果腹,生活极度贫困。"直接过渡"以后,我国政府从政治、经济和干部培养方面采取了很多优惠倾斜政策帮助佤族,使其实现了历史性的跨越,但是,其社会发展速度仍然缓慢。毕竟"直过民族"社会发展的基础薄弱,"直过民族"的发展速度与全国全省的差距在不断拉大,呈现出贫困、劳动者文化素质低、生产生活环境差等突出的问题。"直过民族"社区居民的功能性活动面临的最大困难就是贫困,受教育水平较低,严重缺乏旅游教育资源。这是"直过民族"社区居民旅游可行能力需要提升的重要内容。

3.1.3.3 土地和地方性知识是"直过民族"社区居民拥有的宝贵资源

土地财产是当地居民的主要生活来源,在旅游的发展过程中,如何利用这些资源成了居民关心的主要问题。居民应维护自身在土地上的权利,加强土地的利用与管理,真正享受集体土地所有权的权利,自主支配自己的土地,在被旅游发展征用土地时,能依靠集体的力量获得对应的经济补偿利益。地方性知识是"直过民族"社区历史发展的延续,体现出"直过民族"文化的独特性,是"直过民族"居民最为宝贵的旅游资源。"直过民族"的地方性知识是"直过民族"社区居民实践的智慧结晶,包括生活中的地方性知识、生产中的地方性知识和社会活动中的社会知识,包含"直过民族"传统文化中的宗教、音乐、舞蹈、雕刻、绘画、饮食等内容。它们融入"直过民族"居民的生活之中,对"直过民族"居民的生存和发展具有不可替代的价值。几个世纪以来,它们帮助"直过民族"居民解决了生活生产中遇到的各种困难。因而土地和地方性知识是"直过民族"社区居民最宝贵的旅游资源。

3.2 "直过民族"社区居民旅游可行能力的理论分析框架构建

在构建"直过民族"社区居民旅游可行能力的理论分析框架时,对可行能力理论的前期研究成果进行了梳理,总结了国外和国内成功案例的经验,并分析"直过民族"社区居民所处的自然和社会环境,以及当地居民旅游可行能力的特点。同时，考虑基于西方文化背景提出的可行能力理论是否适用于中国"直过民族"旅游社区，在中国的主流文化背景下，研究"直过民族"社区居民旅游可行能力需要进行哪些本土化的探索，这是本研究最关键的部分。在旅游发展中，"直过民族"社区居民的旅游可行能力受脆弱性环境、功能性活动和资源的影响，"直过民族"社区居民旅游可行能力的理论分析框架包括旅游发展环境、脆弱性环境、功能性活动、地方性知识、居民旅游可行能力、孵化性运作、可行能力提升策略和可行能力提升成果（见图3.2）。

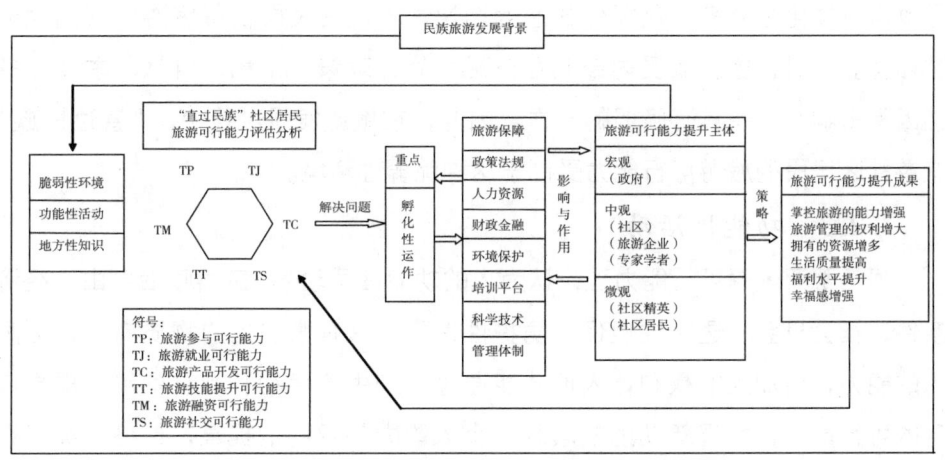

图3.2 "直过民族"社区居民旅游可行能力的理论分析框架

3.2.1 旅游发展背景

对"直过民族"社区居民的旅游可行能力分析评估时，应在旅游发展的大背景下进行，"直过民族"村寨开始发展旅游后，旅游活动渗入"直过民族"居民的政治、经济和文化生活，打破了他们与外界缺乏交流、自我封闭的社会现状，促使他们与旅游市场经济接轨。同时，也使他们的文化发生了某种程度的变迁，影响到"直过民族"旅游社区居民的可行能力变化，他们的生计方式发生了改变，从原来发展单一的第一产业转变到发展第一、第三产业，经济增长速度较快。因此，独特的自然资源和文化资源成为他们旅游发展的重要元素。旅游发展的环境状况包括旅游目的地的类型、旅游目的地居民的旅游综合能力、旅游目的地的旅游管理模式、旅游产品开发的情况、旅游的经济收入等内容。

3.2.2 脆弱性环境

"直过民族"旅游社区大都位于我国边境线与外界隔绝的地域，地理环境封闭，存在地域的边缘性和封闭性，当地的自然条件恶劣，居民经常会遇到冰雹、洪灾和旱灾等自然灾害。这些区域的公路交通条件较差，每年一到雨水季节，公路经常发生坍塌和泥石流事故。发展旅游以后，旅游是一把双刃剑，它既推动了旅游社区社会的经济发展，又给当地居民带来负面影响，最直接的表现是当地居民一味地迎合游客的需求，对自身文化的保护不重视，导致自身文化被外来文化同化的速度增快，当地居民面临着旅游发展的脆弱性环境。同时，旅游业受内部利益分配、外部政策、市场、自然、季节等各种因素影响，本身具有脆弱的一面。因此，在旅游发展过程中，"直过民族"旅游社区居民的旅游可行能力受制于这种脆弱性环境。

3.2.3 功能性活动

阿马蒂亚·森可行能力理论认为人的功能性活动[①]，包括政治自由、经济条件、社会机会、透明性担保、防护性保障。只有增加人的物质商品，提高人的能力，增加人的权利，人们才能通过参加生产劳动和社会活动，提高自身的可行能力，实现新功能的转换、个人能力和权利的提高，最终，实现人的自我主导，自由发展，福利水平增强，生活质量提高。某一个功能无法完成可能是某些其他功能无法完成造成的，某一功能的不能完成可能引起一系列其他功能的无法完成，造成更多的福利损失。[②] 具体针对"直过民族"社区居民的特征，在旅游发展的大背景下，他们的旅游可行能力与阿马蒂亚·森可行能力理论提出的前三个功能性活动紧密相关。同时，在我国传统政治文化背景下，本研究用善治代替了政治自由，让阿马蒂亚·森可行能力理论在中国完成了本土化的改变，理论分析维度选取了善治、经济条件和社会机会，并与旅游发展程度相结合，当地居民的三大功能性活动是影响居民旅游

---

① 阿马蒂亚·森. 以自由看待发展 [M]. 任赜, 于真, 译. 北京: 中国人民大学出版社, 2013.

② 黄燕东, 等. 完备能力、功能扩展和基本幸福能力平等——关于阿马蒂亚·森的能力方法理论的拓展研究 [J]. 经济社会体制比较, 2015 (2): 97-104.

可行能力高低的主要因素之一。

3.2.4 地方性知识

地方性知识（local knowledge）是在一定的情景（如历史的、地域的、民族的、种族的等）中生成并在该情景中得到确认、理解和保护的知识体系，"地方性"或者说"局域性"涉及在知识的生产与辩护中所形成的特定情景（context），包括由特定的历史条件所形成的文化与亚文化群体的价值观，由特定的利益关系所决定的立场和视域，有特定的认知偏好对外部事物的解读等。①"直过民族"社区居民拥有丰富的地方性知识，是"直过民族"居民在长期的历史发展过程中通过脑力和体力劳动创造的，并不断积淀、发展和升华的物质和精神的全部成果，包括"直过民族"物质文化和精神文化。这些地方性知识包括"直过民族"居民生活中的地方性知识、生产中的地方性知识和社会活动中的地方性知识，而这些地方性知识只有在当地人的文化环境里才能得到合理的解释，也只有在不断使用中才能得到保存和创新。目前，"直过民族"的这些地方性知识面临着被其他文化同化的困境和危机，如果利用好旅游发展机遇，这些"直过民族"特有的地方性知识将得到传承和创造，进而增强"直过民族"旅游社区发展的人力资本和社会资本。"直过民族"居民的地方性知识包括"直过民族"传统文化中的宗教、音乐、舞蹈、雕刻、绘画、饮食等艺术，这些独特的物质文化遗产和非物质文化遗产成为发展旅游的社会资本。如果加强"直过民族"居民的地方性知识学习，将形成独具特色的异质性人力资本，在现代竞争条件下以其独特性获得现实的旅游经济利益，由此增强"直过民族"社区居民的旅游竞争优势。"直过民族"居民需发挥自身的旅游主体地位作用，调动主观能动性，才能促进自身功能性活动转换，提升自身的旅游可行能力。

3.2.5 居民旅游可行能力评估分析

以可行能力理论为基础，总结我国"直过民族"旅游社区研究的前期成果，本研究将可行能力的三大功能性活动与旅游活动相结合，提出旅游参与可行能力、旅游就业可行能力、旅游产品开发可行能力、旅游技能提升可行

---

① 安富海. 地方性知识与民族地区地方课程开发研究：以甘南藏族为例 [M]. 北京：中国社会科学出版社，2016.

能力、旅游融资可行能力和旅游社交可行能力六大旅游可行能力概念（见图3.3）。前期的很多研究关注到当地居民的旅游参与能力，但都未提及居民的其他旅游可行能力，对当地居民是否喜欢参与旅游，以及旅游是否给他们带来幸福感方面都没有给予足够的重视，而且，所采取的提升政策和措施效果不明显。印度尼西亚巴厘岛、我国浙江和贵州的成功经验显示，在旅游发展环境下，政府部门应重视居民对旅游的掌控能力，极力促使旅游为当地社会发展服务，旅游给当地居民带来了幸福感，导致居民将旅游当作自己的生活需要，主动融入旅游。综合前期研究的不足和国内国外旅游社区发展的经验，本研究认为在少数民族旅游社区发展旅游过程中，首先应考虑当地居民的旅游参与意愿，激发他们的旅游参与积极性，提高他们旅游生活的幸福感，在此前提上，再促使他们主动融入旅游，掌控旅游发展的方向，提升自身的旅游可行能力。本研究的旅游可行能力范围比旅游参与能力的范围更广泛、内涵更丰富，它既包含居民喜欢参与旅游的程度和旅游带来的幸福感，又包括居民具有的掌控旅游发展的能力，这些旅游可行能力属于旅游服务系统，所有的旅游吸引物都需要人的这种优质服务来发挥它们的功能，因此，提升居民的旅游可行能力变得极为重要。本研究依据"直过民族"社区旅游发展程度，将善治与旅游结合，形成旅游参与可行能力维度，并用于评估居民在旅游发展中的主体地位情况。将经济条件与旅游结合，形成旅游就业可行能力和旅游产品开发可行能力两个维度，并用于评估居民享有的将其经济资源运用于消费生产或交换的机会；将社会机会与旅游结合，形成旅游技能提升可行能力、旅游融资可行能力和旅游社交可行能力三个维度，并用于评估居民在教育、资金和社交等方面的社会安排。然后，再根据这些维度来选择观测指标，每个维度的观测指标有 4~6 项，观测指标的设置依据是旅游管理学理论、当地旅游发展的现状和实地调研的访谈材料分析，可用来客观地评估居民旅游可行能力的总体水平，分析居民各旅游可行能力的强弱，找到居民的旅游孵化性运作。

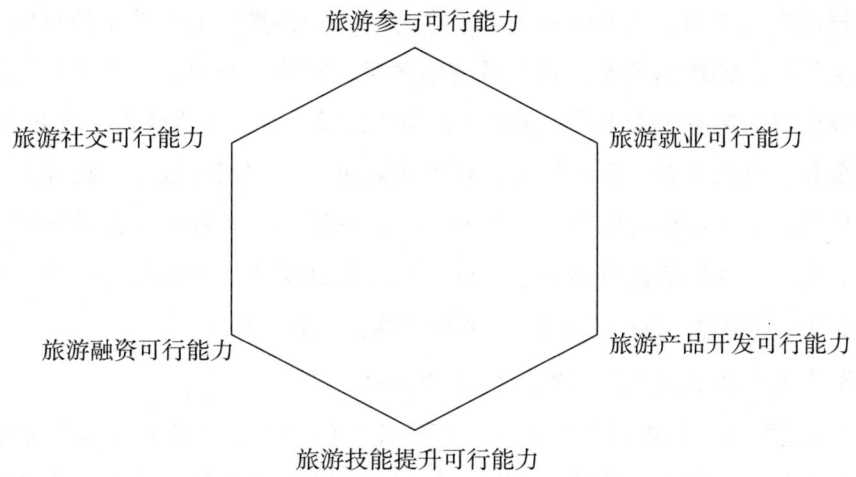

图3.3 "直过民族"居民旅游可行能力示意图

3.2.6 孵化性运作

孵化性运作（fertile functioning）是指一种能力有可能促进其他相关的能力。孵化性运作有多种类型，如何判断某种能力是孵化性运作，要看具体的环境，不同环境下会有所不同，在很多环境下，教育都扮演着一种孵化性运作的角色，开启了许多类型的选择。腐蚀性劣势（corrosive disadvantage）是孵化性运作的对立面，它是一种可能极大影响生活其他领域的剥夺，它的存在会损害其他能力的发展。那么，在某种环境下，如果要提升人的基本可行能力，就要选择出一种尤其有孵化力的运作，优先发展这种可行能力，将稀缺资源分配在上面，通过提升这种可行能力来带动其他可行能力的发展，同时，想办法尽力消除存在的腐蚀性劣势。具体到"直过民族"旅游社区，应根据当地居民的实际情况，探索促进他们发展的孵化性运作。通过调查分析和量化评估，研究发现翁丁佤族社区居民的孵化性运作包括旅游参与可行能力、旅游就业可行能力、旅游商品开发可行能力、旅游技能提升可行能力和旅游融资可行能力。

3.2.7 旅游保障

"直过民族"旅游社区的旅游发展离不开政府和社会各界的合力支持，需要政府担负起引导居民融入旅游的重任，提供该地区发展旅游的保障政策，有了这些保障，当地居民才能获得足够的外部资金支持和技术支持，从而激发居民的内生动力。旅游保障是居民旅游可行能力提升的重要支持系统，也是为居民提供的能力安全，这个系统由政策、制度、环境、人才、社区、科技、安全和体制等因素组成，具体内容包括政策法规、人力资源、财政金融、环境保护、培训平台、科学技术、管理体制等，它们相互联系、相互影响和相互作用。在外部保证能力安全的基础上，居民才具有提升旅游可行能力的条件，而且，这些旅游保障要素之间存在着密切关系，它们彼此促进，相互形成合力，共同推进社区文化旅游的可持续性发展。

3.2.8 居民旅游可行能力提升主体

"直过民族"旅游社区居民旅游可行能力的提升是"直过民族"社会发展的重要问题，需要政府旅游部门、社区村委会、旅游企业、专家学者和村民共同努力，外部支持和居民内生动力相结合，才能得到有效解决。在挖掘社区特有的旅游资源优势，确定社区旅游发展的定位，做好社区旅游规划的基础上，从宏观、中观和微观三个层面进行思考，既要增加居民外部激励，又要提升居民的内生动力，提升主体应包括政府、居民、村委会、旅游企业、专家学者。宏观层面是政府，中观层面是村委会、旅游企业和专家学者，微观层面是居民自身。需要三个层面共同发力，再加上居民的内部力量和外部支持形成内外交融的合力，才能实现提升居民的旅游可行能力的目的。

3.2.9 居民旅游可行能力提升成果

提升"直过民族"社区居民的旅游可行能力是本研究的研究目标，也是旅游管理研究的重要内容，居民旅游可行能力的提升成果包括居民旅游可行能力将得到增强、旅游管理的权利增大、自身拥有的资源将增多、生活质量明显提高、福利水平提升、幸福感大幅度增强。这些成果正是"直过民族"旅游社区居民向往的幸福生活，是他们内心的真正追求。

3.2.10 要素之间的逻辑关系

"直过民族"社区居民旅游可行能力的理论分析框架是在旅游发展的大背景下构建的，居民的旅游可行能力受三大要素制约，它们是脆弱性环境、功能性活动和地方性知识。首先，要评估分析居民旅游可行能力，找出存在的问题。居民的旅游可行能力包括旅游参与可行能力、旅游就业可行能力、旅游产品开发可行能力、旅游技能提升可行能力、旅游融资可行能力和旅游社交可行能力。其次，解决问题的重点是找到居民旅游可行能力的孵化性运作。再次，在旅游保障的支持下，将居民的内生动力和外部环境支持相结合，从宏观、中观、微观三个层面进行探索，确定提升主体为政府、村委会和社区精英、旅游企业、专家学者和居民。最后，实现居民旅游可行能力提升的成果，促使当地居民过上一种自我主导的幸福生活。当居民的旅游可行能力提升后，将进一步改善脆弱性环境，提高自身功能性活动和保护地方性知识，增强自身的内生动力，完善外部支持环境，进一步巩固成果，这是一个良性循环的系统。

3.3 "直过民族"社区居民旅游可行能力的评估指标体系构建

3.3.1 指标体系构建原则

3.3.1.1 尊重人性尊严

马克思认为，人的需求"是作为主体的人和作为对象的自然之间的媒介"，人的需求有物质需求和精神需求，人的尊严属于精神需求的最高形式之一。人的需求推动人去探索自身的价值和意义，实现自我发展。人性尊严的本质特征包括：人的最终目的性、自主和自决性、平等性。尊重人性尊严就要尊重人的这三方面特征。每个人都在努力追求过上一种有尊严的生活，尊重人性尊严就要尊重人的差异性，所有公民都应得到来自法律和制度的平等尊重，尊严是一种内在于个人，并且应当得到发展的禀赋。在"直过民族"旅游社区发展过程中，个人、社区和政府的任务就是要提升居民的这种禀赋。

3.3.1.2 异质人力资源旅游开发

人力资源开发的目的就是提高人的素质，使人具有参与经济社会活动的能力，最终实现人的全面发展，并使人的发展与经济、社会、文化、生态环境相协调。在"人无我有，人有我优，人优我特"的旅游竞争市场中，"直过民族"社区居民可以将其独特的民族地方性知识转化为异质性人力资本，通过学习和强化地方性知识，促进传统文化有活力地发展。当这些地方性知识在主流社会有一定的话语权时，又会转化为最具异质性的人力资本，在一种有效的现代机制中为其所有者带来现实的经济利益，带动民族文化资本化的运作，为"直过民族"发展提供新的路径。

3.3.1.3 宏中微观多因素综合分析

居民的旅游可行能力提升是个复杂的社会问题，单独从某一方面都无法解决，需要从宏观、中观和微观三个方面共同努力，形成合力一起推进。在宏观层面上，政府有责任建立有效机制和制定相关的扶持政策；在中观层面上，社区管理机构、民间组织和教育机构有责任对居民进行教育培训，目的是发展"直过民族"与主流社会接轨的知识和技能，提高政治、经济、文化的参与性，在全球竞争中不被"边缘化"，在世界民族之林中获得应有的发展空间；在微观层面上，当地的"直过民族"居民是社区发展的主体，应有主体意识，利用宏观和中观层面提供的各种教育机会，积极主动地提升自身的旅游可行能力，形成特殊的"直过民族"人力资本。

3.3.1.4 因地制宜

因地制宜是指根据具体地方的实际情况采取相适应的方法。马克思把人作为"类"来把握，探讨人抽象的共同性。他认为人的本质是自由自觉的劳动，具有能动性和创造性的特征，在生活实践中，既可以改变环境，也可以改变人自身。人和环境有紧密的联系，人既有自然属性也有社会属性，他在《关于费尔巴哈的提纲》中表明：人的本质不是单个人所固有的抽象物，在其现实性上，它是一切社会关系的综合。人受环境影响，被环境所改变，同时，在环境面前，人具有能动性和实践性，人通过实践能改变环境。人与环境是双向互动，相互改变、相互生成的，这里的环境包括自然环境和社会环境。因地制宜的原则正是遵循人和环境互动的这一规律。"直过民族"社区的居民是生活在"直过民族"社区这种特殊自然和社会环境中的人，只有因地制宜地采取相关措施，才能提升他们的旅游可行能力，只有在充分考虑当地居民的意愿和需求下，才具有可操作性。

3.3.1.5 城乡一体化

"直过民族"社区是农村中的典型农村，与城市存在着巨大的差距。目前，"直过民族"居民正面临着全面脱贫、大步跨进小康社会的重大任务，"直过民族"社区面临的现实困难是社区基础设施薄弱、公共服务条件差等问题。如果以城乡一体化为原则，国家加大对"直过民族"社区的公共财政投入，将能促进城市基础设施向"直过区"覆盖、促进城市公共服务向"直过民族"社区延伸、促进城市文明向"直过民族"社区辐射等等,满足"直过民族"社区农业发展所需要的资本、信息、技术和人才,进一步提升当地居民的旅游可行能力,发展当地特色优势产业,促进"直过民族"社区经济与城市经济的对接和融合。在城乡一体化的进程中,当地居民的经济收入能力、教育能力、健康能力等基础性可行能力将得到进一步的提升,有利于强化传统文化与现代文明的交流,实现传统文化的复兴和创造,进而提升居民参与旅游的能力,使他们过上幸福的生活。

3.3.2 指标体系的构建方法

指标体系构建的基础是阿马蒂亚·森可行能力理论,根据当地的社会发展背景、旅游发展程度等,本研究选择了三个功能性活动,即善治、经济条件和社会机会。并将这三个功能性活动与旅游相结合,提出旅游参与可行能力、旅游就业可行能力、旅游产品开发可行能力、旅游技能提升可行能力、旅游融资可行能力和旅游社交可行能力六大旅游可行能力指标,每个指标因各自的内涵不同,下设 4~6 个观测指标。总之,这个指标体系包括功能性活动、内涵、维度和观测指标、指标参考依据等内容,具体的理论分析框架指标体系见表 3.1。

表 3.1　"直过民族"社区居民旅游可行能力的评估指标体系

功能性活动		内　涵	维　度	观测指标	指标参考依据	资料收集方法
佤族社区居民旅游可行能	善治	居民在旅游发展中处于主体地位	旅游参与可行能力	AA01 与旅游相关的组织是否能代表社区居民的需要和利益	Amartya Sen（2012）韩丽萍（2012）	文献资料深度访谈参与观察
				AA02 社区管理组织对"一事一议"制度的执行情况		
				AA03 居民参与旅游决策和管理的机会		
				AA04 居民参与旅游的广度		
	经济条件	居民享有的将其经济资源运用于消费生产或交换的机会	旅游就业可行能力	AB01 旅游是否增加经济收入	Amartya Sen（2012）Martha C. Nussbaum（2016）李超吉（2012）	文献资料深度访谈参与观察
				AB02 居民对发展旅游的态度		
				AB03 居民对旅游就业的评价		
				AB04 旅游就业条件的满意度		
				AB05 居民农业旅游就业技能的情况		
				AB06 居民旅游经济收入的满意度		
			旅游产品开发可行能力	AC01 居民能开发旅游产品的程度		
				AC02 居民对体验旅游产品开发的评价		
				AC03 居民旅游节日打造的评价		
				AC04 对社区精英在旅游产品开发中的动员和示范作用评价		

续　表

功能性活动	内涵	维度	观测指标	指标参考依据	资料收集方法
佤族社区居民旅游可行能	社会机会	居民在教育、资金和社交等方面的社会安排	旅游技能提升可行能力	AD01 居民的看书和识字水平	Martha C. Nussbaum (2016) 李超吉 (2012)	文献资料 深度访谈 参与观察
			AD02 居民的普通话交流水平		
			AD03 居民对旅游促进民族非物质文化传承的看法		
			AD04 居民对学校民族教育的观念		
			AD06 居民对互联网的使用情况		
		旅游融资可行能力	AE01 居民是否获得旅游贷款服务	Martha C. Nussbaum (2016)	文献资料 深度访谈 参与观察
			AE02 居民是否获得旅游财政支持		
			AE03 居民是否获得的企业支持		
			AE04 居民的亲戚朋友的资金支持能力		
			AE05 居民个人资金积累		
			AE06 旅游资金缺乏的情况		
		旅游社交可行能力	AF01 对政府公信力的评价	Amartya Sen (2012) 韩丽萍 (2012)	文献资料 深度访谈 参与观察
			AF02 遵守村规民约的态度		
			AF03 相信村委会领导的程度		
			AF04 相信邻居的程度		
			AF05 旅游对居民社交的影响		
			AF06 居民与外来文化的交流		

在中国传统政治文化的背景下，将可行能力理论运用于"直过民族"社区旅游发展时，本研究做了相应的改变，使其更符合中国的实际情况。回顾

我国数千年的政治发展历史,充满了政治的复杂性和多样性。余可平老师①认为自秦始皇统一中国后,中国传统社会就变成了"皇权专制"或"选举社会",具有官本位的特征。但是,现代国家治理的本质就是民主治理,随着我国法治的推进,我国的民主治理走向善治,善治就是走向中国式民主,这种善治理论为国家治理的现代化提供了中国方案。善治就是越来越好的治理,是一种官民共治,是国家与社会的一种合作,是国家治理现代化的一个理想目标,是我们治理所要达到的一种理想状态,它是实现公共利益最大化的治理活动和治理过程。善治有很多要素,比如公正、合法、参与、透明、协商和法治等等,公民参与是实现善治的必要条件及重要方式。因此,在我国传统政治背景下,本研究选择了善治、经济条件、社会机会作为最重要的三个可行能力的功能性活动。

在我国历史文献中,"旅游"的近义词有"观光"和"旅行",最早出现在2000多年前的《易经》和《左传》中,当时的表述是"观光",可以理解为考察各地的风土人情;"旅行"是指古代帝王的巡游、和尚道士的云游、文人墨客的漫游、百姓的春游等。在西方,"tourism"一词最早出现在1811年,后来被《牛津词典》收入,词意是"出于消遣为目的的旅行",该词的词根"tour"含有"巡回"的词义,由"tour"扩展出"tourist",词义为"以观光为目的的外来游客"。目前,世界公认的"旅游"具有异地性、暂时性和流动性特征,本研究赞同美国罗伯特·麦金托什和查尔斯·R. 戈尔德耐(1980)关于"旅游"的定义,即在吸引和接待游客及其访问者的过程中,由于游客、旅游企业、东道地区政府和东道地区居民的相互作用而产生的各种现象和关系的总和。旅游活动具有文化属性、社会属性和经济属性,也是一种涉及政治的社会现象。旅游活动的基本要素包括吃、住、行、游、购、娱,从这六大要素的角度考察旅游者消费结构特征有利于认识旅游业的潜力,制定出适当的旅游发展政策。旅游活动体系构成包括旅游主体、客体和媒体三大项,旅游的主体是旅游者,旅游的客体是旅游资源,旅游的媒体是旅游业。旅游资源是指旅游吸引物,是吸引旅游者所有因素的总和,包含旅游目的地的自然和人文资源(地方性知识)、舒适的接待设施、优质的服务质量和快捷的旅

---

① 余可平. 走向善治[M]. 北京:中国文史出版社,2016.

游交通等，大部分因素都与当地居民的旅游可行能力关系密切，与居民对这些资源的开发和保护能力的水平相关。旅游系统包括旅游客源地系统、旅游通道系统、旅游目的地系统和旅游支持系统。居民旅游可行能力与旅游目的地系统和旅游支持系统密切相关，影响着旅游目的地的旅游设施和旅游服务，直接关系到该地区的游客流量、旅游业经营的规模和发展前景。将可行能力的三大功能性活动与旅游服务结合起来，本研究提出了居民旅游可行能力的六大维度，它们是旅游参与可行能力、旅游就业可行能力、旅游产品开发可行能力、旅游技能提升可行能力、旅游融资可行能力和旅游社交可行能力。

这些旅游可行能力都属于旅游服务的范畴，它们是构成旅游目的地吸引力的无形组成部分，因为所有的旅游设施和旅游吸引物都需要人员的优质服务来发挥其功能。围绕旅游的六大要素，本研究构建了六大居民旅游可行能力的初步观测分指标，制作了《"直过民族"社区居民旅游可行能力维度和指标体系的专家调查问卷》，对10位专家做了问卷调查，他们分别是旅游企业负责人、旅游研究学者、民族研究学者、政府官员、翁丁村委会干部、翁丁村摩巴等。最后，统计出这些调查问卷的结果（见附录三），选择出每个维度下，专家公认的观测分指标，并进行了预测，然后做了进一步的调整，最后才构建出"直过民族"社区居民旅游可行能力的评估指标体系。

3.3.3 指标体系的内涵

旅游参与可行能力是指居民能在多大程度上融入旅游的发展、居民对旅游的掌控能力，以及他们在社区旅游发展中的主体地位。居民通过民主参与和专家的辅助作用，拥有发展的选择权、参与决策权和受益权，积极主动地推动社区旅游发展。具体内涵包括与旅游相关的组织是否能代表社区居民的需要和利益、社区管理组织对"一事一议"制度的执行情况、居民参与旅游决策和管理的机会、居民参与旅游的广度。

旅游就业可行能力是指居民能利用这些旅游机遇解决自身旅游就业问题的能力，从事旅游经营、参与民族节庆、增加旅游经济收入等方面的能力。旅游业有投资少见效快、就业容量大、就业岗位门槛低等特点，因此，"直过民族"社区的居民可以一边参加农业劳动，一边从事旅游业。具体内涵包括旅游是否增加经济收入、居民对发展旅游的态度、居民对旅游就业的评价、居民对旅游就业的条件的满意度、居民农业旅游就业技能的情况、居民旅游经济收入的满意度。

旅游产品开发可行能力特指居民结合自身民族文化的优势，充分考虑游客需求，加强文化再生产的思考，将传统文化艺术与旅游产品相结合，开发出独具特色的旅游产品的能力。目前，"直过民族"社区的旅游产品多数是陈列式旅游产品和观光旅游产品。具体内涵包括居民能开发旅游产品的程度、居民对体验旅游产品开发的评价、居民对旅游节日打造的评价、对社区精英在旅游产品开发中的动员和示范作用评价。

旅游技能提升可行能力特指居民受教育的程度和机会、接受成人继续教育和职业教育的机会，以及居民对传统文化保护的意识，旅游技能培训是一种学习活动，它能促使人的知识、认知和能力发生循序渐进的变化，培训内容偏重于实践性和操作性，培训的目的是提高居民的旅游技能和职业素养。具体内涵包括居民的看书和识字水平、居民的普通话交流水平、居民对旅游促进民族非物质文化传承的看法、居民对学校民族教育的看法、居民对子女家庭教育的看法、居民对互联网的使用情况。

旅游融资可行能力是指居民参与旅游经营的资金保障能力。"直过民族"社区居民存在的融资问题有两个方面：一方面，居民缺乏贷款意识，他们惧怕贷款，觉得贷款增大生活压力，担心到规定时间还不上贷款；另一方面，他们缺少贷款机会。具体内涵包括居民是否获得旅游贷款服务、居民是否获得旅游财政支持、居民是否获得企业支持、居民的亲戚朋友的资金支持能力、居民个人资金积累、旅游资金缺乏的情况。

旅游社交可行能力是指当地居民与政府、村委会、邻居和游客的相互关系。旅游是介乎东道主与游客间的结构性行为，这种东道主与游客的互动贯穿于旅游的整个过程，居民的社交可行能力影响着旅游目的地的旅游发展速度。具体内涵包括居民对政府公信力的评价、遵守村规民约的态度、相信村委会领导的程度、相信邻居的程度、旅游对居民社交的影响、居民与外来文化的交流。

3.4 评价量表制作、定量指标测量和定级

3.4.1 评价量表制作

在构建"直过民族"旅游社区居民旅游可行能力的理论分析框架指标体系的基础上，充分考虑旅游发展和乡村振兴的大背景，了解居民的实际情况，构建"直过民族"居民旅游可行能力的量表，根据具体指标，编制调查问卷。采用李克特量表，将同意程度分为"完全同意""同意""不确定""不同意""完全不同意"五个等级，然后根据程度高低，分别记为 5 分、4 分、3 分、2 分、1 分。根据受访者的回答赋值，计算其平均值。

3.4.2 定量指标测量

本研究为确定不同指标在整个指标体系中的权重系数，同时为进一步提高评价结果的可信度，在分析过程中采用 SPSS 17.0 对本次调查的测量因子进行信度和效度测量，在测量过程中参考 Alpha 和 KMO 检验问卷的可信度和有效性，通过分析问卷中相应的测量因子，发现方差分布较为良好。[①] 在计算因子的权重过程中，采用主成分分析提取了公因子的方差，并进一步计算权重，具体计算公式表示为：

$$\text{WPCA} = \frac{M}{N} \qquad (3-1)$$

公式中：M 为主因子的荷载得分，N 为特征根值，指标权重按照全部测量因子类型进行确定，在此计算的基础上对 WPCA 进行归一化处理，得到相应的权重指标。通过主客观相结合的方法确定"直过民族"旅游社区居民旅游可行能力评价指标体系的维度和观测指标。

该评价体系以可行能力理论为基础，根据"直过民族"社区居民的特征，以及他们最需要解决的善治、经济条件和社会机会难题，结合社区旅游发展背景，将参与与旅游结合，确定旅游参与可行能力维度，将经济条件与旅游结合，确定旅游就业可行能力和旅游产品开发可行能力维度，将社会机会与旅游结合，确定旅游技能提升可行能力和旅游融资可行能力维度，共有六大维度。根据居民调查问卷的打分，算出每一项指标的权重，保证其科学性。

---

① 熊龙. 云南典型少数民族节庆旅游游客满意度评价 [D]. 昆明：西南林业大学, 2015.

具体评价指标体系维度、指标层和权重见表3.2。

表3.2 "直过民族"社区居民旅游可行能力的评价指标体系维度、指标层和权重

维　度	评价层及权重	
	观测指标层	权　重
旅游参与可行能力	村委会代表居民需要和利益的程度	0.224
	"一事一议"执行情况	0.265
	决策和管理机会	0.199
	参与旅游广度	0.312
旅游就业可行能力	是否增加经济收入	0.136
	发展旅游态度	0.148
	旅游就业评价	0.155
	旅游就业条件满意度	0.126
	农业旅游就业技能情况	0.102
	旅游经济收入的满意度	0.127
旅游产品开发可行能力	能开发旅游产品的程度	0.172
	对体验旅游产品开发的评价	0.183
	旅游节日打造的评价	0.164
	社区精英带头和示范作用	0.154
旅游技能提升可行能力	看书和识字水平	0.128
	普通话交流水平	0.114
	促进非物质文化传承的看法	0.132
	对学校民族教育的看法	0.150
	对互联网的使用情况	0.110
旅游融资可行能力	获得旅游贷款服务	0.161
	获得旅游财政支持	0.172
	企业支持情况	0.157
	亲戚朋友的资金支持情况	0.172
	个人资金积累	0.171
	旅游资金缺乏的情况	0.167

续　表

维　度	评价层及权重	
	观测指标层	权　重
旅游社交可行能力	对政府公信力的评价	0.162
	遵守村规民约的态度	0.184
	相信村委会领导的程度	0.152
	相信邻居的程度	0.174
	旅游对居民社交的影响	0.169
	居民与外来文化的交流	0.159

为了确保"直过民族"旅游社区居民旅游可行能力的评估指标体系的有效性，笔者给10位相关专家发放问卷，并听取专家对指标选择的建议（见表3.3和附录三）。最后确定以下评价指标体系：（1）旅游参与可行能力，包含4个分指标；（2）旅游就业可行能力，包含5个分指标；（3）旅游产品开发可行能力，包含4个分指标；（4）旅游技能提升可行能力，包含5个分指标；（5）旅游融资可行能力，包含6个分指标；（6）旅游社交可行能力，包含6个分指标。

表3.3　"直过民族"社区居民旅游可行能力的评估指标体系的专家统计表

专家	旅游企业负责人	旅游研究学者	民族研究学者	政府官员	翁丁村委会	翁丁村摩巴	合计
人数	1	5	1	1	1	1	10

3.4.3　定量指标定级

根据居民旅游可行能力评价指标体系，以及"直过民族"旅游社区居民的访谈材料，笔者尝试着对居民旅游可行能力的量比进行定级，分为较强、一般、较弱三个层级。根据每项指标的权重，算出居民旅游可行能力中旅游参与、旅游就业、旅游产品开发、旅游技能培训和旅游融资、旅游社交各项的评价值，评价值在1.0～3.0为较弱，评价值在3.1～3.9为一般，评价值在4.0～5.0为较强。

3.5 调查问卷结构

本调查问卷的目的是测量"直过民族"社区居民旅游可行能力水平,了解可行能力各个维度之间的相互关系,主要依据居民旅游可行能力的六个维度进行设计。调查问卷分为三大部分:第一部分是卷首语,内容是调查的目的、调查数据的保密承诺和填写问卷的要求;第二部分是居民的基本信息,涉及一些客观存在的信息;第三部分是居民旅游可行能力的六个观测指标的基本情况。

3.6 研究假设

本研究构建了"直过民族"社区居民旅游可行能力的理论分析框架指标体系,从六个维度对"直过民族"社区居民的旅游可行能力进行测量,即旅游参与可行能力、旅游就业可行能力、旅游产品开发可行能力、旅游技能提升可行能力、旅游融资可行能力和旅游社交可行能力。每个维度又编制4~6个细化的观测指标,根据这些指标来编制调查问卷,由于各个社区的旅游发展程度不同,以及各个社区旅游管理模式不同,因此,作出以下假设:

假设1:"直过民族"社区的居民六大旅游可行能力的评价值具有差异性;

假设2:旅游发展程度与居民旅游可行能力成正向关系;

假设3:"直过民族"社区的居民旅游可行能力具有不同的孵化性运作;

假设4:"直过民族"社区居民的幸福感测量值偏低。

3.7 本章小结

本章以巴厘岛成功经验、我国旅游社区成功经验和"直过民族"社区居民的特征为依据,构建了"直过民族"社区居民旅游可行能力的理论分析框架和"直过民族"社区居民旅游可行能力的评价指标体系。"直过民族"社区居民旅游可行能力的理论分析框架包括旅游发展背景、脆弱性环境、功能性活动、地方性知识、居民旅游可行能力评估分析、孵化性运作、旅游保障、居民旅游可行能力提升主体和居民旅游可行能力提升成果。该理论分析框架充分考虑旅游发展的大背景,提出"直过民族"社区居民的旅游可行能力受制于三大要素,即脆弱性环境、功能性活动和地方性知识。居民旅游可行能力的孵化性运作需要在旅游保障系统的支持下,将内因和外因结合,从宏观(政府)、中观(社区、旅游企业和专家学者)、微观(社区精英和社区居民)三个层面进行探索,进而提升居民的五大偏低的旅游可行能力。与此同时,当居民旅游可行能力提升后,将会进一步改善脆弱性环境,提高居民功能性活动和增加可利用的资源,形成良性的循环系统。"直过民族"社区居民旅游可行能力的评价指标体系包括三大功能性活动、内涵、维度、观测指标等内容。三个功能性活动是善治、经济条件和社会机会;六个旅游可行能力评价指标是旅游参与可行能力、旅游就业可行能力、旅游产品开发可行能力、旅游技能提升可行能力、旅游融资可行能力和旅游社交可行能力,每个指标下面设置4~6个分指标。

第四章 翁丁佤族社区居民旅游可行能力的实证研究

构建"直过民族"社区居民旅游可行能力的理论分析框架和评估指标体系后，为了验证其科学性，本研究选择了翁丁佤族社区为案例点进行实证研究，先后5次进入案例点调研，全面地调查翁丁佤族社区的社会管理模式、旅游管理模式和旅游发展的历程。在此基础上，认真整理访谈材料的内容，分析翁丁佤族社区居民旅游可行能力的主要特征，并运用因子分析和模糊评价等定量研究方法对当地居民的旅游可行能力进行评价，研究结论显示翁丁佤族社区居民的旅游社交可行能力偏高，其他五大旅游可行能力偏低。最后，发现翁丁佤族社区居民旅游可行能力存在的主要问题是他们的旅游参与能力不足、经济条件差和社会机会少。

4.1 案例选择

在选择案例地的时候，本研究重点考虑两方面的因素：一方面，选择具有典型性的案例，能集中体现"直过民族"社区居民的特征和"直过民族"社区居民旅游可行能力的案例点；另一方面，还要考虑案例所代表的时间和空间等尺度，应与要研究的问题紧密相关，能回答what（什么）、why（为什么）、how（怎样）等问题。本研究对所有的"直过民族"社区进行筛选，选择了临沧市沧源县的翁丁佤族旅游社区作为案例点。选择这个案例点的原因有以下几点：首先，这个案例点是典型的"直过民族"村寨，是云南省非物质文化遗产，有上百年的村寨民族传统文化发展历史，居民旅游可行能力水平代表了云南省"直过民族"社区居民旅游可行能力的总体水平，由此推断，本研究成果也将会具有普适性。其次，这一案例点都在积极地发展旅游，想通过旅游提高当地居民的生活质量。翁丁佤族旅游社区位于沧源国际旅游度假区的西部，是度假区的核心组成部分，旅游发展的历史已近20年，积累了丰富的经验。在旅游发展的过程中，这个案例点面临着提升居民旅游可行能力的难题，需要考虑推进居民的旅游参与等因素。最后，考虑到研究的可进入性。本研究所选的案例，之前都有相关的学者去做过调研，积累了一些研究成果，可以为后期研究奠定一定的基础，而且，笔者因为对佤族文化感兴趣，曾到案例点做过田野，与当地居民建立了友好关系，有利于后期的田野调查开展。此外，由于该村寨在积极发展旅游，部分居民会讲两种语言，即本族语言和汉族语言，这为笔者进入这些地区调研提供了有利条件，能开展与当地居民访谈和调查问卷等活动，研究的可进入性高。

4.2 资料收集

预调研阶段，笔者曾于2006年5月1—20日，2014年2月1—10日，2015年4月29日—5月8日，2016年5月20日—6月8日，先后4次到沧源县和翁丁佤族旅游社区开展了大量的访谈，了解沧源国际旅游度假区和翁丁佤族旅游社区旅游发展的历程。2006年和2014年，笔者和家人两次自驾车到沧源翁丁旅游，看到当地村民生活艰难，萌生想帮助他们致富的想法；2015年，确定了论文的研究题目后，再次到沧源旅游，以游客的身份参加沧源县五一国际摸你黑狂欢节，体验了狂欢节的所有旅游项目活动，包括祭牛魂、摸你黑狂欢活动（含祈福仪式）、"百台木鼓·千人甩发舞"表演、火塘酒歌——佤族原生态风情文化展示、门高西爷佤族古乐专场演奏、佤族传统斗牛赛等，还到了翁丁旅游社区，参加了五一期间的拉木鼓、打歌、射弩、取新火、舂新米、叫魂取佤名等活动，并收集了大量旅游活动的材料，对沧源县的旅游和翁丁的旅游发展有了进一步的认识，发现翁丁佤族社区旅游发展的潜力；2016年5月20日—6月8日，曾到沧源佤族自治县文化局、沧源佤族自治县旅游发展委员会和翁丁村委会等部门，收集了翁丁佤族旅游社区旅游发展的相关历史资料。

预调研阶段结束后，因本人获得国家留学基金委资助，便于2016年12月至2017年6月到印度尼西亚的巴厘岛进行访学，笔者运用参与观察法和访谈法收集了巴厘岛居民在旅游可行能力提升方面的经验，而且，还找到了一个与翁丁佤族旅游社区旅游发展程度类似的圣猴森林景区，对其居民旅游可行能力进行定性研究之后，发现对翁丁佤族社区居民的旅游可行能力发展有启示。

正式调研阶段，在前期预调研的基础上，笔者编制了"直过民族"旅游社区居民旅游可行能力调查问卷，于2018年7月14—25日，笔者和两个大学生组成调研组到沧源翁丁佤族社区进行正式调研，到过沧源佤族自治县旅游发展局、沧源县文化旅游产业开发投资有限公司、沧源佤文化研究开发中心、沧源佤族自治县扶贫办和沧源佤族自治县民宗委等单位收集了关于翁丁佤族旅游社区发展历程的书面文献材料，然后到翁丁佤族旅游社区进行了10天的问卷调查，我们住宿在翁丁佤族旅游社区的村民家里。可是，在翁丁佤族旅游社区做问卷调查时，发现大部分村民的汉语交流有困难，问卷调查的进展缓慢，因此，我们调研组又在翁丁找到4个翻译人员（两个当地放假回来的大学生和两个当地村民），与我们一起去挨家挨户地做问卷调查，共做了135份问卷，其中有效问卷为126份。而且，还发放了75份游客问卷，以便了解游客对翁丁旅游景区的满意度。

4.3 翁丁佤族社区居民旅游发展概况

4.3.1 沧源旅游业发展现状

沧源佤族自治县位于云南省临沧市西南部，介于东经98°52′—99°43′和北纬23°04′—23°30′之间①，翁丁佤族旅游社区是沧源国际旅游度假区的核心区域，翁丁佤族旅游社区位于我国与缅甸的边境线上，在临沧边境经济合作区内，位于临沧市沧源和孟定两大口岸之间，地处两大口岸的辐射范围。沧源是国家二类开放口岸（见图4.1），是临沧边境经济合作区的重要组成部分，是云南沿边开发开放的主战场，是中国面向南亚、东南亚开放辐射中心的最前沿窗口，是孟中印缅经济走廊建设和国家

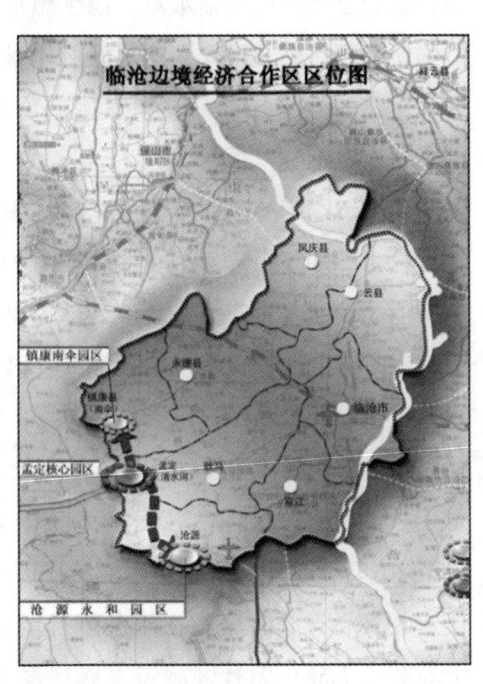

图4.1 沧源在临沧边境合作区区位图

"一带一路"倡议的重要节点。它位于临沧边境经济合作区内，在临沧与缅甸的边境线上，国境线长达290.791千米，有孟定清水河国家级一类口岸、镇康南伞和沧源永和国家级二类口岸，具备与周边国家进行生态文化旅游合作的条件。

2014年7月25日，国际旅游学会授予沧源国际旅游度假区、国际自然生态旅游目的地、国际少数民族与文化旅游目的地、国际边境线旅游目的地、

---

① 田里，等. 翁丁原生态佤寨生态文化旅游规划（2006—2020年）[Z].

国际旅游目的地发展与营销五项证书,① 意味着沧源文化旅游发展正朝着国际高端化标准迈进。每年4月30日—5月2日在沧源隆重举办的"中国佤族司岗里摸你黑狂欢节",是"世界上参与人数最多的接触类狂欢节""中国十大魅力节庆"和"中国最具魅力的原生态民族文化旅游节"。本研究收集了2014年节日启动仪式(见图4.3)、2018年的节日活动日程(见表4.1)。沧源还有最生态的美味,沧源鸡枞因其独特的自然风味登陆央视《舌尖上的中国》,成为佤山招待贵宾的美食。选取原生态食材精心烹制而成的至尊佤王宴不仅营养健康,而且好吃"任性",2010年5月,沧源至尊佤王宴以2270米长刷新了世界吉尼斯纪录,获封世界第一长街宴。自然生态、民族文化和沿边区位是沧源的潜力和优势。创建沧源国际旅游度假区是沧源转型升级发展的重大历史机遇。近几年,沧源的旅游业发展迅速,据沧源佤族自治县旅游发展局的统计,2013年游客数为933450人,2014年游客数为1214166人,2015年游客数为1632522人,2016年游客数为2335326人,2017年游客数为3529647人(见图4.2)。

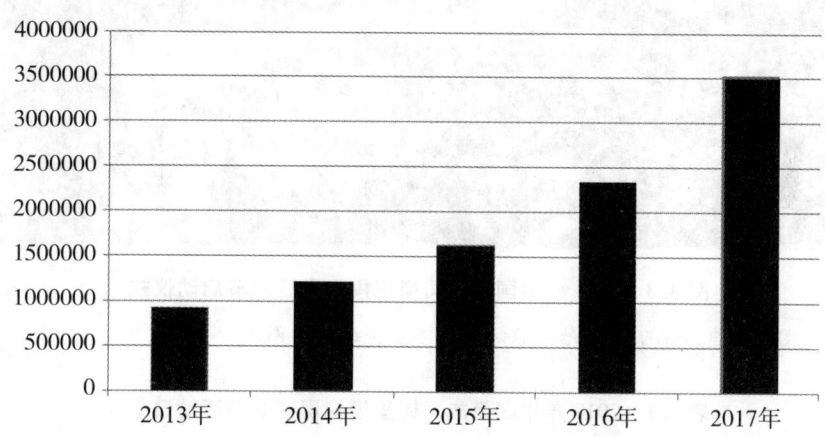

图4.2　沧源国际旅游度假区2013年至2017年游客人数统计

注:笔者根据从沧源佤族自治县旅游发展局收集到的数据整理。

---

① 欧奇令. 基于SWOT模型的沧源县佤文化产业发展分析[J]. 当代经济,2017(7):62-65.

图 4.3　2014 年中国佤族司岗里摸你黑狂欢节启动仪式

注：图片来自沧源佤族自治县旅游发展委员会的宣传图。

表 4.1　2018 年中国佤族司岗里摸你黑狂欢节活动日程

时　间		具体时间	活动内容	地　点
4月29日	上午	9：00—10：00	祭牛魂	街心花园
		8：30—12：00	非物质文化遗产（织锦）展示	葫芦小镇

续　表

时　间		具体时间	活动内容	地　点
4月29日	下午	14：30—18：00	自由活动	
		16：00—17：00	佤族原生态歌舞《族印·司岗里》商演	司岗里演艺中心剧院
	晚上	20：00—21：30	"胞波情深"——中国沧源·缅甸掸邦第二特区两地民族民间文艺展演	葫芦小镇
		21：00—0：00	火塘酒歌——佤族原生态风情文化展示	
4月30日	上午	9：00—10：00	"秘境沧源，佤山霓裳"民族服饰展演	葫芦小镇
		8：30—12：00	非物质文化遗产（织锦）展示	
	下午	12：20—16：30	摸你黑狂欢节主题活动：1. 第一阶段（12：20—14：00）开展沿街巡游活动；2. 第二阶段（14：00—16：30）开展"百台木鼓·千人甩发舞"表演、祈福仪式和摸你黑狂欢活动	摸你黑广场
	晚上	20：00—21：00	佤族原生态歌舞《族印·司岗里》商演	司岗里演艺中心剧院
		19：00—21：00	燃烧的歌场——篝火狂欢夜	葫芦小镇

续　表

时　间		具体时间	活动内容	地　点
4月30日	晚上	21：00—0：00	"乡音乡愁"月下情歌对唱	
5月1日	上午	8：30—12：00	非物质文化遗产（织锦）展示	葫芦小镇
			自由活动	各景区
	下午	12：20—16：30	摸你黑狂欢节主题活动：1. 第一阶段（12：20—14：00）开展沿街巡游活动；2. 第二阶段（14：00—16：30）开展"百台木鼓·千人甩发舞"表演、祈福仪式和摸你黑狂欢活动	摸你黑广场
	晚上	20：00—21：00	佤族原生态歌舞《族印·司岗里》商演	司岗里演艺中心剧院
		19：00—21：00	燃烧的歌场——篝火狂欢夜	葫芦小镇
		21：00—0：00	"乡音乡愁"月下情歌对唱	葫芦小镇
	白天	8：30—18：00	佤族传统斗牛赛（商业化运作）	斗牛场
			每天分时段开展拉木鼓民俗体验活动，全天可参与射弩、佤族摩竹取火表演、佤族织锦展示等系列民俗体验活动	翁丁景区

续 表

时　间	具体时间	活动内容	地　点
	21：00—0：00	"乡音乡愁"月下情歌对唱	
	全天　8：30—18：00	乡（镇，场）特色饮食文化及农副产品展示	司岗里美食街
4月26日—5月2日	全天　8：30—18：00	直升机低空游佤山（商业运作）	文体活动运动广场

注：笔者根据2018年摸你黑狂欢节活动的日程整理。

　　翁丁原始部落隶属于沧源佤族自治县勐角民族乡，距离县城33千米，在云南南滚河国家级自然保护区的实验区内，年平均气温17.5℃，终年无霜，年均降雨量2100毫米。境内每年平均有147天雾日，形成极为壮观的朦胧的佤山云海和日出等奇美气候景观。翁丁是中国迄今为止保存最完整的佤族村落，村寨内保留着最有特色的佤族传统干栏式茅草房、佤族图腾、祭祀房、木鼓房、寨桩、神林等，是佤族从原始社会直接进入社会主义社会的历史见证。翁丁佤族社区包括3个寨子，即翁丁大寨、翁丁下寨和翁丁新芽，共有294户1257人，当地居民以农业和旅游业收入为主。翁丁村四周群山环抱，森林植被茂密，居民以佤族为主，信仰"多神教"，保留许许多多的传统祭祀活动。由于当地长年云雾缭绕，被当地人称之为"翁丁"，佤语意释为"多雾的地方"，具体位置见沧源翁丁佤族社区地理位置图（见图4.4）。

　　400年前，翁丁先祖从沧源县芒回村迁移过来，发展成现在的翁丁村。寨主杨氏带头先迁至现在的翁丁下寨，后来因家族人口不断增长，为了扩大田地面积，村寨头人安排兄弟带领4户人家迁至翁丁大寨，形成了以杨氏、肖氏、赵氏、田氏四大姓氏为主的生态村落。解放后，翁丁村被列为勐角民族乡管辖，1959年成立翁丁乡，1969年成立红九大队，1971年改为翁丁大队，1981年恢复翁丁乡，1988年改为翁丁村公所，2001年3月成立翁丁村民委员会。佤族传统的风俗有祭祀、节庆、婚俗、拉木鼓、镖牛、建房、葬礼等。木鼓原是佤族原始氏族祭祀用的乐鼓，同时也是一种祭器。后来，木鼓被用于战争时报警，跳舞时伴奏，召集群众议事时擂鼓为号，木鼓也就随之被神化，认为它是通天的神器，因此，村寨都专为木鼓盖木鼓房。换新木鼓时，拉木鼓是制作木鼓活动中的重要过程，从砍树、拉木鼓到木鼓凿成敲响大概需要3个月时间，从9月开始到11月结束。其过程为：由寨主占卜选定主砍木鼓人家，选吉日选树砍树，全寨人除有禁忌的人外都要上山拉木鼓树，男的带刀、枪、弩，妇女带饭和水，拉时一人在木鼓树上指挥，其他人边拉边舞边合唱，第一天把木鼓树拉到半路，第二天再去拉回寨子，拉回的木鼓树待树干后择吉日请木匠凿木鼓，木鼓凿成由主砍人家选毛色金黄的黄牛并镖牛来祭木鼓，全寨人同吃同欢庆，敲木鼓通宵打歌，最后将木鼓送入木鼓房。发展旅游后，翁丁旅游社区居民在景区增加了拉木鼓表演活动，每次拉木鼓的费用是2500元。佤族的传统习俗中，还有镖牛和砍牛的牛祭习俗。镖牛和砍牛是两种不同习俗内容的牛祭。镖牛是以庆贺、接福、结盟、议事为主要内容的活动，以镖牛的仪式进行牛祭。镖牛首先要选好上好的牛，讲究所镖之牛的毛色，择吉日全寨人参加镖牛祭祀活动。把牛拴在牛头桩上，拴头不拴脚，牛头向寨子，牛尾向寨门，由一位德高望重的老人主持，仪式开始，摩巴酬酒念祭辞，说明镖刺的原由，表达某种心愿。向牛撒米花，用鲜叶扫去牛身尘土，参加镖牛的人群狂吼，老人给镖牛壮汉敬酒，送标枪，镖牛壮汉下身穿棕裙，上身赤裸，围牛举标枪奔跑，看准摩巴事先画好的镖牛位置，举起标枪猛刺进去，拔出标枪由摩巴看牛血喷的形状、牛倒方向进行占卜。摩巴取牛肝看牛卦，把牛心给镖牛手，镖牛手可把牛心献给寨主或老人，牛肉煮烂饭全寨同吃，最后，将牛头骷髅挂于牛头桩，以做记录。在重大传统节日时，翁丁佤族旅游社区也举行盛大的镖牛活动。

翁丁佤族社区于1998年开始发展旅游，由于历史和自然等原因，很多独具特色的佤族原始宗教、生产生活习俗等文化传统和建筑风格被很好地保留下来，是中国最后一个由原始社会过渡到社会主义社会的少数民族部落，也是佤族传统历史文化的自然博物馆，翁丁荣获了20多项奖，成了著名的中国少数民族民风民情的影视拍摄基地。近年来，在翁丁村拍摄了电视剧《不熄的火塘》，数字电影《玉蝴蝶》《孔雀眼》《小站长》《司岗里》《月亮升起来MTV》，实验电影《翻山》，音乐电影《司岗里》和微电影《图腾之旗——佤族篇》《最后的古村落》《情定司岗里》《临沧的诱惑》《爱的神奇》《情比山高》等,《穷途末路》《西游奇遇记》等综艺节目,同时,《远方的家》《乡土》等一些记录类的节目也在这里拍摄。目前,翁丁佤族旅游社区形成了老村寨(见图 4.5)和新村寨(见图 4.6)共存的旅游特色,景区共有 24 个景点(见图 4.7)。

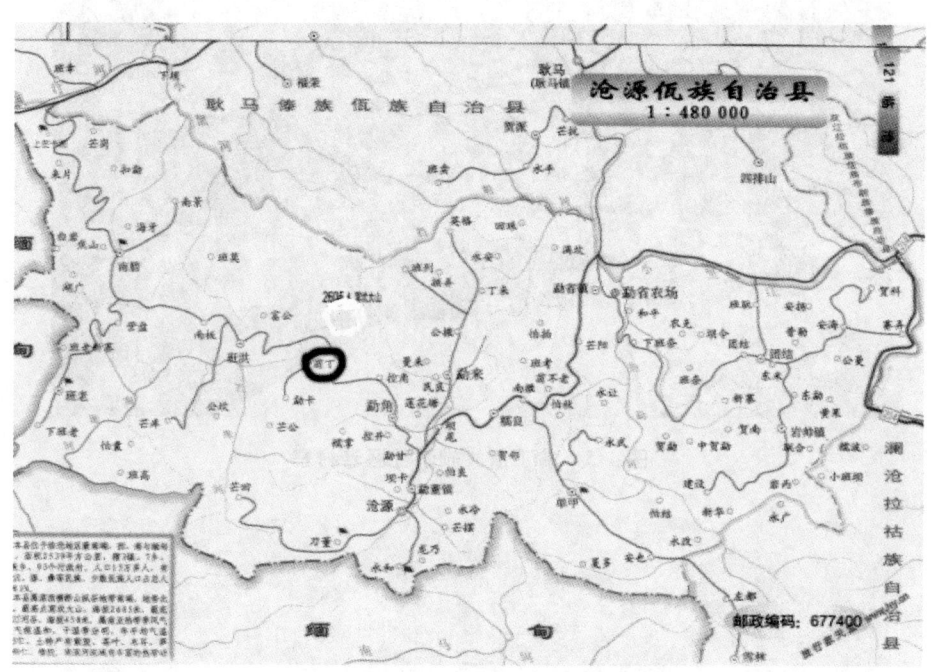

图 4.4　翁丁佤族社区地理位置图

图 4.5　翁丁佤族旅游社区老村寨

图 4.6　翁丁佤族旅游社区新村寨

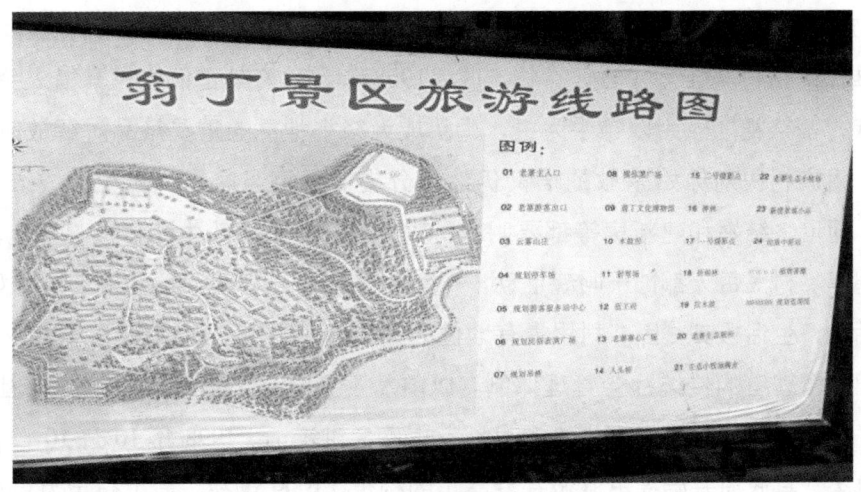

图 4.7　翁丁景区旅游线路图

为调查游客对翁丁佤族社区的满意度，笔者编制了翁丁佤族旅游社区游客调查问卷，共发放 75 份问卷，回收有效问卷 75 份。统计结果显示，有 100% 的游客都对翁丁佤族旅游社区的人文景观表示非常满意，有 90% 以上的游客觉得这里的旅游设施和旅游项目需要改善。游客认为翁丁佤族社区居民面临的最大困难是能力不足、缺乏教育培训、缺少资金支持、缺少人才、旅游产品太少、医疗条件差、经济收入低、旅游参与不足、旅游没有和农业结合等问题。他们认为可以增加佤王宴、佤族特色民宿、农业旅游产品、佤族传统体育项目、佤族特色旅游产品购物广场、佤族歌舞表演、佤族特色餐饮等产品和项目的开发。笔者还统计了携程网、去哪儿、马蜂窝和驴妈妈等四大网站上游客对翁丁原始部落的评价，携程网上共有 87 个评价，其中好评有 74 个；去哪儿网上用户评价有 112 个，其中好评 109 个，中评 2 个，差评 1 个；马蜂窝网上共有 55 个评价，好评 50 个，中评 4 个，差评 1 个。由此可见，游客对翁丁原始部落的总体评价较好，这里有较大的旅游发展潜力。

4.3.2　翁丁佤族社区旅游发展历程

4.3.2.1　初步发展阶段（1998—2005 年）

佤族居民信仰原始宗教，他们相信万物有灵。在 20 世纪 60 年代以前，翁丁旅游社区还保留着恐怖的猎头祭祀文化，流行猎头祭鬼和镖牛祭神的原始宗教典型仪式，有血（人头）有肉（镖牛），牺牲最宝贵的生命和昂贵的食物来取悦鬼神。村民猎人头的目的是祭祀神灵，祈求神灵驱除病魔，免除灾难，保佑村寨强盛兴旺，谷物丰收。1958年，政府禁止佤族村寨猎人头后，佤族村寨祭祀才改为以镖牛为主，牛头成为祭祀神灵的重要祭品。解放以后，翁丁佤族村民对原始宗教的信仰仍然十分虔诚，每当家里人出生、成人、生病、逝世、结婚和建新房等都要叫魂，叫大魂，要杀数头牛和猪；叫小魂，要杀鸡等。村民每天都忙于叫魂活动，一年的经济收入都用于这些叫魂的原始宗教活动，生活极其贫困。村里最有地位的人是寨主，形成了以寨主为核心、以摩巴为管理者的传统社会管理体制。以前翁丁完全是个自给自足的封闭社会，由于公路不好，村民很少去沧源县城，也不会讲汉话。1998年10月10日，沧源县委、县政府开始提出旅游开发翁丁的构想。1999年初，翁丁被定为首届昆明国际旅游节临沧分会场的游览参观点，同时作为旅游开发点也被正式提出。

4.3.2.2 快速发展阶段（2006—2013年）

2006年，翁丁被云南省人民政府命名为"云南省非物质文化遗产传统文化保护区"。2007年被云南省人民政府命名为"云南省历史文化名村"，被临沧市委、市政府命名为"临沧市十大优美村寨"。从1999年至今，翁丁旅游社区的旅游一直处于稳步发展时期。1998年被国家地理杂志命名为"最后的原始部落"。2006年5月，被云南省人民政府公布为第一批非物质文化遗产保护名录。2007年被评为云南省历史文化名村和临沧市十大优美村寨。2008年被列为云南省重点建设的200个旅游特色村。2011年3月，被国家旅游局评定为国家AAA级旅游景区。2012年6月，荣获"2012年中国文化产业金鼎奖十大文化产业乡村"称号。2013年4月，荣获"云南30佳最具魅力村寨"称号，同年被评为"2013年中国十大避暑小镇"，并荣获2013年中国最美村镇"典范奖"。① 2014年入围"2014年中国避暑小镇榜100佳"，并入选云南省首批20个最美观景拍摄点。2015年入选"第三批全国特色景观旅游名镇名村"，同年被国务院命名为全国第三批337个特色景观旅游名镇名村之一和中国传统村落。② 2006年接待旅游者23000人次，2007年接待旅游者31000人

---

① 辛锡灿. 民族文化生态村模式下少数民族传统体育发展的SWOT分析和策略研究——以云南省沧源县翁丁村为例 [D]. 昆明：云南师范大学，2014.

② 笔者根据翁丁村委会的存档材料整理。

次，2008年接待旅游者58000人次，2009年接待旅游者64000人次，2010年接待旅游者146000人次，2011年接待旅游者196000人次，2012年接待旅游者为262000人次，2013年接待旅游者为312000人次。①

4.3.2.3 慢速发展阶段（2014—2018年）

由于道路湿滑，自驾车很难到达翁丁佤族旅游景区，导致翁丁游客数量迅速减少。从2014年至今，沧源县政府修建从沧源至翁丁的公路。翁丁2014—2018年的旅游人次统计为：2014年接待旅游者29515人次，2015年接待旅游者33946人次，2016年接待旅游者26040人次，2017年接待旅游者29899人次，2018年（1—6月）接待旅游者25389人次（见图4.8）；门票收入如下：2014年1076200元，2015年1237680元，2016年949415元，2017年1090100元，2018年（1—6月）925730元（见图4.9）。2014—2018年，中国佤族司岗里摸你黑狂欢节期间翁丁的游客人数统计为：2014年2954人，2015年3362人，2016年2727人，2017年2450人，2018年4633人（见图4.10）；门票收入为：2014年107765元，2015年122630元，2016年99460元，2017年89390元，2018年168955元（见图4.11）。翁丁佤族旅游社区居民的第二、第三产业的收入逐年上升，2013年46.10万元，2014年48.60万元，2015年57.50万元，2016年71.70万元，2017年75.90万元（见图4.12）。②

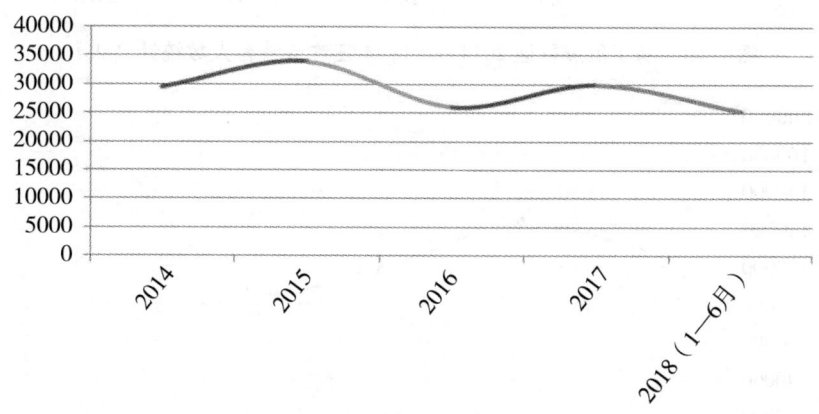

图4.8　翁丁佤族社区2014—2018年游客人数统计（人）

---

① 田里，等. 翁丁原生态佤寨生态文化旅游规划（2006—2020年）[Z].
② 数据来自沧源县文化旅游产业开发投资有限公司。

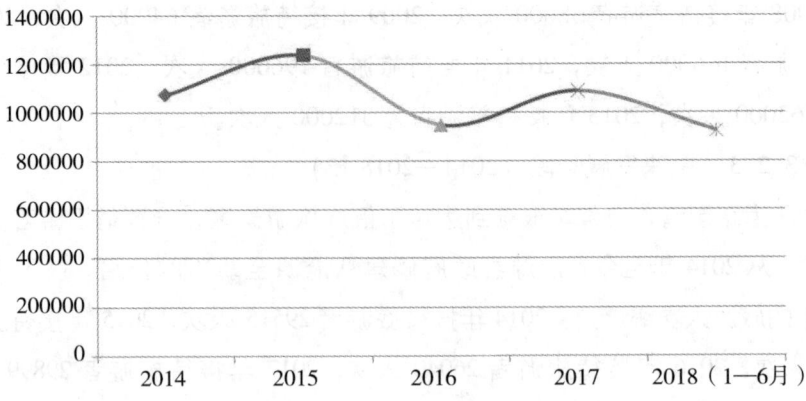

图 4.9　翁丁佤族社区 2014—2018 年旅游门票收入统计（元）

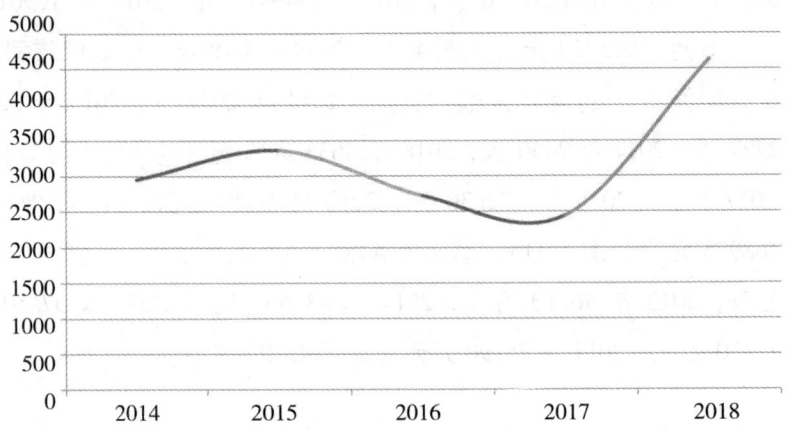

图 4.10　翁丁佤族社区 2014—2018 年狂欢节游客人数统计（人）

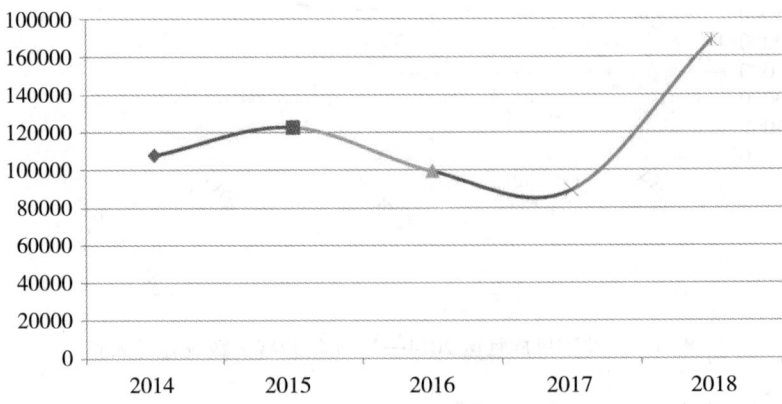

图 4.11　翁丁佤族社区 2014—2018 年狂欢节旅游门票收入统计（元）

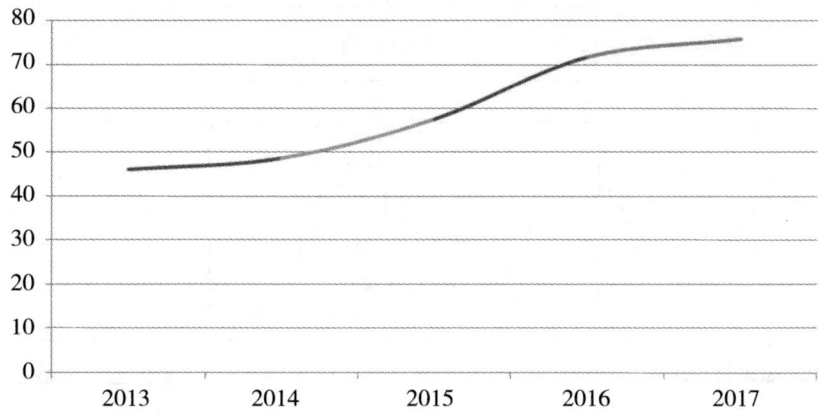

图 4.12　翁丁佤族社区居民 2013—2017 年第二、第三产业收入状况统计（元）

4.3.3　翁丁佤族社区的管理模式

4.3.3.1　翁丁佤族社区的社会管理模式

翁丁佤族社区是一个佤族聚居的自然村，共有 6 个村小组，社区的行政管理机构设置有村委会，村里的生产和旅游活动由村委会统一组织管理，主要负责人是村主任和村支书，工作人员有妇女主任、会计、村小组长、村副组长、农业技术员、副支书、农科员、兽医、卫生员和扶贫工作人员。同时，翁丁佤族社区是典型的传统佤族村寨，村寨中的各种民俗管理都由寨主主持，摩巴和各姓氏带头人组织活动。翁丁佤族社区社会管理模式如图 4.13 所示。

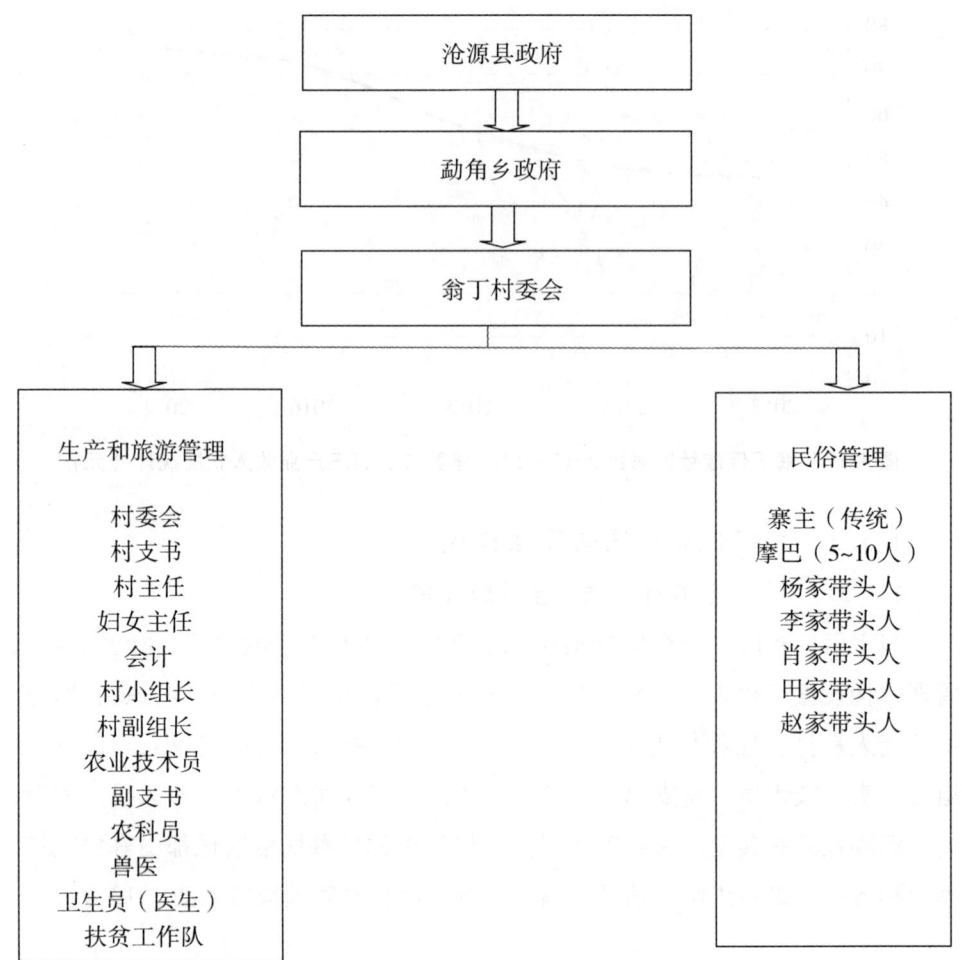

图 4.13　翁丁佤族社区社会管理模式

4.3.3.2　翁丁佤族社区的旅游管理模式

翁丁佤族社区的旅游管理模式是"政府＋公司＋社区＋村民"。沧源县政府委托沧源县旅游发展局管理，沧源县旅游发展局又将管理权交给沧源县文化旅游产业开发投资有限公司，由公司与翁丁村委会一起管理。全村共有25名村民参与旅游管理，具体分工为：村主任和杨主任2人，售票员2人，检票员2人，导游3人，打扫村寨卫生5人，打扫厕所1人，守佤王府老人10人，由沧源县文化旅游产业开发投资有限公司给他们发工资（600~800元）。村委会负责组织村民参与旅游活动，全村村民都参与守寨门。具体管理体制如图4.14所示。

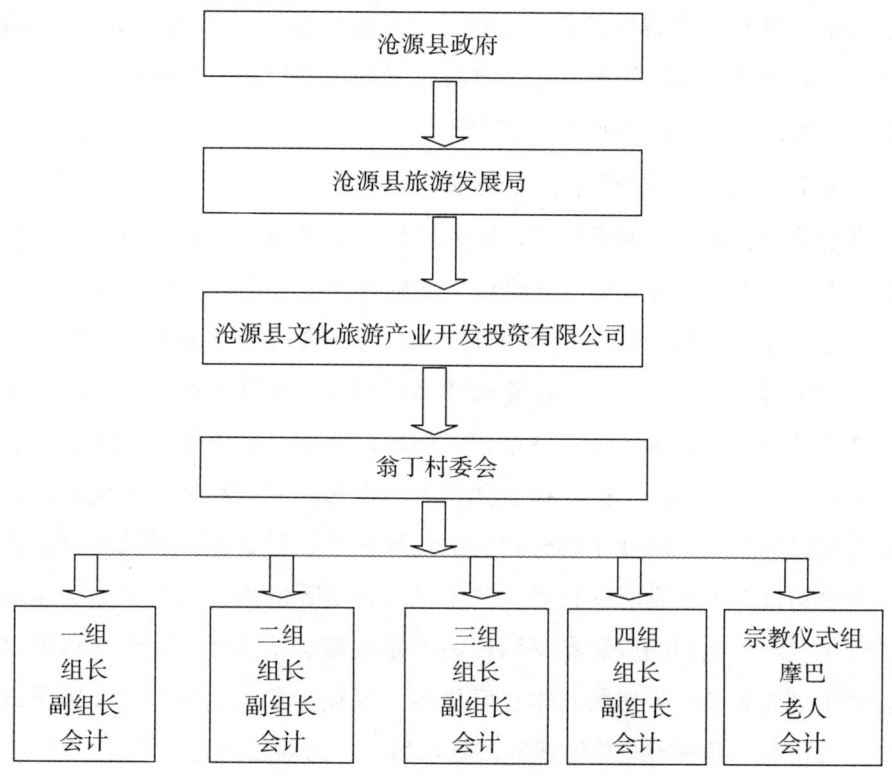

图 4.14 翁丁佤族社区的旅游管理机制

4.4 翁丁佤族社区居民旅游可行能力的主要特征

笔者以访谈调查为主，对翁丁佤族旅游社区进行了 5 次田野调查，全面了解翁丁佤族社区居民旅游可行能力的特征。第一次共访谈了 100 名村民和社区管理干部（见附录一），收集到访谈录音、照片和观察笔记等大量的第一手材料，主要调查翁丁佤族社区的社会管理模式、旅游管理模式、旅游对居民的影响情况、居民对旅游的态度、居民参与旅游的能力、居民的旅游产品开发能力等各方面的总体情况。第二次调查深度访谈了 24 人，笔者将访谈内容聚焦，设计出居民参与旅游可行能力、居民旅游产品开发可行能力、居民旅游就业可行能力、居民旅游教育可行能力和旅游资金可行能力等几方面的问题，重点选择翁丁旅游社区的社区精英作为访谈对象，他们是村支书、老支书、扶贫第一书记、扶贫工作队工作人员、大学生村官、导游、检票员、寨主儿子、摩巴、旅游经营者、小组长、原生态歌舞和旅游企业负责人等，并对访谈对象进行编码处理，通过收集大量的访谈材料，本研究总结出翁丁佤族社区居民旅游可行能力的主要特征。

4.4.1 旅游参与可行能力特征

通过分析整理访谈调查材料，研究发现翁丁佤族社区居民的旅游参与可行能力偏低，在沧源县政府、沧源县文化旅游产业开发投资有限公司（以下简称沧源旅投公司）、沧源县勐角乡政府和翁丁村委会的多重管理体制下，居民属于弱势群体，他们参与社区管理的意识薄弱，也缺乏意愿表达的有效机制，在旅游决策中，基本没有话语权。但是，他们又必须承担旅游决策的后果，对此，他们觉得很无奈。村委会作为当地居民利益和需要的代表，却对上级政策过分服从，忽视了部分村民的实际困难，导致部分村民对村委会抱有失望的态度，不愿意听从村委会的安排。因实际的旅游收入未达到当地居民的预想要求，他们的旅游参与积极性不是很高。从下面的访谈材料可以看出，翁丁佤族旅游社区居民对本社区旅游发展缺少参与的决策权，属于被动参与。关于翁丁居民参与旅游经营的基本情况，当地居民是这样描述的：

Wxx-CL（翁丁村委会原支书，2018年7月18日）：翁丁的旅游基本上只集中在翁丁大寨，翁丁新芽和下寨很少参与进来，我家在新芽，离大寨有5千米远，也没有享受到旅游带来的收入。事实上，未发展旅游时，翁丁大寨的居民比其他两个寨子的居民都贫困，但发展旅游后，每家的收入都增加了好几倍，比旁边的下寨和新芽居民都富裕了，下寨和新芽的居民也都愿意参与旅游，但没有条件。因此，我们很想加快翁丁大寨的旅游发展速度，进一步带动其他两个寨子一起发展。现在翁丁周围已经在建设勐卡水库和芒公瀑布两个景点，建成后将形成一个翁丁旅游圈。目前，我认为翁丁居民参与旅游的程度还不够，从面上看，参与旅游经营的居民数量少。翁丁村开了8家民宿旅馆、4家餐馆、5家小卖部。民宿旅馆设备简陋，他们的房间是在原有家庭的位置上扩展出去的。经营者民宿管理能力差，设计单调，没有表现出佤族文化的特色，很少有旅客愿意留宿。下一步，我们准备组织居民形成合作社，扩大居民的参与数量，让更多的居民平等享受到旅游带来的红利。

Wxx-M1（省级佤族文化传承人，摩巴，2018年7月16日）：涉及翁丁旅游的重大决定，完全由县政府和旅投公司决定，我们主要是服从他们的安排。我们县的领导换得太频繁，来一个领导有一个想法，换一个领导换一个计划，第一个领导的计划还没有完成，第二个领导的计划又开始了，计划太多，令翁丁的发展受到了很大的影响，我们村盖房子的问题就很典型。目前，全村村民正在为修建好的新房子发愁。原因是前任县领导决定投资给翁丁村民修建别墅洋房，已经选好地址，做好总体规划，并开工修建，占用了村民的集体土地，刚修建了几栋，就因领导换届，停工了。后来的县领导认为在翁丁村不适合盖别墅洋房。新领导又另外选址，为村民盖了现在的新村新房。可是，大多数村民都不愿意搬家，他们认为新村的风水不好，新房子也不能烧他们传统房子里有的火塘，而且，房价成本价高，他们没有钱来付额外的房款，以及装修房子，希望地方政府全部补贴。目前，全村只有20多家搬到新居。

Wxx-G（检票员，2018年7月15日）：全寨子共有25名村民在翁丁景区工作，有售票员2人、讲解员4人、保安2人、打扫厕所1人等等。我非常喜欢这份工作，我们5：30下班，我的工资是每个月700元，工资不够生活，还是要干农活才行。在卖票的过程中，我感到游客对我们佤族的民风民俗很感兴趣，我觉得很自豪，但是，如果游客能多在这里玩几天就好了。

Wxx-BA（村民，保安，2016年6月1日）：我们村全村都参与守寨门，105户轮流值班，每5天20人一轮，收入按工分计算，1天15工分，1工分3元钱，每家每天收入45元，一个月收入270元，偶尔也有拉木鼓活动（每次2000元），每人记5个工分，1工分3元，那么拉一次木鼓每人得15元钱。根据居民参与旅游活动的次数，村小组长记录工分，报给村委会的妇女主任，由她与旅投公司核对翁丁一个季度的门票数目和门票收入，一个季度结算一次。每年的五一和新米节，每家每天都必须出来参加活动，每人记15工分，共3天，45个工分，大概计算，村民的旅游收入每年每户平均只能达到2000元。

Wxx-J3（经营民宿，李家带头人，2016年6月3日）：我们村以家族为核心，每个家族有一个代表，每到过节活动，都由各家代表商议，组织大家一起过节。我是李家的代表，我们村共有杨家（寨主）、李家、肖家、田家和赵家 5 个姓氏。我家经营着民宿，平时住的人不多，但是到了摸你黑狂欢节时，都住不下。2016 年摸你黑狂欢节，我家接待了 6 人，来自北京、昆明、云县等地。有些游客甚至只能打地铺睡觉，以前也曾打地铺接待过 5 人。

Wxx – C4（一般村民，未婚，2016 年 6 月 3 日）：我经常出去外面打工，不喜欢住在村子里，觉得很难过，觉得不喜欢这里发展旅游，因为我没有享受到国家的福利。今年国家说过要补助修房子的房款是 2000 元，可是，我才收到 500 元。我家的房子漏雨，需要修补，我去山上砍树，还被林业部门的人抓着，要我交好几千的罚款，我也没有钱交。我觉得发展旅游不好，我们的田地被征用了，新房子也住不了，也不准自己砍树盖房子。我认为村委会不得力，我去反映情况，说了也不帮解决问题。

分析以上访谈内容，发现居民中存在两种发展旅游的观点：大多数居民认为旅游增加了大家的收入，希望进一步发展；少部分居民认为旅游阻碍了村子的发展，希望这里不是旅游保护区，能像其他村子一样自己盖洋房。居民都希望村委会能担负旅游管理的职责，不要仅仅执行旅投公司的行政决策，而是要依靠政府的力量，带领居民开放地参与旅游经营，联合翁丁大寨居民开发更多的农业旅游产品，联手翁丁新芽和下寨居民将旅游做大、做强，一起获取旅游经济利益，带领大家探索旅游致富的有效路径。

4.4.2 旅游就业可行能力特征

翁丁佤族社区居民的就业还是以农业为主、旅游为辅。本研究记录了 5 个旅游就业居民的每天作息时间表（见表 4.2）。现在存在的最大问题是留不住游客，因为景区的卫生条件较差，旅游的基础设施过于简陋，旅游项目开发太少，难以满足大众旅游的需求，大多数游客到翁丁的消费仅限于门票费用，没有拉动游客吃、住和玩的消费热情。目前，没有招商引资到餐饮企业和酒店企业入驻翁丁佤族旅游社区，当地居民的市场经济意识薄弱，对旅游促进就业的思考较少，还保持着原来靠田地吃饭的观念，没有主动去从事一些与旅游相关的服务业。村民急需有人引导他们去从事在家门口的旅游服务行业，让他们看到经济成效，才会去效仿，将旅游当成经济发展的机遇，真正脱贫致富。佤族社区社会发展制约着当地居民的经济收入可行能力，翁丁佤族旅游社区属于我国农村社会发展滞后地区，在这样的社会环境下，村民生

表4.2 翁丁村民旅游就业的5个典型案例作息时间表

守寨门的村民	佤王府老人	翁丁摄影客栈	小黑家（吃饭住宿）	小买部兼织锦
8：00 起床 8：30—12：00 10人回家吃饭，另10人值班 12：00—1：30 10人回来值班，另外10人回去吃饭 2：00—5：30 20人全上班 8：30—5：30 如果有客人来，必须站在寨门两旁，唱迎宾歌曲《加琳赛》 5：30 下班	8：00 起床 8：30—12：00 在佤王府值班，给游客讲解翁丁历史和故事 12：00—1：00 回去吃饭 1：00—5：30 在佤王府值班，给游客讲解翁丁历史和故事 5：30 下班	6：30 起床 7：00—8：00 打扫房间卫生 9：00—10：00 给客人做早点 9：30—12：00 根据客人需要，给他们吹芦笙、跳舞或喝茶，收取一定的费用 12：00—14：00 给旅客煮午饭 14：00—22：00 给游客泡茶，与他们聊天 22：30 睡觉	6：00 起床 6：30 煮早点 7：00 客人吃早点 7：30—11：30 洗客人的被套 12：00—16：00 给游客做午饭 16：30—20：00 给游客做晚饭 20：30—21：30 打扫厨房卫生 22：00—23：00 准备客人第二天的早餐 23：30 睡觉	6：00 起床 6：30—8：30 喂猪 10：00—12：00 开小卖部，摆茶叶地摊 12：00—13：00 吃饭 13：30—19：00 织锦，主要织佤族包包和披肩，与客人交流闲聊 19：30—21：00 煮饭，吃饭 21：30—23：30 卖小卖部的货 24：00 睡觉

注：笔者根据访谈资料整理。

活极其艰难，过着一种为生计奔波的生活，他们没有能力主导自己的生活，无法选择自己渴望过的那种生活。他们的经济收入较低，[①] 全年只有五一狂欢节、十一国庆节和过年3个节日的收入多一些。翁丁佤族社区具有中国典型农村的特征，村民的生活基本上自给自足，农业是他们的支柱产业，其他产业发展缓慢。主要的农产品有大米、茶叶、苞谷、菜籽、蔬菜等，畜牧业主要是养鸡、猪和牛，这些只够生活消费。随着季节的变化，也会有一些附带的自然珍品，如蜂蜜、鸡枞、野生蘑菇、蕨菜等可以增加一些经济收入。

---

① 2016年6月1日上午，笔者对现任村支书肖文军和原老支书杨振江的访谈整理材料。

2005年开始发展旅游后，居民增加了一些旅游收入，但只占他们全年收入的30%左右。

全村属于贫困村，有三分之二的村民依据国家政策可以享受低保。经济收入低导致他们处在贫困状态，基本可行能力减低，更不用说选择各种不同的生活方式。总之，居民所享有的将其经济资源运用于消费、生产或交换的机会较少，人们无法将自身所拥有的劳动力、土地、地方性知识转化为经济资源，将佤族传统文化转化成经济收入的能力偏低。翁丁旅游发展到现在，虽然有近10户居民从事旅游经营，可是都不算很成功，他们的经营不能真正解决村民的就业问题。访谈中，在问及翁丁旅游发展最缺什么时，多数农户认为最缺的是资金和旅游就业技能。2018年7月16日，笔者就村民的就业情况与Wxx-J6（经营民宿）展开了访谈对话：

问：您支持村里的旅游发展吗？

答：支持，发展旅游确实能增加我们的经济收入。

问：您认为旅游发展为村民创造了更多的就业机会吗？

答：是的，当然啦，我们家现在都开着旅舍的。

问：你们家住宿怎么收费？

答：一般80元一晚，如果住天数多的话，可以更少一点。

问：生意怎么样？

答：平时住的人不多，到过节时会多一些，奇怪啦，我们这里每天的游客都有100人左右，但是，就是留不住人家，这个也不能怪别人和怪政府，还是我们自己的问题。

问：你觉得留不住游客的原因是什么？

答：我们这里风景倒是好的，就是住的条件不好，还有吃的条件也不好，没有玩的项目，游客在寨子里逛一圈就走了。

问：您认为应该在村里多开发一些佤族的美食吗？

答：非常需要。

问：您认为阻碍翁丁旅游发展的因素有哪些？

答：我觉得最主要的问题是老百姓的意识没有跟上，他们不重视提高自己的旅游就业技能。思想上不去重视学习就业技能的事情，甚至学了也不会用，包括守寨门、拉木鼓等活动，都是为了应付村委会，没有真心去做，如果认真做，我想能慢慢好起来的。还是老百姓自己的问题，老百姓自己做不了，就怪其他人，现在搞旅游，大家都没有积极性了。而且，大家都只会跟风，没有创新的思路。记得前几年，我家媳妇在寨门前摆了一个小摊，卖些炸洋芋、火腿肠等小吃，生意特别好，可是就有4家人学着我家做，也在旁边摆了4个摊位，后来生意就不好了，所以我就叫我媳妇不要卖了，回家开了个旅馆。

问：如果今后孩子出去读大学回来，您愿意让他回来做旅游吗？

答：我倒是愿意呢，但是这里游客太少，生意做不起来，娃娃也没有事情做。所以，也不一定回来啦。

问：如果您继续做民宿的话，您愿意在老寨做，还是在新村做？

答：做民宿的话，应该老寨做少部分、新村做多部分，那边卫生条件更好，生意会更好。

据翁丁村委会的统计①，2017年翁丁佤族旅游社区居民的经济总收入是1518.77万元（见图4.15），其中种植业收入576.26万元，占总收入的37.94%；畜牧业收入166.18万元，占总收入的10.94%；林业收入110.26万元，占总收入的7.26%；第二、第三产业收入75.9万元，占总收入的5%；工资性收入299.38万元，占总收入的19.71%；其他收入（包括转移性、财产性收入等）290.79万元，占总收入的19.15%。② 农民人均纯收入9488元。从以上数据可看出，翁丁佤族旅游社区居民的旅游就业经济收入并不高，第二、第三产业的收入只有75.9万元。发展旅游后，翁丁佤族社区居民的人均纯收入逐年上升（见图4.16），2013年4725元，2014年5725元，2015年6600元，2016年8688元，2017年9488元。从以上数据可看出，旅游的确带动了当地的经济发展，可是，其发展速度较慢，未能真正解决居民的旅游就业问题。

---

① 笔者根据2018年7月翁丁村委会提供的资料整理。
② 笔者根据翁丁村委会妇女主任肖主任提供的统计数据整理。

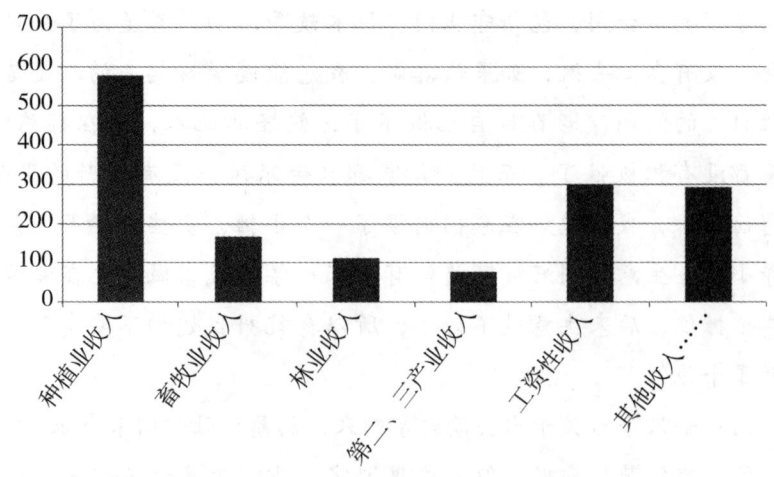

图 4.15　2017 年翁丁佤族社区居民经济总收入统计（万元）

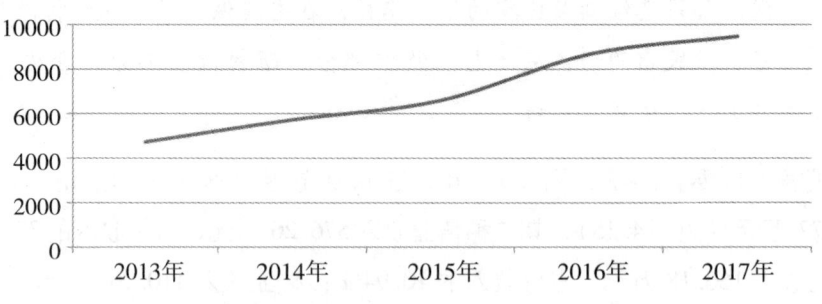

图 4.16　2013—2017 年翁丁佤族社区居民人均纯收入（元）

4.4.3　旅游产品开发可行能力特征

目前，翁丁佤族社区的旅游产品主要是陈列式旅游产品和观光旅游产品，表演式旅游产品、参与式旅游产品、度假旅游产品和专项旅游产品较少。这正好反映出当地居民开发旅游产品的可行能力偏低的现状。翁丁佤族社区是全世界保存完整的佤族传统文化自然博物馆，具有较高的人类发展研究价值，因此，也具有强大的异质文化吸引力，可是，作为旅游景区，这里缺少让游客感兴趣、愿意购买的旅游产品。目前，这里能提供的旅游产品仅有村落的民居参观、古村落的人文景观、自然风景、村民的日常生活、野生蜂蜜、茶叶、跷跷板和佤族服装等，游客能参与体验的旅游活动较少。在翁丁佤族社区景区注重保护的前提下，佤族文化仍然处于一种封闭状态，强调自身的独特性和原始性,没有与游客带来的外来文化形成良性的交流互动,能提供的旅游产品的确完全是原汁原味的。可是,有些相对朴实的旅游产品,没有经过文化包装,居民认为原始的生活呈现就代表了原生态的旅游资源,但呈现给游客时,显得原始落后,不具有文化美感,没有引起游客的购买欲望。而且,因为村民家中人畜同住,卫生条件较差,加之旅游项目过于单调,无法留住游客在翁丁消费。因此,要发展翁丁的旅游,开发独特的旅游产品是首要任务。当地居民是这样思考开发旅游产品问题的:

Wxx-DG(外出打工者,2018年7月17日):我觉得开发旅游产品很重要,但是翁丁能卖的旅游产品较少,只有一些茶叶,主要是野生茶叶,可是野生茶叶都生长在很远的保护区内,听说还有一些大型野生动物在保护区,去采茶很危险。因此,我想可以请人来翁丁,对这里的所有茶树进行嫁接,将现有的茶树品种进行改良,提高茶叶的质量和数量,这样也能提高游客的购买欲望。对于现有的旅游产品,我认为已经逐步完善,如传统舞蹈,但是,还需进一步加以开发,体现村寨的特色,我认为以前那些老人做得更好,现在一些项目已经失传了,过节的旅游项目我认为还达不到游客的需求。而且,有些旅游产品需要经过包装再卖给游客,就像我们人一样,不经过包装也是不行的,有些农产品经过你的包装,价格就不一样了。就像我们在外面吃饭一样,快餐店和高档餐厅吃的是一样的饭菜,但是,高档酒店的门面经过装修,经过包装,让人觉得很高档,就让人愿意去消费,而快餐店的自助餐就10元,一样的饭菜,在高档餐厅就要翻10倍。如果家乡有条件让我在家里搞旅游创业,我愿意回来,因为出去打工,我还会挂念老婆和孩子,能在家里就业,就更好了,可是,目前,就是翁丁还没有这种旅游发展条件。

Wxx-J7(原生态舞者,2018年7月19日):我在2018年2月开始成立原生态舞蹈表演团,由原来的翁丁文艺队转为部落原生态歌舞团,我非常希望有一个舞台能实现自己的梦想,我的梦想就是拥有自己的一支原生态歌舞团队。我这个人离不开歌舞,我的梦想也是歌舞,我想追求翁丁旅游发展歌声梦美。有一天,我看到我的舞蹈被游客发到微信上,我感到非常高兴,游客会带走你的歌声,你会把游客的微笑留下来。7月10号那天,组长来跟我讲他支持我搞原生态舞蹈,问我需要些什么,我告诉他我非常想参加音乐方面的培训，我需要教育和资金的大力帮助，我要买个木鼓、贡品、佤族乐器。旅游发展需要政府和居民双方配合，我想，游客从台湾、香港、澳门等各地来到我们这里，很不容易，人家大老远来这里，只能看看榕树和茅草房，那就太对不起人家了。就像一片森林里没有一声鸟叫，我心里头难受。一个旅游景区没有一个歌声，不跳一个舞蹈，我觉得自己心痒。所以，我想搞出来，因为它值得游客过来看，有人笑，有人唱，所以我就单独搞这种原生态舞蹈。希望政府和我们老百姓一起努力，大力宣传佤文化，坚持自己的生活和个性。一棵竹子不成蓬，两棵竹子才能成林，你给我高兴，我给你开心。同时，我觉得你（开发商）来开发不能让我们本地人不高兴，你（开发商）需要服从本地人的说法。我是原生态舞蹈创始人，我的主持词是：尊敬的各位远方游客，大家早上好，欢迎你们来到原始部落，部落是一个历史悠久的文化村寨，我是翁丁村民肖尼不勒，下面请大家同我一起去领略佤族原生态舞蹈，我们佤族是一个能歌善舞的民族，会说话就会唱歌，会走路就会跳舞，接下来请欣赏《阿佤人民唱新歌》。我平时经常边唱边想，喜欢创作。我们唱歌跳舞的人，必须什么舞蹈都要学，我们表演的节目中，有70%是佤族舞，30%是其他舞蹈，我们根据游客的需求来选择不同的舞蹈表演。为了保留本村原汁原味的舞蹈，由本村的学生和我一起创作，政府和村领导都支持我的事业。我想发展的是别人没有，但我们这里有的原生态舞蹈，比如大脚舞、抅叶子舞。靠我自己能力，我通过网络搜索我需要的歌曲资料。

佤族具有悠久的传统文化，当地社区具有丰富的文化旅游资源，居民如果重视这些资源的开发，运用自身是文化持有者的特殊身份，凭借对传统文化的理解力，多思考将地方性知识转化为旅游收入的途径，将能创新开发出更多类型的旅游产品，满足游客的不同需求。笔者找游客做了75份问卷，90%的游客都觉得翁丁的旅游产品较少。

4.4.4 旅游技能提升可行能力特征

因受教育水平限制，翁丁佤族社区居民的旅游技能提升可行能力严重缺乏。从历史发展的进程看，翁丁佤族社区比其他少数民族社区少了奴隶社会和封建社会发展阶段。在这样的社会环境影响下，当地居民受社会环境的制约，整体素质偏低，由于受地理环境的制约，交通不便，这些佤族村寨远离城市，与主流社会交流较少,尤其缺少优质教育资源,他们的受教育水平较低。据调查数据显示,翁丁村的村民受教育程度多数为小学文化,受教育程度较低(见图4.17)。村长是初中毕业,村支书也是初中毕业,全村只有一个大学生在村委会工作,有些村民甚至不会算账,不会讲汉语。所调查的翁丁佤族社区居民中,文盲有236人,小学文化有503人,也就是说超过一半的居民没有机会享受国家九年义务教育,连最低限度的教育都没有参加,他们不会看书和写字,学校教育对他们的个体发展和社会发展就起不了促进和影响作用,他们的成才完全依靠村寨里的社区火塘教育和家庭教育,他们的认知只能凭借经验的积累,这样必然影响到他们的个人成长和社会的发展进程。平时,忙于生计,他们几乎没有机会参加继续教育学习。发展旅游后,村民很少有机会参加与旅游相关的培训,即使部分村民参加,也改变不了他们的思想观念。

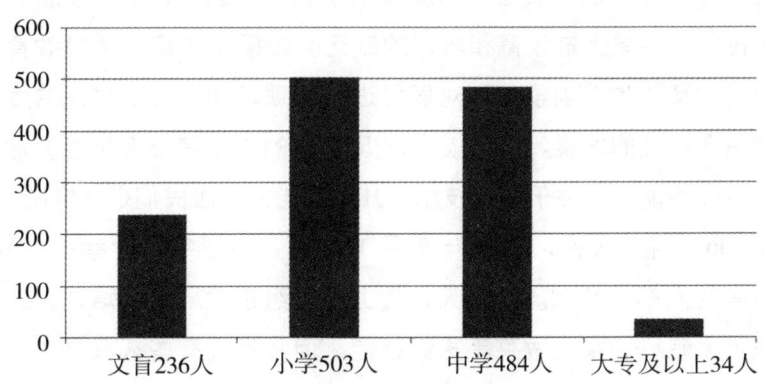

图4.17 翁丁佤族社区居民文化程度

从图4.17看,翁丁大寨村民共有1257人,其中文盲有236人,占总人数的18.77%;小学文化有503人,包括读到小学一年级到六年级的所有村民,占总人数的40.01%;中学文化有484人,包括初中生和高中生,占总人数的38.50%;大专及以上文化有34人,只占总人数的2.7%。开始发展旅游后,随着游客的进入,村民才开始与游客交流,与外界的交流才得以慢慢发展,随着经济水平的提高,大部分村民开始购买电视和手机,才打通了他们与世界的联系通道。村里有一所小学，但小学老师①与村民很少互动，小学的教育资源无法惠及村民，沧源县城有一所职高，②有一些专门针对沧源国际旅游度假区的研究项目，但从没有对翁丁村的旅游发展提供过培训支持，总之，小学、职高和翁丁佤族旅游社区三者没有形成共同发展的合作平台。村里组织的教育和培训多数是为旅游服务的演出培训，无法提高村民的人力资本存量。村委会领导有机会参加一些省级培训项目，但在管理中，没办法将学习经验惠及村民。目前，村子的扫盲工作才刚刚完成任务。听说，因为开发旅游需要征地，政府就补偿给这部分村民补偿款，部分村民领到征地补偿款后，不会合理利用这笔钱，而是拿去赌博，花完以后变得更贫困，于是每天去村委会提意见。如果当时能给村民提供有益的旅游技能提升培训，估计就不会出现这些难解决的后续问题了。事实上，翁丁佤族社区居民缺乏接受教育和培训的宝贵机会，导致他们缺乏参与旅游的积极性。因此，让佤族旅游社区居民陷入贫困的主要原因是教育和培训的缺乏。如果能构建"学校教育+社区教育+家庭教育"的培训模式，对居民进行定期培训，翁丁村民的旅游可行能力将会有飞跃性的发展。在访谈中，近95%的访谈者都希望能参加各种培训，提高自己的能力。关于旅游技能提升可行能力，居民们是这样说的：

Wxx-J6（经营民宿，2018年7月16日）：村里每年会举办一些培训，但不是所有的人都能参加。前几天，县上已经组织过厨师的培训，还有培训补助，教大家怎样切菜、做菜等烹饪技能。但我发现有些人只是去应付，参与的目的是获得当天的培训补助（每天30元），培训完了，从来不会回家实践，白白地去培训了。

Wxx-ZC（寨主的儿子，民宿经营者，2018年7月19日）：昆明的欧阳老师帮我们去参加过西双版纳的一次培训，培训过程中，学到了一些别人做得好的经验，还去参观了那里村民的农家乐。觉得这些培训收获很多，但是，回来后不用，又忘记了。

Wxx-CL（现任支书，2018年7月20日）：我曾经去省外培训学习过，发现有个村子的民宿经营模式特别好，就是在一个村子里，每户人家都腾出

---

① 2016年6月2日晚8点，笔者对翁丁小学教师杨老师的访谈整理材料。
② 2015年5月1日上午10点，笔者对沧源县职业高中教师杨老师的访谈整理材料。

一间房间作为民宿经营,全村轮流入住,实实在在地增加了农民的经济收入。回来以后,我一直想在我们住的新村推广这种经营,可是村民的思想还转不过弯来,还需要慢慢做他们的工作。我还想尝试推广稻田养鱼、桑葚树下养鸡等,但这需要组织农民一起做,目前,也正在推进,觉得老百姓的积极性不高。

Wxx-DG(外出打工者,2018年7月17日):父母其实是小娃娃最好的老师。换句话说,父母是孩子的影子。我们的文化不高,能给儿女的教育也有限,更多的是祖辈传承下来的传统文化,如舞蹈、佤语等。现在我的两个娃娃都在上高中,他们学的东西我根本就不懂,也不可能指导他们,只希望他们管好自己,努力学习。

Wxx-J4(村民,2018年7月19日):20世纪80年代,我参加过夜校,现在没有了。平时忙于干农活,没有时间学习,也不会看书写字。目前,佤族社区面临的最重要的事情就是扶贫,扶贫的重点就是要多参加培训,可是,我们这里培训机会很少。

佤族旅游社区还需要投入资金对居民进行异质人力资源开发,加强居民的教育培训力度,开展对居民的成人继续教育培训和旅游职业技能培训,通过这些培训,进一步提升居民参与旅游的能力、旅游就业的能力和旅游产品开发的能力,促进他们不断地发展自我、实现自我的价值,过上自我主导的生活。

4.4.5 旅游融资可行能力特征

在旅游发展的过程中,佤族旅游社区居民的旅游融资可行能力偏低,当地的旅游发展最缺的就是资金的支持。在迈向小康社会的进程中,佤族社区成了扶贫攻坚战的最大短板,这些地区的居民需要国家和政府的大量资金支持才能完成跨向小康社会的飞跃。近年来,各级政府对佤族旅游社区的资金支持力度逐步加大,已投入大量资金加强这些地区的基础设施建设,修建佤族村寨的公共活动场所和公路等硬件工程,实现了通水、通电和通公路,使它们具备了发展旅游的基础条件,但是,要想吸引更多游客到来,这些地区还需进一步升级旅游设施,努力建设成为能满足高、中、低各类型游客需求的重要旅游目的地。据所有被调查的佤族村民反映,目前,他们都非常支持旅游业的发展,也想更大程度地加入旅游经营活动,可是,面临的最大困难

就是资金的缺乏。2018年7月20日,笔者就居民的旅游融资情况与Wxx – M2(摩巴)展开了访谈:

问:您家有没有获得过国家发展旅游的财政拨款?

答:没有。

问:那您现在有没有贷款?

答:有一点,快还完了。

问:您知道村里的人都愿意贷款吗?

答:如果需要用钱,他们都会向邻居借款,而不愿意贷款,认为自己有多大的力就办多大的事,担心贷款后还不上,给自己增加更多的生活压力。

问:您知道村里有没有低息贷款的项目?

答:不知道,我们很少会贷款。

问:您知道部分村民为什么不搬到新村住吗?

答:主要原因还是缺钱,没有装修的费用。

问:您认为翁丁发展旅游,主要应依靠政府还是自己?

答:两样都要靠。政府出钱,我们自己出力。发展旅游还是要靠我们自己培养的人才。

问:为什么?

答:我们只有力,没有资金,有些东西,你想得到,可是行动跟不上,主要就是资金跟不上。

问:您家有一点存款吗?

答:哈哈,为了生活需要,要有一点的嘛。

问:在政府的指导下,您认为翁丁村应该如何发展旅游?

答:还是要筹资,发展乡村旅游,让游客有更多的产品消费。

4.4.6 旅游社交可行能力特征

由于翁丁佤族居民具有热情奔放、乐观上进和团结友善的文化特点,量化评价结果显示他们的旅游社交可行能力评价值偏高。翁丁佤族旅游社区居民的社交是通过各种宗教仪式连接在一起的,这些仪式呈现了翁丁居民人际关系网络的建构和再生产。在仪式的实践过程中,大家都参与、帮忙、宴请和分割祭品，人们都遵循礼物交换的互惠原则。村民家中的所有大小事情，包括盖新房、结婚、生病、叫魂等仪式，亲戚和邻居都会主动来帮忙，由此，巩固了家庭的社会网络结构。每个家庭都必须密切依赖纵向的族亲和横向的姻亲关系网络，这些族亲和姻亲都有互助的义务，而且，还有很多外围亲属层和邻居也会积极参与这些仪式，从而，形成了村民之间的劳务互惠关系。每当有人家里叫魂，亲戚和邻居也会积极地参与帮忙，到举行送魂仪式时，每家可以分到一些肉。在这种互惠的社会体系下，居民们交换的不止是劳务和物品，而是一种有意义的精神价值，这种交换反映了赠与者与收受者之间长期的互动关系。在翁丁居民的观念中，灵魂是人生存的根本，人身上的灵魂回归到身体里，人才能安生。因此，送魂暗示着人们的社会关系是相互依存和紧密联系的。居民的社交形式很简单，却有很强的归属感。社区发展旅游后，翁丁居民成为热情的东道主，每当游客来访，他们都非常好客，主动地与游客交流，认真回答游客的各种问题，为游客提供各种帮助。尽管他们生活贫困，但遇到游客到家里玩，他们都会无偿地请游客品尝佤族美食，让游客体会到宾至如归的感觉，期望着游客将来还能再来游玩。关于居民的社交情况，笔者于 2018 年 7 月 18 日与 Wxx – CL（展开了交谈）：

问：您相信政府吗？觉得政府能为您提供旅游方面的帮助吗？

答：相信的，现在政府的政策都很好。

问：您相信村领导吗？他们都能处理好村里的事情吗？

答：是的，村民有什么纠纷都去找他们。

问：您相信邻居吗？喜欢串门子吗？

答：相信呢，我们平时都互相帮忙，哪家有事，大家都会自动地去帮忙。

问：您会严格遵守翁丁村的村规民约吗？

答：当然啦，这是我们必须遵守的。

问：旅游能让您和邻居之间的关系更亲密吗？

答：是的。

问：您会和游客用普通话说话吗？

答：会的，经常会遇到游客问路，我就用普通话告诉他。

问：您觉得旅游能促使居民学习外来文化，实现文化的交流吗？
答：当然啦，我们可以互相学习。

4.5　翁丁佤族社区居民旅游可行能力评价

4.5.1　翁丁大寨居民旅游可行能力评价

4.5.1.1　因子分析法

因子分析法是一种重要的多元统计方法，它在尽可能不损失信息或者少损失信息的情况下，将多个变量减少为少数几个潜在的因子，这几个因子可以高度地概括大量数据中的信息。这样，既减少了变量个数，又同样地再现变量之间的内在关系。通常，针对变量做的因子分析称为 R 型因子分析模型，另一种对样品做因子分析，称为 Q 型因子分析，本研究运用 SPSS 17.0 做因子分析，选用 R 型因子分析。其分析数学模型为：

$$\begin{pmatrix} x_1 \\ x_2 \\ \vdots \\ x_p \end{pmatrix} = \begin{pmatrix} a_{11} & a_{12} & \cdots & a_{1m} \\ a_{21} & a_{22} & \cdots & a_{2m} \\ \vdots & \vdots & \cdots & \vdots \\ a_{p1} & a_{p2} & \cdots & a_{pm} \end{pmatrix} \cdot \begin{pmatrix} F_1 \\ F_2 \\ \vdots \\ F_M \end{pmatrix} + \begin{pmatrix} e_1 \\ e_2 \\ \vdots \\ e_p \end{pmatrix} \quad (4-1)$$

或者表示为：

$$X_{P \times 1} = A_{P \times m} \cdot F_{m \times 1} + e_{p \times 1} \quad (4-2)$$

因子分析的基本思想是通过对变量的相关系数矩阵内部结构的分析，从中找出少数几个能控制原始变量的随机变量 F_i（$i=1,2,\ldots,m$），选取公共因子的原则是使其尽可能多包含原始变量中的信息，建立模型 $X = A \cdot F + e$，忽略 e，以 F 代替 X（$m \leq p$），用它再现原始变量 X 的众多分量 x_i（$i=1,2,\cdots,p$）之间的关系，达到简化变量降低维数的目的。[①]

4.5.1.2　模糊综合评价描述

模糊综合评价法是一种基于模糊数学的综合评标方法。该综合评价法根据模糊数学的隶属度理论把定性评价转化为定量评价，即用模糊数学对受到

[①] 熊龙. 云南典型少数民族节庆旅游游客满意度评价 [D]. 昆明：西南林业大学，2015.

多种因素制约的事物或对象作出一个总体的评价。它具有结果清晰、系统性强的特点，能较好地解决模糊的、难以量化的问题，适合各种非确定性问题的解决。本研究以市场调查游客满意度指标数据为依托，采用模糊综合评价方法对游客的满意度进行评价。

根据分层建立游客满意度评价指标体系原则，可设第一层次因素集 $U = \{U_1, U_2, \cdots, U_n\}$，第二层次的若干个因素对第一层次因素集中的每一个因素又有重要的决定作用，在此基础上，可建立第二层次的因素集 $U_1 = \{U_{i1}, U_{i2}, \cdots, U_{im}\}$，$i = 1, 2, \cdots, n$。按照 U_1 建立的法则确定其他系统评价因素集，根据第一步确定的因素集的层次，建立第一层次因素集 U 的权重集 $A = \{A_1, A_2, \cdots, A_n\}$，且 $\sum_{i=1}^{n} A_1 = 1$，第二层次各因素子集 U_1 的权重集 $A_i = \{A_{i1}, A_{i2}, \cdots, A_{im}\}$，且 $\sum_{j=1}^{m} A_{ij} = 1$，$i = 1, 2, \cdots, n$。依次类推确定系统评价的权重集，建立评价集 V 和测量标度向量 H。一级模糊综合评价是对第一层因素集 U_i 中的各个因子进行评价。设因素集 U_i 中的因子 U_{ij} 对评价集 V 的隶属度为 r_{ijk}，由此建立的单因素模糊评价矩阵为：

$$R_i = \begin{bmatrix} r_{i11} & r_{i12} & \cdots & r_{i1p} \\ r_{i21} & r_{i22} & \cdots & r_{i2p} \\ \vdots & \vdots & \cdots & \vdots \\ r_{im1} & r_{im2} & \cdots & r_{imp} \end{bmatrix}$$

$$i = 1, 2, \cdots, n, j = 1, 2, \cdots, m, K = 1, 2, \cdots, p \quad (4-3)$$

根据 U_i 中各个因素的权重向量和 U_i 的单因素评判矩阵，建立一级模糊综合评价模型为：$B_i = A_i \cdot R_i$。在一级模糊综合评价的基础上，建立二级模糊综合评价，将每一个因素作为一个元素，作为它的单因素评价结果，又可以得到综合模糊评判矩阵为：

$$R = \begin{pmatrix} B_1 \\ B_2 \\ \vdots \\ B_n \end{pmatrix} n = 1, 2, \cdots, n \quad (4-4)$$

由上，得到二级模糊综合评价模型为：$B = A \cdot R$，从而可以计算顾客综合满意度：

$$S = B \cdot H^T \qquad (4-5)①$$

4.5.1.3 翁丁大寨居民旅游可行能力模糊综合评价

a. 一级模糊综合评价

通过对一二级模糊综合评价模型的论述，本研究建立可设第一层次因素集 $U = \{U_1, U_2, \cdots, U_n\}$，$U_1$——旅游参与可行能力，$U_2$——旅游就业可行能力，$U_3$——旅游产品开发可行能力，$U_4$——旅游技能提升可行能力，$U_5$——旅游融资可行能力，$U_6$——旅游社交可行能力，同时建立评价集 $V = (5, 4, 3, 2, 1)$，1——完全不同意，2——不同意，3——不确定，4——同意，5——完全同意。一级模糊综合评价是按第二层次诸因素进行的，评判对象是第二层次中的因素 U_{ij}，设该因素的评价值隶属度为 R_{ijk}，其中 $k = 5, 4, 3, 2, 1$。由此找出各因素隶属各等级的隶属度，并在此基础上构建评价矩阵，使用居民参与旅游的情况项目层为例，得到综合模糊评判举证：

$$R_1 = \begin{bmatrix} 0.254 & 0.136 & 0.136 & 0.068 & 0.407 \\ 0.525 & 0.254 & 0.051 & 0.051 & 0.119 \\ 0.695 & 0.102 & 0.017 & 0.034 & 0.593 \\ 0.254 & 0.102 & 0.017 & 0.034 & 0.593 \end{bmatrix}$$

$$B_i = A_i \cdot R_i = (0.153 \quad 0.180 \quad 0.170 \quad 0.135) \cdot \begin{bmatrix} 0.254 & 0.136 & 0.136 & 0.068 & 0.407 \\ 0.525 & 0.254 & 0.051 & 0.051 & 0.119 \\ 0.695 & 0.102 & 0.017 & 0.034 & 0.593 \\ 0.254 & 0.102 & 0.017 & 0.034 & 0.593 \end{bmatrix}$$

对所得计算结果进行归一化处理后，得到的模糊综合评判结果为：

$B_1 = (0.286 \quad 0.098 \quad 0.055 \quad 0.033 \quad 0.167)$

从中可以得到个项目层的权重，以及不同评价维度层因子的权重系数表，按计算旅游参与能力的方法可得到旅游参与可行能力、旅游就业可行能力、旅游产品开发可行能力、旅游技能提升可行能力、旅游融资可行能力和旅游社交可行能力在评价集中各级评语的隶属情况。各评价结果如表4.3所示：

---

① 熊龙. 云南典型少数民族节庆旅游游客满意度评价 [D]. 昆明：西南林业大学，2015.

表4.3 翁丁大寨各评价层权重及隶属度表

名 称	各维度评价结果				
B_1	0.286	0.098	0.055	0.033	0.167
B_2	0.474	0.079	0.007	0.026	0.072
B_3	0.409	0.061	0.026	0.089	0.098
B_4	0.490	0.054	0.013	0.026	0.150
B_5	0.318	0.097	0.010	0.007	0.132
B_6	0.698	0.088	0.036	0.041	0.137

b. 二级模糊综合评判

由一级模糊综合评判的结果得到二级模糊评判矩阵，又由 $S = B \cdot H^T$ 得：

$$S_1 = B_1 \cdot H^T = (0.286 \quad 0.098 \quad 0.055 \quad 0.033 \quad 0.167) \cdot \begin{bmatrix} 5 \\ 4 \\ 3 \\ 2 \\ 1 \end{bmatrix}$$

$= 2.219$

其中 S_1 为旅游参与可行能力，B_1 为 U_1 一级综合评判 B_1 的值，H^T 为该因素的评价值隶属度。

按照上述满意度水平测量标度向量的划分，分别通过模糊综合评价法评价各个测量项目层的翁丁佤族社区旅游发展的影响因素，通过计算得到各个项目层模糊综合评价结果为：旅游参与可行能力 = 2.219，旅游就业可行能力 = 2.833，旅游产品开发可行能力 = 2.642，旅游技能提升可行能力 = 2.905，旅游融资可行能力 = 2.154，旅游社交可行能力 = 4.168，如图4.18所示：

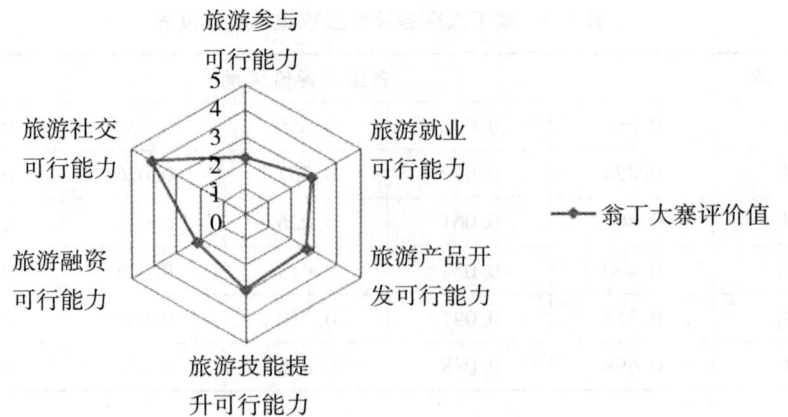

图 4.18 翁丁大寨居民旅游可行能力评价值

从图 4.18 看,翁丁大寨居民的六大旅游可行能力中,旅游参与可行能力、旅游就业可行能力、旅游产品开发可行能力、旅游技能提升可行能力、旅游融资可行能力的评价值都在 3 以下,说明居民的这些旅游可行能力偏低。尤其是旅游融资可行能力 = 2.154,旅游参与可行能力 = 2.219,说明居民的这两项旅游可行能力最弱。但是,旅游社交可行能力 = 4.168,说明居民的旅游社交可行能力最强。

4.5.1.4 翁丁大寨居民幸福感测量

本研究运用心理学中的幸福感量尺来衡量翁丁佤族旅游社区居民的幸福感。该量表由 Andrews 和 Withey 于 1976 年编制,是一种单项目评定的非文字型主观幸福感量表,询问被试对生活的总体感受,让被试在 7 幅人脸中选择,每幅人脸的表情不一,从非常高兴到非常难过,采用反向计分,分别计 1~7 分,分数越高,幸福感越强。翁丁大寨居民幸福感统计结果见表 4.4。

	1	2	3	4	5	6	7
分值	7	6	5	4	3	2	1

表4.4 翁丁大寨旅游社区居民幸福感统计表

分 值	人 数	百分比
7	13	22.03%
6	9	15.25%
5	9	15.25%
4	12	20.34%
3	10	16.95%
2	1	1.69%
1	5	8.47%

注：笔者根据翁丁大寨旅游社区居民幸福感的统计结果整理。

从表4.4可看出，在被调查的59人中，有72.88%的居民在4分以上，平均分为4.69分，说明大寨旅游社区居民的生活有一定的幸福感。

4.5.2 翁丁新芽和下寨居民旅游可行能力评价

4.5.2.1 翁丁新芽和下寨居民旅游可行能力模糊评价

a. 一级模糊综合评价

通过对一二级模糊综合评价模型论述，本研究建立可设第一层次因素集 $U = \{U_1, U_2, \cdots, U_n\}$，$U_1$——旅游参与可行能力，$U_2$——旅游就业可行能力，$U_3$——旅游产品开发可行能力，$U_4$——旅游技能提升可行能力，$U_5$——旅游融资可行能力，$U_6$——旅游社交可行能力。同时建立评价集 $V = (5, 4, 3, 2, 1)$，1——完全不同意，2——不同意，3——不确定，4——同意，5——完全同意。一级模糊综合评价是按第二层次诸因素进行的，评判对象是第二层次中的因素 U_{ij}，设该因素的评价值隶属度为 R_{ijk}，其中 $k = 5, 4, 3, 2, 1$。由此找出各因素隶属各等级的隶属度，并在此基础上构建评价矩阵，使用居民对旅游参与评价项目层为例，得到综合模糊评判举证：

$$R_1 = \begin{bmatrix} 0.269 & 0.090 & 0.149 & 0.030 & 0.463 \\ 0.388 & 0.060 & 0.090 & 0.030 & 0.433 \\ 0.328 & 0.015 & 0.030 & 0 & 0.627 \\ 0.746 & 0.104 & 0.060 & 0 & 0.090 \\ 0.075 & 0 & 0 & 0.015 & 0.910 \end{bmatrix}$$

$$B_i = A_i \cdot R_i = (0.153 \quad 0.180 \quad 0.135 \quad 0.149 \quad 0.212) \cdot \begin{bmatrix} 0.269 & 0.090 & 0.149 & 0.030 & 0.463 \\ 0.388 & 0.060 & 0.090 & 0.030 & 0.433 \\ 0.328 & 0.015 & 0.030 & 0 & 0.627 \\ 0.746 & 0.104 & 0.060 & 0 & 0.090 \\ 0.075 & 0 & 0 & 0.015 & 0.910 \end{bmatrix}$$

对所得计算结果进行归一化处理后,得到的模糊综合评判结果为:

$$B_1 = (0.282 \quad 0.042 \quad 0.052 \quad 0.013 \quad 0.440)$$

从分析中可以得到各项目层的权重,以及不同评价维度层因子的权重系数表,按计算旅游参与能力的方法可得到旅游参与可行能力、旅游就业可行能力、旅游产品开发可行能力、旅游技能提升可行能力、旅游融资可行能力和旅游社交可行能力在评价集中各级评语的隶属情况。如表 4.5 所示:

表 4.5 翁丁新芽和下寨居民各评价层权重及隶属度表

名称	各维度评价结果				
B_1	0.282	0.042	0.052	0.013	0.44
B_2	0.179	0.043	0.025	0.016	0.487
B_3	0.286	0.035	0.061	0.02	0.424
B_4	0.396	0.06	0.012	0.01	0.253
B_5	0.431	0.025	0.069	0.02	0.455
B_6	0.662	0.059	0.029	0.024	0.234

b. 二级模糊综合评判

由一级模糊综合评判的结果得到二级模糊评判矩阵,又由 $S = B \cdot H^T$ 得:

$$S_1 = B_1 \cdot H^T = (0.282 \quad 0.042 \quad 0.052 \quad 0.013 \quad 0.440) \cdot \begin{bmatrix} 5 \\ 4 \\ 3 \\ 2 \\ 1 \end{bmatrix}$$

$= 2.202$

其中 S_1 为旅游参与可行能力, B_1 为 U_1 一级综合评判 B_1 的值, H^T 为该因素的评价值隶属度。

按照上述满意度水平测量标度向量的划分，分别通过模糊综合评价法评价各个测量项目层的翁丁新芽、下寨发展的影响因素，通过计算得到各个项目层模糊综合评价结果为：旅游参与可行能力＝2.202，旅游就业可行能力＝1.66，旅游产品开发可行能力＝2.214，旅游技能提升可行能力＝2.534，旅游融资可行能力＝2.954，旅游社交可行能力＝3.906，如图4.19所示：

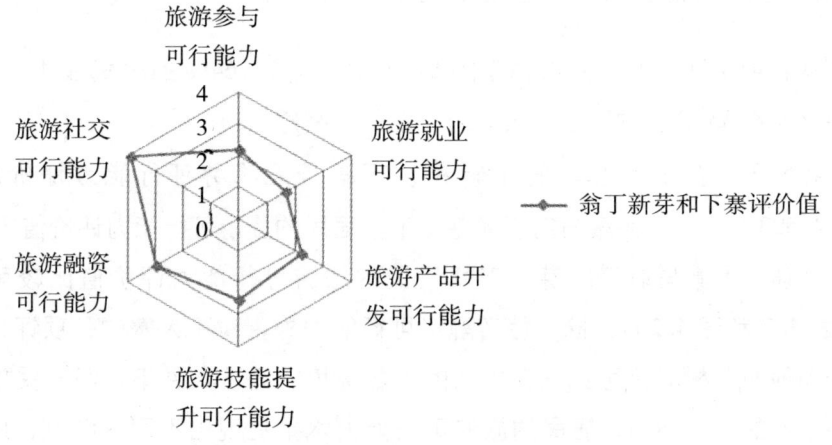

图4.19　翁丁新芽和下寨居民旅游可行能力评价值

从图4.19看出，翁丁新芽和下寨居民的六大旅游可行能力中，旅游就业可行能力、旅游参与可行能力、旅游产品开发可行能力、旅游技能提升可行能力和旅游融资可行能力较弱。但是，居民的旅游社交可行能力较强。

4.5.2.2　翁丁新芽和下寨社区居民幸福感测量

本研究运用心理学中的幸福感量尺来衡量翁丁佤族旅游社区居民的幸福感，统计结果见表4.6。

表4.6　翁丁新芽和下寨居民幸福感统计表

分　值	人　数	百分比
7	4	5.97%
6	14	25.37%
5	17	25.37%

续 表

分 值	人 数	百分比
4	13	19.40%
3	10	14.93%
2	4	5.97%
1	5	7.46%

注：笔者根据翁丁新芽和下寨社区居民幸福感测量结果整理。

从表 4.6 可看出，在被调查的 67 人中，有 71.64% 的居民在 4 分以上，平均分为 4.35 分。说明当地居民有一定的幸福感。

4.5.3 翁丁大寨与翁丁新芽、下寨居民旅游可行能力评价比较

4.5.3.1 翁丁大寨与翁丁新芽、下寨居民的旅游可行能力评价值比较

从翁丁大寨与翁丁新芽、下寨居民的旅游可行能力评价值比较可看出（见表 4.7 和图 4.20），除了旅游融资可行能力外，翁丁大寨的各项评价值都高于其他两个村寨。可见，在相同的外部环境、经济条件下，同一民族由于发展旅游的程度不同，居民的旅游可行能力水平呈现出不同的特点，旅游发展的程度与居民的旅游可行能力成正向关系。翁丁大寨居民的旅游可行能力高于翁丁新芽、下寨居民的旅游可行能力。

表 4.7 居民旅游可行能力评价值比较表

类 别	大 寨	新芽和下寨
旅游参与可行能力	2.219	2.202
旅游就业可行能力	2.833	1.66
旅游产品开发可行能力	2.642	2.214
旅游技能提升可行能力	2.905	2.534
旅游融资可行能力	2.154	2.954
旅游社交可行能力	4.168	3.906

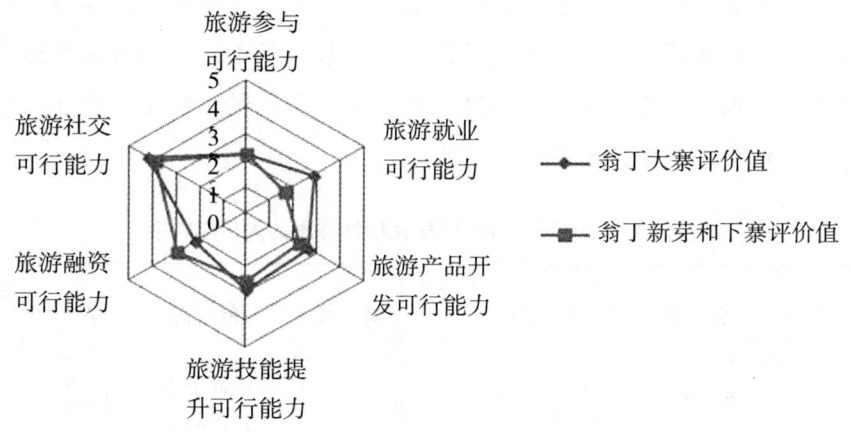

图 4.20　翁丁大寨与新芽、下寨居民旅游可行能力评价值比较图

4.5.3.2　翁丁大寨与下寨、新芽居民幸福感比较

本研究运用心理学中的幸福感量尺来衡量翁丁佤族旅游社区居民的幸福感，并分别对翁丁大寨和翁丁下寨、新芽居民的幸福感进行测量，测量数值显示翁丁大寨居民的幸福感更强，59 人的平均数值是 4.69 分，介于 4～5 分之间，偏于有一定幸福感。翁丁下寨和新芽居民的幸福感比大寨的更弱，67 人的平均数值为 4.35 分，也是介于于 4～5 分之间，偏于不太有幸福感，二者相差 0.34 分。翁丁大寨选 7 分的居民有 13 人，占总数的 22.03%，而翁丁新芽和下寨选 7 分的只有 4 人，占总数的 5.97%，说明翁丁大寨居民的幸福感比翁丁下寨和新芽的居民更强，旅游的发展能增强居民的幸福感。

4.5.4　翁丁佤族社区居民旅游可行能力评价

4.5.4.1　描述性统计

本研究的调查问卷分为两大部分，第一部分为样本的人口学特性，主要包括性别、年龄、身份和年收入等（见表 4.8），第二部分是在五大观测指标的基础上细化形成 31 个观测指标，采用李克特五级量表：1——完全不同意，2——不同意，3——不确定，4——同意，5——完全同意收集游客的意愿性数据。在实地调查过程中，为减少系统偏差，此次调研采用随机抽样法，于 2018 年 7 月 14 日到 7 月 25 日在沧源调查区域发放 135 份问卷，回收有效问卷 126 份，回收率 93.33%。为进一步明确研究对象的基本情况，通过对案例地实际问卷调查和问卷的整理分析，统计了研究区域样本人口学特征，统计结果显示，样本覆盖了不同年龄阶段、不同收入和不同学历等各个层次的样本人群，能较为全面地反映案例地总体样本人群的基本特征，这在一定程度上为整个论文的后续分析奠定了基础。

表4.8　翁丁佤族社区居民抽样样本的人口学特征

项目	分类	人数	百分比（%）	项目	分类	人数	百分比（%）
身份	普通村民（非建档立卡户）	80	63.49	收入来源	全靠农业	67	53.17
	普通居民（建档立卡户）	37	29.36		农业为主，旅游为辅	40	31.74
	村委干部	5	3.96		旅游为主，农业为辅	11	8.73
	旅游管理委员会干部	1	0.79		全靠旅游，没有其他收入	3	2.38
	旅管会成员	1	0.79		打工	5	3.96
	寨主	2	1.59	本地居住时间	5年以下	0	0
	摩巴	9	7.14		5~10年	23	18.25
	曾外出打工者	2	1.59		10~20年	6	4.76
年龄	≤20	9	7.14		20~30年	10	7.93
	21~30	12	9.52		30年以上	79	62.69
	31~40	25	19.84	受教育水平	没上过学	35	27.77
	41~50	33	26.19		小学	63	52.38
	51~60	23	18.25		初中	21	16.66
	≥60	24	19.04		高中或中专	5	3.96
					大学专科	1	0.79
					大学本科以上	1	0.79
				性别	男	75	59.52
					女	51	40.47

4.5.4.2 数据信度和效度分析

信度是指测量数据的可靠程度，测量结果相一致的程度。在测量理论中，信度被定义为：某次测验分数的真变异数与总变异数（即实测分数）之比：$R_{xx} = \dfrac{S_{T_2}}{Sx_2}$，式中 R_{xx} 表示测量的信度，S_{T_2} 代表真分数的变异数（方差），Sx_2 表示实得分数的变异数（方差）。从式可看出，（1）信度是指实测值和真值相差的程度，实测值是指对某物实际进行测量时所获得值，也称实测分数（X）；真值是指被测事物的真实规模取值，也称真分数（T）。由于各种原因，实得分数常常不等于真分数，两者之差称为测量误差或误差分数（E）。从理论上看，分数与真分数相差程度的最好估计为：$X = T + E$。信度指标多以相关系数来表示，大致可分为3类：稳定系数（跨时间的一致性）、等值系数（跨形式的一致性）和内在一致性系数（跨项目的一致性）。若以信度系数来表示信度的大小，信度系数越大，表示测量的可信程度越高。学者 DeVellis (1991) 认为，0.60~0.65（最好不要），0.65~0.70（最小可接受值），0.70~0.80（相当好），0.80~0.90（非常好）。

效度是指测量工具的有效性。在测量理论中，效度被定义为：在一系列测量中，与测量目的有关的真变异数（即有效变异）与总变异数之比：$rxy_2 = \dfrac{Sy_2}{Sx_2}$；式中 rxy 表示测量的效度系数，Sy_2 代表有效变异数，Sx_2 代表总变异数。效度可分为内容效度、结构效度和预测效度三种类型。本研究运用结构效度来分析问卷的效度情况。结构效度即某测验对所要测量的结构或心理特质实际测量的程度。[①]

4.5.4.3 评价指标的检验（信度和效度检验）

a. 信度检验

将收集到的数据放入 SPSS 17.0 软件进行自动运算后的结果如上表所示。根据定义，Alpha 值若小于 0.6，则表示问卷设计信度存在问题，需要对问卷进行调整修改后采用。案例地信度检查为 0.7905（见表 4.9），符合统计学中

[①] 熊龙. 云南典型少数民族节庆旅游游客满意度评价 [D]. 昆明：西南林业大学，2015.

对问卷的信度的要求。

表 4.9　案例地信度检验表

案例地	N of cases	N of Item	Alpha
翁丁佤族社区	126	31	0.7905

b. 效度检验（KMO 和 Bartlett 球形检验）

运用 SPSS 17.0 软件对居民感知所包含的 31 个测量选项进行探索性因子分析，其可靠性检验显示的 Alpha 值如表 4.10 所示，Bartlett 球形检验所得到的近似卡方值、伴随概率值如表 4.10 所示，均达到显著性水平，所选样本之间的共同度较好。

表 4.10　案例地 KMO 和 Bartlett 球形检定

案例地	KMO	Bartletts Test of sphericity		
		Apprpx chi-square	Df	Sig
翁丁佤族社区	0.676	2462.004	820	0.000

KMO 考察的是变量之间的偏相关性，取值在 0~1 之间，取值越接近 1，说明变量之间的相关性越高。通过 SPSS 17.0 的运算结果显示，本研究的 KMO 值为 0.676，分布在 0.6~0.7 之间说明可以做因子分析。Bartlett 检验的是变量是否相互独立，变量之间是否存在显著相关，$Sig = 0.000 < 0.05$，表明因子之间的共同度较多，符合本研究对问卷的信度和效度的要求。

4.5.4.4　翁丁佤族社区居民旅游可行能力模糊综合评价

a. 一级模糊综合评价

通过对从翁丁旅游社区收集到的样本问卷的数据进行分析，得到了翁丁旅游社区发展情况因子方差总贡献率和对其影响较大的因素，并从这几个方面对影响满意度的因素做了分析。然后，采用因子共同度作为权重基础，分别计算各个因子所占权重，对翁丁佤族旅游社区居民旅游可行能力模糊进行综合评价。

通过对一二级模糊综合评价模型的论述，本研究建立可设第一层次因素

集 $U = \{U_1, U_2, \cdots, U_n\}$，$U_1$——旅游参与可行能力，$U_2$——旅游就业可行能力，$U_3$——旅游产品开发可行能力，$U_4$——旅游技能提升可行能力，$U_5$——旅游融资可行能力，$U_6$——旅游社交可行能力。同时建立评价集 $V = (5, 4, 3, 2, 1)$，1——完全不同意，2——不同意，3——不确定，4——同意，5——完全同意。一级模糊综合评价是按第二层次诸因素进行的，评判对象是第二层次中的因素 U_{ij}，设该因素的评价值隶属度为 R_{ijk}，其中 $k = 5, 4, 3, 2, 1$。由此找出各因素隶属各等级的隶属度，并在此基础上构建评价矩阵，使用居民旅游参与可行能力项目层为例，得到综合模糊评判矩阵：

$$R_i = \begin{bmatrix} 0.261 & 0.040 & 0.142 & 0.047 & 0.436 \\ 0.452 & 0.15 & 0.071 & 0.039 & 0.285 \\ 0.293 & 0.055 & 0.023 & 0.015 & 0.611 \\ 0.468 & 0.015 & 0 & 0.007 & 0.507 \end{bmatrix}$$

$$B_i = A_i \cdot R_i = (0.224 \quad 0.264 \quad 0.2198 \quad 0.312) \cdot \begin{bmatrix} 0.261 & 0.040 & 0.142 & 0.047 & 0.436 \\ 0.452 & 0.15 & 0.071 & 0.039 & 0.285 \\ 0.293 & 0.055 & 0.023 & 0.015 & 0.611 \\ 0.468 & 0.015 & 0 & 0.007 & 0.507 \end{bmatrix}$$

对所得计算结果进行归一化处理后，得到模糊综合评判结果为：

$B_1 = (0.383 \quad 0.121 \quad 0.028 \quad 0.010 \quad 0.046)$。如表 4.11 所示。

表 4.11 翁丁佤族旅游社区居民各评价层权重及隶属度表

维 度	评价层及权重		隶属度				
	观测指标层	权 重	完全同意	同 意	不确定	不同意	完全不同意
旅游参与可行能力	村委会代表居民需要和利益程度	0.224	0.262	0.111	0.143	0.048	0.437
	"一事一议"执行情况	0.265	0.452	0.151	0.071	0.040	0.286
	决策和管理机会	0.199	0.294	0.056	0.024	0.016	0.611

续　表

维　度	评价层及权重		隶属度				
	观测指标层	权　重	完全同意	同　意	不确定	不同意	完全不同意
旅游参与可行能力	参与旅游广度	0.312	0.468	0.016	0.000	0.008	0.508
	U_1一级综合评判 B_1		0.383	0.121	0.028	0.010	0.046
旅游就业可行能力	增加经济收入	0.136	0.294	0.071	0.016	0.024	0.595
	发展旅游态度	0.148	0.333	0.040	0.016	0.016	0.595
	旅游就业评价	0.155	0.405	0.040	0.000	0.008	0.548
	旅游就业条件满意度	0.126	0.452	0.079	0.071	0.008	0.389
	农业旅游就业技能情况	0.102	0.738	0.079	0.032	0.032	0.119
	对旅游收入的满意度	0.127	0.198	0.183	0.000	0.087	0.532
	U_2一级综合评判 B_2		0.310	0.063	0.017	0.022	0.382
旅游产品开发可行能力	能开发旅游产品的程度	0.172	0.444	0.040	0.024	0.095	0.397
	对体验旅游产品开发的评价	0.183	0.421	0.024	0.032	0.103	0.421
	对旅游节日打造的评价	0.164	0.571	0.048	0.056	0.024	0.302
	社区精英带头和示范作用	0.154	0.405	0.119	0.095	0.103	0.278

续 表

维度	评价层及权重		隶属度				
	观测指标层	权重	完全同意	同意	不确定	不同意	完全不同意
旅游产品开发可行能力	U_3 一级综合评判 B_3		0.309	0.037	0.034	0.055	0.237
旅游技能提升可行能力	看书和识字水平	0.128	0.341	0.079	0.071	0.024	0.484
	普通话交流水平	0.114	0.373	0.048	0.000	0.056	0.524
	对促进非物质文化传承的看法	0.132	0.476	0.111	0.040	0.024	0.349
	对学校民族教育观念的看法	0.150	0.770	0.127	0.032	0.008	0.063
	对互联网的使用情况	0.110	0.183	0.056	0.016	0.040	0.706
	U_4 一级综合评判 B_4		0.284	0.055	0.021	0.018	0.255
旅游融资可行能力	旅游贷款服务	0.161	0.270	0.056	0.111	0.016	0.548
	旅游财政支持	0.172	0.246	0.032	0.056	0.040	0.627
	企业支持情况	0.157	0.190	0.040	0.040	0.032	0.698
	亲戚的资金支持能力	0.172	0.730	0.040	0.040	0.000	0.190
	个人资金积累	0.171	0.167	0.024	0.056	0.056	0.698
	旅游资金缺乏的情况	0.167	0.651	0.040	0.032	0.024	0.254

续 表

维度	评价层及权重		隶属度				
	观测指标层	权重	完全同意	同意	不确定	不同意	完全不同意
旅游融资可行能力	U_5 一级综合评判 B_5		0.378	0.038	0.055	0.028	0.501
旅游社交可行能力	对政府公信力的评价	0.162	0.802	0.071	0.024	0.016	0.087
	遵守村规民约的态度	0.184	0.849	0.024	0.040	0.000	0.087
	相信村委会领导的程度	0.152	0.468	0.103	0.071	0.087	0.270
	相信邻居的程度	0.174	0.841	0.016	0.008	0.032	0.103
	旅游对居民社交的影响	0.169	0.476	0.127	0.048	0.024	0.325
	居民与外来文化的交流	0.159	0.595	0.103	0.008	0.04	0.254
	U_6 一级综合评判 B_6		0.679	0.072	0.033	0.032	0.185

从表4.11中可以得到各项目层的权重，以及不同评价维度层因子的权重系数表，按计算服务态度的方法可得到旅游参与可行能力、旅游就业可行能力、旅游产品开发可行能力、旅游技能提升可行能力、旅游融资可行能力和旅游社交可行能力在评价集V中各级评语的隶属情况。

b. 二级模糊综合评价

由一级模糊综合评判的结果得到二级模糊评判矩阵，又由 $S = B \cdot H^T$ 得：

$$S_1 = B_1 \cdot H^T = (0.383 \quad 0.121 \quad 0.028 \quad 0.01 \quad 0.046) \cdot \begin{bmatrix} 5 \\ 4 \\ 3 \\ 2 \\ 1 \end{bmatrix}$$

$= 2.549$

其中 S_1 为旅游参与可行能力，B_1 为 U_1 一级综合评判 B_1 的值，H^T 为该因素的评价值隶属度。

按照上述满意度水平测量标度向量的划分，分别通过模糊综合评价方法评价各个测量项目层的翁丁村旅游社区发展的影响因素，通过计算得到各个项目层模糊综合评价结果为：旅游参与可行能力 = 2.549，旅游就业可行能力 = 2.276，旅游产品开发可行能力 = 2.143，旅游技能提升可行能力 = 1.996，旅游融资可行能力 = 2.764，社交可行能力 = 4.029。按照最大隶属度原则，在一级模糊综合评价中，社区居民旅游参与可行能力、旅游就业可行能力、旅游产品开发可行能力、旅游技能提升可行能力、旅游融资可行能力和旅游社交可行能力的评价等级存在不相同的情况，如图4.21所示。

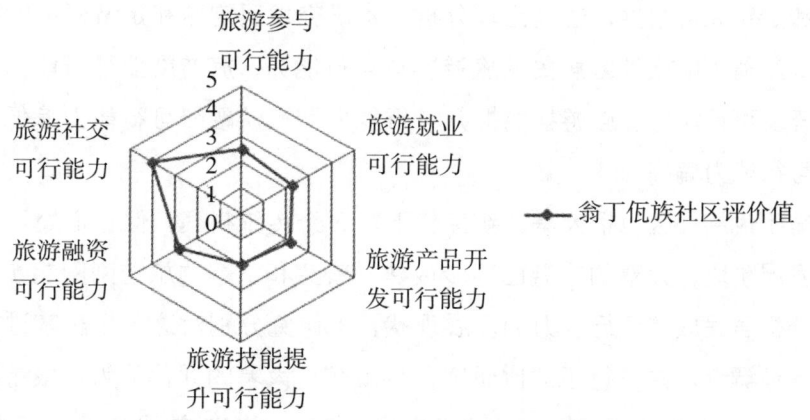

图4.21 翁丁佤族社区居民旅游可行能力评价值

从翁丁佤族社区居民旅游可行能力的评价值看出，翁丁佤族社区居民的旅游参与可行能力、旅游就业可行能力、旅游产品开发可行能力、旅游技能提升可行能力和旅游融资可行能力偏低，它们的评价值都在 1.00～3.00 等级。其中，居民的旅游技能提升可行能力最差，评价值 = 1.996。居民的旅游社交可行能力最强，评价值 = 4.029。

4.6 翁丁佤族社区居民旅游可行能力现状分析

本研究采用定性和定量相结合的研究方法全面分析翁丁佤族社区居民旅游可行能力的现状。首先，通过大量的深度访谈，了解当地居民参与旅游的基本情况，然后，编制对相关人员的访谈提纲，收集和整理访谈内容，根据这些访谈内容提炼出翁丁佤族社区居民旅游可行能力的主要特征。在此基础上，编制"直过民族"社区居民旅游可行能力调查问卷，运用 SPSS 17.0 进行信度和效度检验（KMO 和 Barlett 球形检验），在符合对问卷的信度和效度的要求基础上，通过因子分析和模糊综合评价等定量研究方法对翁丁佤族社区居民的旅游可行能力进行评价，得到的评价值为：旅游参与可行能力 = 2.549，旅游就业可行能力 = 2.276，旅游产品开发可行能力 = 2.143，旅游技能提升可行能力 = 1.996，旅游融资可行能力 = 2.764，旅游社交可行能力 = 4.029。从评价值看出，居民的旅游技能提升可行能力评价值最低，居民的旅游社交可行能力和评价值最高。综合翁丁佤族社区居民旅游可行能力的主要特征和定量评价数据，通过比较分析，本研究发现定性和定量研究的结论基本一致。翁丁佤族社区居民的旅游参与可行能力、旅游就业可行能力、旅游产品开发可行能力、旅游技能提升可行能力和旅游融资可行能力偏低，旅游社交可行能力偏高。

翁丁佤族社区包括大寨、新芽和下寨 3 个传统村寨，但它们处于不同的旅游发展阶段，大寨的旅游已逐步成熟，新芽和下寨的旅游刚刚起步。为了准确分析居民旅游可行能力的发展现状，本研究分别对这 3 个村寨进行了访谈和问卷调查，并进行了对比研究，得出翁丁大寨的评价值为：旅游参与可行能力 = 2.219，旅游就业可行能力 = 2.833，旅游产品开发可行能力 = 2.642，旅游技能提升可行能力 = 2.905，旅游融资可行能力 = 2.154，旅游社交可行能力 = 4.168；翁丁新芽和下寨的评价值为：旅游参与可行能力 =

2.202，旅游就业可行能力 = 1.66，旅游产品开发可行能力 = 2.214，旅游技能提升可行能力 = 2.534，旅游融资可行能力 = 2.954，旅游社交可行能力 = 3.906。这些评价值与访谈分析得出的居民旅游可行能力的主要特征相吻合，总体看来，翁丁大寨居民的旅游可行能力高于翁丁新芽、下寨居民的旅游可行能力。

本研究还运用心理学中的幸福感量尺来衡量翁丁佤族社区居民的幸福感。分别对翁丁大寨和翁丁新芽、下寨的居民的幸福感进行测量，共测量了翁丁大寨居民59人，有72.88%的测量值在4分以上，平均分为4.69分；共测量了翁丁新芽、下寨居民共67人，有71.64%的测量值在4分以上，平均分为4.35分。测量值显示翁丁大寨居民的幸福感比翁丁新芽、下寨居民的幸福感稍强一些。在访谈过程中，翁丁新芽和下寨居民也都反映了很多生活中的困难，他们认为主要是因为没有像翁丁大寨一样发展旅游，经济收入太低，加之经常生病，所以觉得生活很贫困。但3个村寨中他们的幸福感平均分是4.52，说明翁丁佤族社区居民还是有一定的幸福感的。这可能与佤族文化联系紧密，佤族村寨是以血缘家庭为组成要素建立在地缘基础上的共同体。居民在原始宗教影响下，盛行叫魂活动，居民通过参与叫魂活动，找到了生活的归属感，丰富了自己的精神生活，邻居之间和家族之间的文化认同感非常强烈。尽管生活贫困，但他们仍然会参加娱乐活动让自己开心起来。村子里经常开展多姿多彩的娱乐节目，全体村民都必须参加，大家集体打歌，自娱自乐。所以佤族社区居民的幸福感调查数据显示，当地居民有一定的幸福感。

总之，由于社会环境、地域位置等原因，佤族社区居民保持了中国农村农民的本色，同时，又具有佤族固有的文化特征，他们对社会和生活有自己的世界观和价值观。旅游进入他们的日常生活后，对他们有部分影响，但是，长期形成的对政府等、靠、要的思想依然占据他们的内心，在旅游发展的过程中，他们完全是被动参与，政府出什么政策，他们就僵化地执行，导致出现了一些旅游发展的矛盾得不到解决，他们没有将旅游当作自己的事情，去主动地思考，发挥自己的主观能动性，再加上自身能力弱等原因，难以探索适合本民族旅游发展的有效途径。目前，这些居民的生活仍然处于贫困状态，陈旧的思想观念导致他们的旅游可行能力偏弱，他们处在为生存奔波的生活状态。但是，他们对幸福生活追求的脚步永远在路上，他们保持着佤族人民特有的乐观向上、热情奔放的生活激情，屹立于充满多元文化的世界民族之林。

4.7 翁丁佤族社区居民旅游可行能力存在的问题

翁丁佤族社区是国家级贫困村，居民贫困的主要原因还是可行能力弱，他们在获取资源中往往处于不利的地位。发展是人的可行能力的扩展，由此，为了消除收入贫困，最重要的还是要提高他们的旅游参与可行能力、改善他们的经济条件并增加他们的社会机会，进而提高他们的旅游可行能力，如旅游参与、旅游就业、旅游产品开发、旅游技能提升等可行能力。

4.7.1 旅游参与能力不足

翁丁佤族社区居民的参与意识薄弱，多数人没有知识、没有能力去参与，他们思想观念陈旧，被动地等着政府来帮助他们解决所有问题，将自身发展的所有责任推给政府，然而，在村民的内因不起作用的条件下，政府的外因也无法解决这些问题。因此，我们必须启发翁丁佤族社区居民的文化自觉，让他们意识到解决乡村问题靠乡村人为主力，解决这些生活、生产问题必须得依靠他们自己，动员他们主动地、齐心合力地解决村寨的发展问题。同时，在地方政府的帮助下，组织一批有知识、有眼光、有新方法、有技术的人与他们合作。当然，佤族社区居民也存在可行能力偏弱的现实，他们积极地参与村委会的"一事一议"制度，有旅游参与的权利，可是，由于他们内生动力不足，导致他们没有能力参与社区旅游发展的决策和管理，无法行使自身的主体权利。

4.7.2 经济条件差

我国的市场机制不完善是造成翁丁佤族社区居民经济收入少的原因之一，区域经济发展差距拉大，加重了这些经济不发达地区的贫困状况。纵观全国的经济发展速度，可看到东部沿海地区远远快于西部地区，二者的经济差距越拉越大。同样，在西部地区，城市与农村的经济发展也存在较大的差距，再加上收入分配制度的不完善，导致个人收入分配的两极分化，穷人很难共享经济发展的成果。在翁丁佤族社区，旅游发展以后，部分居民利用自家的地理优势和能力，积极参加旅游经营，大大地提高了自己的经济收入。可是，还有大部分的居民没有参与旅游的机会和能力，分享不到旅游发展的经济利益，在他们内部也存在贫富差距大的现实。

4.7.3 社会机会少

从翁丁佤族居民的统计数据看，佤族社区居民的社会机会很少，在接受教育方面，有很多居民是文盲，从未上过学，大多数居民的受教育程度为小学和初中。而且，有些上过小学和中学的村民，由于毕业后长期不看书，未参加过继续教育学习，又变成了新时代的青年文盲。在卫生保健方面，大多数居民都认为村卫生所的医疗条件差，村医的医疗水平不太好，生病时，当地居民都选择去乡卫生所或县医院看病。在资金支持方面，地方政府对旅游教育培训资金的提供还不够，居民缺少参加成人继续教育和旅游技能提升的培训机会。总之，地方政府需要提供更多的社会机会给这些居民。从社会剥夺的角度看，光凭市场力量还不足以消除各种剥夺，有意识的公共行为绝对不可缺少。市场经济可能产生许多不同的结果，取决于自然资源怎样分配、人力资源怎样培养、什么规则成为主导等等。而在上述这些领域，市场需要得到市场之外的政府和社会力量的补充。政府扶助和社会干预通过公共政策和社会保障在提供社会机会方面（如民主实践、社会和政治权利、基础教育和健康保障设施、经济安全网络、妇女的自由和权利等）可以发挥重要作用。这些基本的社会机会不仅可以直接给予人们按照自己意愿生活的更多的自由，而且可以帮助他们增强保护自身的各类权利。此外，人们进入市场的机会、参与市场的能力大小、对市场利益的分享水平在很大程度上均受制于这些社会机会。

4.8 本章小结

本章以管理学、经济学、旅游学、人类学、社会学、教育学、心理学等理论为基础，运用"直过民族"社区居民旅游可行能力评价指标体系对居民的旅游可行能力进行客观评价，结合大量的访谈材料，概括出翁丁佤族社区居民旅游可行能力的现状，实证研究结论如下：

（1）通过分析大量的深度访谈材料，全面调查翁丁佤族社区居民旅游可行能力的现状，研究发现翁丁佤族社区居民旅游可行能力的主要特征是旅游参与可行能力、旅游就业可行能力、旅游产品开发可行能力、旅游技能提升可行能力和旅游融资可行能力偏低，旅游社交可行能力偏高。

（2）通过对126份居民问卷的统计，本研究运用因子分析和模糊综合评价等定量研究方法评估翁丁佤族社区居民的旅游可行能力，研究得到的居民旅游可行能力的评价值是：旅游参与可行能力 = 2.549，旅游就业可行能力 = 2.276，旅游产品开发可行能力 = 2.143，旅游技能提升可行能力 = 1.996，旅游融资可行能力 = 2.764，旅游社交可行能力 = 4.029。其中，翁丁佤族社区居民的旅游社交可行能力的评价值在 4.0~5.0 区间，属于较强的等级；居民的旅游参与可行能力、旅游就业可行能力、旅游产品开发可行能力、旅游技能提升可行能力和旅游融资可行能力的评价值在 1.0~3.0 区间，属于较弱的等级。

（3）从居民的旅游可行能力评价值可看出，翁丁佤族社区居民旅游可行能力的孵化性运作是旅游参与可行能力、旅游就业可行能力、旅游产品开发可行能力、旅游技能提升可行能力和旅游融资可行能力等五项能力。

（4）本研究分别对翁丁大寨、新芽、下寨的居民旅游可行能力进行比较，发现翁丁大寨居民的旅游可行能力比新芽、下寨居民的旅游可行能力偏高，其缘由在于翁丁大寨的旅游发展程度更高，新芽、下寨的旅游发展程度偏弱。因此，研究结论是旅游发展程度的强弱与居民旅游可行能力高低成正向关系。

（5）本研究还运用心理学中的幸福感量尺来衡量翁丁佤族社区居民的幸福感。3个村寨中居民的幸福感平均分是 4.52 分，说明翁丁佤族社区居民拥有一定的幸福感。本研究认为这可能与佤族文化联系紧密，佤族村寨是以血缘家庭为组成要素建立在地缘基础上的共同体。在原始宗教影响下，居民盛行叫魂活动，他们通过参与叫魂活动，找到了自身社会生活的归属感。

（6）翁丁佤族社区居民旅游可行能力发展存在的问题是旅游参与能力不足、经济条件差和社会机会少，只有解决这三方面的难题，才能从根本上提升居民的旅游参与可行能力、旅游就业可行能力、旅游产品开发可行能力、旅游技能提升可行能力和旅游融资可行能力。

第五章 翁丁佤族社区居民旅游可行能力提升的对策研究

通过实证研究，发现翁丁佤族社区居民旅游可行能力总体偏低。本章的重点就是提出居民旅游可行能力的提升对策。这些对策的实施需要三大保障，它们是政策规划保障、居民内生动力激发保障和外部多元主体支持保障。这些保障与"直过民族"地区居民旅游可行能力的理论分析框架中的旅游可行能力提升主体和旅游保障相对应，进一步验证了该理论的科学性和合理性。旅游可行能力提升主体包括宏观、中观和微观三个层面的主体，它们是政府、旅游企业、村委会和社区精英、专家学者和居民。旅游保障是政策法规、人力资源、财政金融、环境保护、培训平台、科学技术和管理体制等。通过旅游可行能力的多元提升主体形成合力，提供旅游保障的各种支持，才能有效实施以下提升对策，最终实现翁丁佤族社区居民旅游可行能力提升的目标。

5.1 翁丁佤族社区居民旅游参与可行能力的提升对策

5.1.1 增强居民的旅游参与动机

中国佤族地区的发展问题其实是经济问题和文化问题，培育翁丁佤族旅游社区居民的主体地位意识和意愿表达能力，是一个长期艰巨的任务。由于他们原来直接过渡到社会主义社会时，各种社会基础薄弱，国家采取了特殊的管理政策帮助当地居民发展，特别是资金补助等方面的支持力度较大，故翁丁佤族地区居民长期形成了"等、靠、要"的思想观念，阻碍了居民群体参与旅游能力的成长。他们对自身发展的问题思考较少，寄希望于国家、地方政府政策的照顾，发展的内生动力严重不足。为了调动居民群体的旅游参与积极性，就要培育旅游社区居民群体的认同感、归属感和责任感，增强旅游社区居民群体的旅游参与管理和决策权，提高他们对旅游参与价值和作用的认识，把旅游社区的发展当作自己的事情。树立翁丁佤族旅游社区居民自我发展的信心，消除发展的自卑感。由于历史原因，与汉族居民相比，佤族居民的自我发展的文化自信心更弱。在翁丁佤族旅游社区建设过程中，当地居民固有的思维定式限制了他们的发展，他们习惯性地认为只有政府才能帮助他们脱贫致富，历来认为自己的经济落后，没有资金发展旅游经营，对自我发展没有信心。因此，需要通过教育引导，让居民意识到，在社区建设的整个过程中他们是主要的参与者和决策者，而地方政府、地方传统组织和大学院校都只是辅助机构，扮演引导的角色。要想将家乡建设好，改善自己的生活水平，只能依靠自己的努力，主动参与旅游、开发有创意的旅游产品、让旅游解决自身的就业问题，才能从根本上解决自身的贫困问题。而且，要引导他们认识到自身的优势和天赋，扬长避短，挖掘自己擅长做的事情，即本民族的传统歌舞和民俗活动。开发出更多有创意的旅游产品卖给游客，获取经济收入，以此树立起自我发展的自信心，确立起建设家乡的主体地位，通过提升自身可行能力，承担起建设家乡的责任，主动探索乡村旅游和佤族传统文化传承共赢发展的有效途径，努力成长为翁丁佤族旅游社区的农民旅游企业家。

5.1.2 扩展居民的旅游参与机会

建立居民旅游参与的民主制度，明确规定居民旅游参与的主体、程序、内容、方式等。参与的主体为全体居民，参与的内容为旅游社区的所有事务，参与的方式为主动管理式参与。理顺居民旅游参与的渠道，扩大居民旅游参与的机会，提高居民的旅游参与率。地方政府应适当放权。旅游社区的建设主体为社区村民。改变"外部"绑架"内部"现象，突出社区和村民的主体建设地位。地方政府、大学、协会组织、艺术团体等变为社区建设的主导，协助社区发展。旅游社区内部居民是社区建设的主体，重要的是提高他们的旅游可行能力，对于参与主体进行严格的内外区分和主次定位，我们要了解社区，但不替他们做社区的事情，不做社区能做到的事情，不在社区完成的事情上贴标签。当硬件设施建设完成以后，在建设人才软实力的过程中，地方政府应由主导力量转为辅助力量，将旅游社区能力建设的主体地位还给翁丁佤族旅游社区，下放相关权力，制定多项扶持政策，让居民群体在逻辑上由内而外、由下而上地推进翁丁自身能力以提升工作效率。从佤族文化的特点和社区实际情况出发，实现佤族村寨居民群体凝聚力的达成和活力的再造，间接主导社区发展，围绕提升居民自我发展的文化自信心为重点，开展管理工作。对于村民非常关心的问题，地方政府应成立专项工作组，全面了解村民的意愿，征求大家的意见，结合所在旅游社区的特点，确保相关消息对村民公开，保证其准确性，树立政府讲信用的形象，推进佤族旅游社区的善治。

5.1.3 培育居民的旅游参与能力

联合高校或科研机构开办社区人才培训基地，利用高校和科研机构的师资力量，对翁丁旅游社区居民群体进行定期的旅游技能培训，通过培训，提高居民的旅游参与可行能力。社区建设的过程从某种意义上看，是"造人"的过程。村委会工作的重点主要放在人才培养工作上，构建社区的学习体系，提升社区居民的参与能力，让所有社区居民有能力投入社区的发展事务，由县政府要求各处局根据各自专业优势对社区干部和民众进行培训，例如翁丁旅游社区建设委员会负责培训基础社区建设概念方面的课程；县委计划处负责社区风貌、景观改造方面的培训；县委社会处负责社区照顾、县委社区财务运作方面的培训；县委文化局负责社区文化发展、文化传承方面的培训；县委卫生局负责疾病预防、卫生保障、健康促进等方面的培训；县委农业局负责农业技术推广、农产品培育等方面的培训；县委环保局负责环境保护、水土保护等方面的培训。通过各部门的联合培训，共同提升翁丁旅游社区居民的可行能力，使他们在善治、经济条件、社会机会、透明性保障和防护性保障等方面都取得了很大的进步。

5.1.4 建立居民旅游参与意愿表达的有效机制

在提升居民旅游可行能力的同时，还应创造居民意愿表达的机会通道，让他们有表达自己意愿的机会，提高旅游参与的决策和管理能力，发挥自身主体作用，真正做到旅游社区关于公共的事情，由大家做主；关于个人的事情，由自己做主。佤族旅游社区精英群体在社区内的精英地位得到了社区居民的一致认可，他们具有较强的社区影响力和权威性，能积极参与社区公共事务，在一定程度上代表了旅游社区居民的利益。如果能赋予社区精英更多的旅游决策权和管理权，将能带动旅游社区经济的发展，提升居民群体的旅游参与的积极性。要提高社区精英的旅游参与的动机、机会和能力，要建立佤族旅游社区内政治精英、经济精英和社会精英合作的有效沟通机制。促进政治精英、经济精英和社会精英的联结合作，因他们各自拥有的资源具有差异性和互补性的特征，他们在社区建设过程中需要相互依靠、相互促进。这种联结作用能使社区参与成为社区居民群体习惯的非制度环境，能给参与者更多的安全感和可控感。因此，要加强旅游社区精英的沟通交流，加强对社区精英的教育培训工作，开办社区精英人才培训基地，从认知能力、人格、动机和需求、社交能力、解决问题技能、默会知识六大方面提升社区精英的旅游参与领导能力。可在翁丁佤族旅游社区设立翁丁佤族旅游社区建设委员会（见表 5.1），成员主要由当地居民中的社区精英（政治精英、经济精英和文化精英）和大学专家组成，包括社区建设专家、美学专家、农学专家、林学专家、文化学专家、青年志愿者等等，目的是以翁丁佤族旅游社区委员会为核心，开展旅游社区的建设决策工作。这个机构也是社区居民表达自己意愿的机构，社区精英会积极听取居民的建议，这个机构所做的全部决策都必须经过所有村民的讨论和同意，才可以实施。长期对社区精英和社区村民进行培训，提高他们参与旅游的能力。同时，还可以建立大学生志愿者活动的合作平台，吸引云南大学生在假期期间以社会志愿者的身份参加翁丁佤族社区的社会工作，为这些社区的建设注入新鲜力量。这个机构的工作应包括五大部分内容，即重新认识旅游社区、找出旅游社区的优势和特色、凝聚旅游社区共识、运用旅游社区资源和制定旅游社区可持续发展战略。

表 5.1 翁丁佤族旅游社区建设委员会的工作内容

重新认识旅游社区	找出旅游社区的优势和特色	凝聚旅游社区共识	运用旅游社区资源	制定旅游社区可持续发展的战略
调查旅游社区的历史 访谈旅游社区的老人 收集旅游社区的老照片 调查旅游社区居民的需求 调查旅游社区的全部资源	对旅游社区进行 SWOT 分析 绘制旅游社区的地图 确定旅游社区的所有景点	凝聚旅游社区独有的文化精神 唤醒旅游社区居民对社区文化的认同感	**旅游社区内部资源** 学校 企业 有专业技能的人 民间组织 宗教团体 **旅游社区外部资源** 政府部门 学术单位 相关领域专业者 NGO 组织	旅游社区人才培养方案 旅游社区人才引进方案 旅游社区文化发展方案 旅游社区旅游发展规划 旅游社区环境保护方案 促进旅游社区居民终身学习

注：笔者根据翁丁佤族旅游社区的实际情况编制。

5.2 翁丁佤族社区居民旅游就业可行能力的提升对策

5.2.1 发展"休闲农业+文化旅游业"

目前，翁丁佤族旅游社区主要发展民族文化旅游，较少发展休闲农业，导致旅游的发展出现不可持续的现象，吸引来的游客大多数是对佤族文化感兴趣的外地人，而来旅游的本地人并不多。如果发展"休闲农业+文化旅游业"结合的产业，将更能吸引本地游客，扩大客源地游客，进而促进旅游的可持续性发展。发展生产、生活、生态和民族文化有效结合的四位一体的"休闲农业+文化旅游业"，建设"一乡一休闲农业区""一村一品"等发展项目，开发多样化的农业旅游产品。"休闲农业+文化旅游业"是农业和旅游业交叉形成的新型产业，其主要特点是：（1）旅游消费价格实惠。游客不需要买门票，开车到农场后即可就地采摘农产品，品尝新鲜的原生态蔬菜。回家时，还可以带一些价格不贵的农产品分给亲朋好友，分享农业旅游的乐趣。（2）突出旅游过程的体验性。游客在旅游过程中可以亲自采摘农家水果，去菜地摘自己喜欢的蔬菜，吃上最新鲜、最生态的美味，让他们真正的体验农村的生活，由此，带来了精神上的愉悦。而且，还可以体验民族舞蹈和歌曲，收获异质文化体验的快感。（3）游客可增长农业知识。在游玩的过程中游客能了解农作物的生长过程，体会到农民的辛苦，从而更能珍惜农村的自然资源。对于小孩子来说，这种旅游可以让他们接受到自然的教育。（4）旅游产品的文化多样性。休闲农业是综合性较强的农业，它包括农耕文化、饮食文化、乡土文化、民族文化和农村建筑文化等等。旅游产品种类繁多，包括观光农园、观光果园、休闲农场、教育农园、农业公园、乡村民宿等。（5）民宿产业能让游客深度体验民族部落文化和农耕文化。民宿其实就是"农家乐"的升级版，是能体现民族文化和乡村特色的民间居家体验，这里的民宿建筑设计风格独特，房间布置精致舒适，居住环境田园优美，房东热情服务，能吸引众多游客前往观光住宿，体验异质文化。根据翁丁佤族旅游社区的特殊的地理位置，这些社区比较适合发展民宿产业，毕竟民宿投资不大，可以在村民原有民居的基础上，进行改造规划，且经营方式单一，村民易于经营管理。游客到这些社区就是为了深度体验佤族文化，民宿能满足游客对异文化体验的需求。(6) 将旅游业与农业、交通业、林业、酒店业、餐饮业、民宿业和种植业有机的结合起来，发掘翁丁佤族旅游社区优势，开发有创意的旅游产品。如将餐厅开在农田的中间、将民宿建在森林里、将咖啡厅开在咖啡树林里、将高端别墅建在竹林里、将瑜伽馆建在自然草地上，与大自然融为一体，这些独特的体验都能让游客倍感惊喜。

5.2.2 培养新型佤族农民

翁丁佤族社区发展滞后的最大障碍是人力资源开发不够，缺乏社区建设的本土人才，居民的就业技能偏低。针对翁丁佤族社区的特点，我们主张大力培养佤族本土农业和旅游业人才，建立有效政策帮助佤族青年参与社区旅游发展，让社区人才培养和经济发展齐头并进，让这些本土人才带领全体村民脱贫致富。在发展"休闲农业＋文化旅游业"的过程中，农民还是原来的农民，可是，要让他们在经营农业的过程中，完成向新型农民（农民企业家）的转换，具备农民企业家的素质，能运用企业管理的理念来管理农场。在建设与经营过程中，不断融入自己的创意，找到农场的特色，突出主题，并保证农产品质量。同时，对民族文化旅游有自己的见解，有能力开发有民族特色的旅游产品，他们既是生产专家，也是旅游经营者，注重产品的国际市场销售行情，善于捕捉国际市场的变化信息，并能推介展示自己民族的文化，不断建立和拓展新的国际市场的贸易往来关系，扩大农场的国内国际影响力。

5.2.3 吸引佤族大学生回乡就业创业

翁丁佤族大学生是佤族社区居民的重要组成部分，他们走出大山，走进城里，从大学生活开始融入外部社会，并将外部的信息、知识和资源带入家乡、反哺家乡，将成为支持翁丁佤族地区长期可持续发展、阻断贫困代际传递的重要力量。他们对于发挥直接的示范效应和知识溢出效应进而促进所在村庄长远发展具有极为重要的作用。作为佤族中与外界交流最多的成员，他们返乡就业，将为佤族家庭创造新的、可持续的、具有边际产出优势的收入来源，同时，也为佤族民众直接、高效获取外部信息创造了新的渠道，有利于解放佤族民众思想、提升其融入外部社会的水平。此外，随着佤族大学生返乡就业创业所形成的示范效应和扩散效应，佤族居民对于外部市场的兴趣将不断增强，参与意识和参与能力也将得到有效改善，为实现佤族旅游社区脱贫致富创造了良好的环境。因此，佤族大学生返乡就业是解决佤族旅游社区脱贫致富的"治本之策"，具有极为重要的现实意义。从云南省近3年大学生返乡就业的情况看，① 2015—2017年佤族大学生返乡就业人数总体上占毕业生人数的23.7%。其中，专科和本科毕业生返乡就业水平相当，研究生毕业返乡就业水平仅为专科和本科毕业生返乡就业比例的一半。2016—2017年，无论是总体上（27.0%→20.7%），还是人才层次上看（其中，专科生：26.8%→18.9%，本科生：27.7%→23.4%，研究生：14.0%→13.0%），返乡就业率都呈现出下降趋势。从创业率看，各层次创业率也呈现出逐年降低的情况（其中，专科毕业生创业率分别为：1.7%、1.6%、1.3%；本科毕业生创业率分别为：2.6%、2.4%、2.0%；研究生创业率为1.6%、0、0），其整体比例低于全省平均水平。如果翁丁佤族旅游社区能将这些佤族大学生吸引返乡就业创业，将能起到带动效应，带动翁丁佤族旅游社区居民的经济收入提升。他们是将本族文化进行再创造的重要力量，是促进传统文化活力发展的骨干，当他们回到佤族旅游社区从事民宿、餐厅、酒吧、茶吧、咖啡吧、纪念品经营商店、传统服饰经营商店、SPA、导游等旅游服务业时，他们将会立足翁丁佤族旅游社区资源，动员翁丁佤族旅游社区力量，弘扬翁丁佤族旅游社区民族文化，培育翁丁佤族旅游社区资本，形成翁丁佤族旅游社区特色，最终促进整个翁丁佤族社区旅游的可持续发展。

5.2.4 发展居民"互联网+旅游"的能力

据调查，翁丁佤族旅游社区居民很少有电脑，但是手机却很普及。那么加强网络基础建设尤为重要，争取让所有的佤族旅游社区都联通网络是促进旅游社区建设的主要途径。要推进互联网基础设施进村，实现旅游景区Wi-Fi全覆盖，建设农村功能齐全的电子商务基础设施体系。有了这些互联网条件，佤族旅游社区居民才可以利用手机的上网功能，实现及时与市场信息的对接。一方面，他们能通过网络了解国内和国外农产品的需求信息，调整农场种植农作物的种类；另一方面，与互联网公司合作，建设翁丁佤族旅游社区旅游信息网，向全球游客提供预订门票、民宿等服务，实现旅游一体化

---

① 笔者从云南省教育厅收集到相关数据，并进行整理。

服务。

5.2.5 推进农村旅游电子商务

翁丁佤族旅游社区特殊的地理位置和特殊的社会发展进程决定了翁丁佤族旅游社区居民的封闭性，他们常年与国内国际市场脱轨，没有洞察市场经济的意识和观察力，把握不了市场发展的动态趋势。一旦在这些旅游社区建设起互联网的基础设施，将会搭建起这些社区居民与外部世界连接的纽带，让他们跨过地域空间的距离，实现城乡均衡的市场供需结合，缩短当地的经济发展与国内其他城市经济发展的差距。要鼓励和支持旅游电商企业拓展农村业务，同时，积极推进农村电商发展，加大农特产品网上销售平台建设和农村电商人才培训力度，以县级为最高层，分级建设农村电子商务的综合服务平台，遴选县级电商进农村的综合示范县，建设县级电商服务中心、乡（镇）电商服务站、村级电商服务点，培养农村电商扶贫带头人。

5.3 翁丁佤族社区居民旅游产品开发可行能力的提升对策

5.3.1 培育居民将佤族文化与旅游产品融合的能力

在翁丁佤族旅游社区，如果佤族文化能跟旅游产品充分融合，发挥出佤族文化旅游的优势，突出旅游产品开发的文化内涵，那么，这样的旅游目的地将永远具有吸引游客的无穷魅力。作为旅游产品开发的主要力量，当地居民应积极发现佤族文化效用的增值，在开展旅游活动时，有意识地激发自身的文化创造力，让佤族传统文化在现代旅游活动中实现文化的再创造，散发出独具特色的文化活力。首先，引导村民挖掘佤族传统文化内涵。梳理佤族传统文化中的物质文化和精神文化特点，物质文化包括佤族居民的劳动工具、住所、饮食、服饰和交通等方面；精神文化包括信仰、哲学、科学、伦理、道德、教育、法律、风俗习惯、宗教、文学和艺术等方面。其次，组织社区精英到一些有经验的民族旅游社区参观考察，吸取它们的经验教训。这些旅游景区已经实现民族文化与旅游产品的高度融合，如贵州的西江千户苗寨、云南西双版纳的傣族园等地。通过考察，开拓社区精英的旅游开发眼界，激发他们开发佤族旅游产品的灵感。最后，激发村民思考在现有的旅游产品基础上如何实现升级开发。据调查，翁丁佤族旅游社区现阶段开发的旅游产品偏少，不能满足游客的购买需求。引导村民考虑开发新的佤族旅游产品是翁丁佤族旅游社区的一项举足轻重的大事情，可组织全村村民展开讨论，获取佤族文化和旅游产品融合开发的宝贵建议。

5.3.2 培育居民鉴别佤族文化的保护性要素和开发性要素的能力

在翁丁佤族文化旅游产品的开发过程中，并不是所有的佤族文化要素都能进行旅游开发，因此，要培育村民正确认识自身文化的自觉性，提高他们的认知，让他们具备保护和开发自身文化的能力，以鉴别自身文化中应保护的文化要素和可开发的文化要素。宗教信仰是翁丁佤族文化形成并能延续的源头，应严加保护，对于佤族村寨神林、墓地、祭坛等地应做文字标记（标明严禁游客进入），一些大型的宗教叫魂活动，应禁止游客参观，以免破坏佤族传统文化中的根基，消除宗教信仰的神圣感。相反，一些代表佤族文化的物质文化和非物质文化则可以进行旅游开发，让它们在旅游发展中得到复兴，实现活化发展的目标。如佤族的饮食、服饰、风俗习惯、文学、艺术等，这些文化是佤族传统文化中的外显文化，对它们进行旅游开发是对传统文化的活化传承的一种方式，有利于佤族文化的复兴和再生产。在开发前，我们必须对这些文化要素进行分析研究，鉴别出哪些是可以进行旅游开发的文化活动、哪些是不可以进行旅游开发的文化活动。对那些不能触碰的文化根基加以保护，对那些能开发的旅游项目进行全面的开发。

5.3.3 提升居民将佤族文化"活化"传承的能力

一种文化必然会与其他文化进行交流，在这种交流过程中，必然会发生变迁。翁丁佤族旅游社区作为著名的文化旅游目的地，经常有来自全国各地，乃至世界各地的游客前来参观，这些游客也带来了各种文化，在这里实现了文化的相互交融。那么，如何在交流过程中，保持自身的特色，并吸取其他文化的优点，这就需要佤族居民的智慧。同时，文化也是发展的，它随着时代的推移，跟随社会的发展而发展，文化艺术也会融入一些新的艺术观点和思想方法，表现在舞蹈艺术、音乐艺术和手工艺品艺术中，实现参与生活、关心生活和为生活服务的价值目标。本研究认为应成立佤族文化研究院，组织佤族社会精英探讨自身文化中哪些文化可以商品化，并将其开发成佤族旅游产品，让这些商品能有人欣赏、有市场、有出路，成为翁丁佤族旅游社区的一大亮点，成为世界游客了解佤族文化的重要窗口。在现代化背景下，产业化是民族歌舞的一个很好的出路。政府加大研究力度，加大宣传力度，鼓励少数民族艺术家利用各种机会弘扬传统艺术，鼓励外国人学习本民族的传统艺术，为其提供方便、创造条件。鼓励有造诣的佤族艺术家投身文化创造事业，为他们提供政策上的扶持，培育宽松的发展环境，鼓励他们创造出有价值的佤族艺术作品。例如，杨丽萍导演的《云南映象》、张艺谋导演的《印象·丽江》《印象·刘三姐》等都是一些很成功的案例。而且，在对佤族传统文化中的物质和非物质文化进行旅游开发时，能让佤族居民做自己最擅长做的事，发挥各自的特长。擅长织锦的居民，开发佤族特色服饰和佤族背包，在家里开个服装商店；擅长舞蹈、唱歌和演奏乐器的居民，组成文工团，编排佤族舞蹈和唱歌的节目，开发佤族文化展演的旅游产品，每天至少有一场表演，固定演出地点和时间，收取演出费用；擅长做佤族特色餐饮的居民，在家里开起餐馆，开发具有佤族特色的民族饮食；擅长绘画的居民，在家里开画室，展销自己的画作；擅长雕刻的居民，可开发各种具有佤族文化符号的木鼓、牛头、葫芦、祭祀工艺品等卖给游客。佤族的优秀传统文化内容丰富多彩，令人叹为观止，特别是音乐、舞蹈、绘画、体育等文化，能满足游客对异质文化体验的需求。因此，如果加以旅游开发，将有无限的潜力。

5.3.4 提升居民开发体育旅游产品的能力

佤族是热爱体育的民族，保留着很多传统体育项目，这些佤族传统体育项目是在历史发展过程中不断延续和保留下来的，在漫长的历史长河中一脉相承，从未间断。在几千年历史岁月的发展中依然保持着其自身特性，绵远流长。佤族传统体育的形成与发展过程也是佤族社会生活的综合反映，具有鲜明的民族特性。佤族传统体育熏陶和培育出了佤族居民的乐观向上和勇敢团结的性格。佤族传统体育文化暗藏着巨大的旅游经济价值、娱乐价值和文化传承创新价值。如果能加以开发，将能为佤族地区的旅游发展助力，提高居民的旅游可行能力，这些传统体育场地、器材简便，又有很高的健身价值。有些传统体育项目，如抢花炮、木球、毽球、摔跤、秋千等比赛是在紧张激烈的对抗情况下进行的，它要求比赛队员在瞬息万变的环境中与对手做剧烈争夺，可培养人的积极果断、勇敢顽强的战斗意志和集体主义精神。佤族的这些体育文化内容值得研究，且具有很大的旅游开发价值。因此，应引导翁丁佤族居民开发佤族传统体育文化旅游产品，在翁丁新村建设一个佤族传统体育体验广场。

5.3.5 提升居民设计文化旅游产品的能力

翁丁佤族社区是佤族文化延续的活态博物馆，这里聚集了佤寨的自然景观文化、佤族建筑文化、佤族服饰文化、佤族饮食文化、佤族生活文化、佤族宗教文化、佤族体育文化、佤族民间工艺文化、佤族文学文化、佤族音乐文化、佤族舞蹈文化、佤族美术文化、佤族佤药文化、佤族节日文化、佤族传统科技文化、佤族影视文化等。这些成为翁丁佤族社区发展旅游的重要资源，翁丁佤族居民应以这些佤族地方性知识为基础，积极挖掘旅游资源，拓宽旅游产品设计的思路，开发出能满足游客需求的旅游产品，如观光型旅游产品、体验型旅游产品、学习型旅游产品、娱乐型旅游产品和展演型旅游产品等，具体方案见表5.2。

表5.2 翁丁佤族社区居民设计文化旅游产品能力的提升方案

地方性知识	挖掘旅游资源	拓宽旅游产品设计思路	开发不同类型的旅游产品
佤寨自然景观文化	翁丁后山、原始密林、翁丁神林、佤山梯田、疏林草地、南滚河、新芽河、水库、榕树、跌水瀑布、阿佤山日出、佤山日落、月明星稀、佤山云海、佤山雾景、避寒气候、植物资源、动物资源	摄影展览 农耕文化体验 河边草地烧烤 登山 山地自行车自由行 户外露营 自然崇拜和环境保护课堂	观光型 体验型 学习型
建筑文化	干栏式茅草房、鸡罩笼房、佤王府、木鼓房、拉撒房、牛角形状屋顶、佤族粮仓、火塘、寨桩、寨门等	干栏式建筑知识讲解 民宿	学习型 体验型 观光型

续　表

地方性知识	挖掘旅游资源	拓宽旅游产品设计思路	开发不同类型的旅游产品
服饰文化	佤族服饰种类多样，不同地域的佤族有不同风格的服装设计。据官方统计，共有20种，包括翁丁服饰、岩帅服饰、帕良服饰、永和服饰、双江服饰、镇康服饰、耿马服饰等。都分为男女服饰，都以黑色和红色为主色，分为上衣、下衣、包头、头帕、挎包、银饰、手镯、项圈、耳环、藤圈、藤镯、发箍、织锦等	各种风格的佤族服饰出租 各种佤族服饰出售 穿佤族服装学佤族舞蹈 佤族服饰装饰品出售 织锦表演	体验型
饮食文化	鸡肉烂饭、酸笋烂饭、牛肉干巴烂饭、猪脑烂饭、牛苦肠烂饭、鼠肉烂饭、蜂蛹烂饭、毛鼠烂饭、斑鸠烂饭、白参烂饭、牛肉干腌菜烂饭、野生菌烂饭、野菜烂饭、小豆烂饭、凉拌牛肚、凉拌牛皮、凉拌黄瓜鸡肉、煮蜂蛹、煮山药、煮石蚌、橄榄王、煮螺蛳、煮枇杷菜、鹌鹑肉汤、松鼠肉汤、酸笋汤、火烧肉、火烧鱼、包烧菜、烤乳猪、竹筒焖鱼、竹筒焖烧、舂肉、水酒、甜酒等	高档佤王宴 中档佤王宴 低档佤王宴 佤族特色小吃	体验型

续　表

地方性知识	挖掘旅游资源	拓宽旅游产品设计思路	开发不同类型的旅游产品
生活文化	各种生活仪式，有串姑娘礼仪、订婚礼仪、结婚礼仪、婴儿满月礼仪、叫魂礼仪和丧葬礼仪等。生活禁忌，有饮食禁忌、行为禁忌、儿童禁忌、生产禁忌等。生活器用，有木盆、木勺、竹筒、竹篾箩、竹篾桌等	民宿	体验型
宗教文化	镖牛、自然物崇拜、天地崇拜、水崇拜、火崇拜、祖先崇拜、鬼魂崇拜、树木崇拜、占卜、祭寨神、祭山神、巫术、祭谷神、叫魂、叫谷魂、叫人魂、叫家魂等	保护	
体育文化	摔跤、抱腰拔河、打鸡圦陀螺、拔腰、簸石子、射弩、踩高跷、打跛跛、打弹弓、单腿赛跑、荡秋千、爬竹杆、顶肩、丢花包、丢石头、斗牛、反背背人、勾脚拉、勾脚跳、滚铁圈等	佤山体育娱乐广场 摔跤场 陀螺场等	体验型

续 表

地方性知识	挖掘旅游资源	拓宽旅游产品设计思路	开发不同类型的旅游产品
工艺文化	八孔土烟锅、班洪木印、背绳、沧源画布、得、斗、独弦琴、浮雕盘、葫芦染布盆、葫芦碗、臼、篾背箩、篾编烟盒、篾竹脚箍、木鼓、木拉、木弩、木梭子、人头桩、三弦琴、水酒杯、银钵头等	佤族工艺品	观光型
文学文化	《达召布找太阳》《三木洛和欧丙的生死恋》《诸葛亮的故事》《公明山的故事》《司岗里的故事》《天神和山神的传说》《娘布洛的传说》《十八部落》《十八王子舞蹈大赛》等	原生态舞台表演	展演型
音乐文化	民间歌曲、民间乐器、音乐创作；《阿佤人民唱新歌》《加林赛》《江三木罗经典情歌》《解放阿佤是一家》《孔南儿艾》《司岗里交响组曲》《斯诺》《佤山梦》《佤山情歌》《佤山摇篮》《西古拜》《想你》《想你九百九十天》《心上人等着你》《月亮升起来》等	佤族歌曲表演	展演型

续　表

地方性知识	挖掘旅游资源	拓宽旅游产品设计思路	开发不同类型的旅游产品
舞蹈文化	木鼓舞、镖牛舞、播种舞、打歌、大鼓舞、刀舞、悼念舞、供头舞、棺材舞、贺新房舞、欢乐舞、芦笙舞、铓锣舞、求雨舞、三弦舞、少儿歌舞、狩猎舞、甩发舞、毯子舞、跳摆、跳木鼓房舞、乌鸦舞、象脚鼓舞、迎头舞、羽舞、织布舞、竹竿舞等；《阿佤人》《边寨古歌——司岗里舞蹈史诗》《黑色风》《江三木罗》《太阳人》《佤山汉子》《佤族歌会》等	舞蹈表演	展演型
美术文化	"祭司岗"太阳幡图案、沧源崖画、护佑神像、祭祀幡竿雕刻、木鼓造型与彩绘、银饰艺术、寨门艺术、寨桩雕刻、竹器造型工艺等，美术家作品	旅游工艺品 佤族绘画展览	体验型
佤药文化	拔火罐、放血法、揪刮法、抹法、拍打法、揉搓法、推拿法、熏疗法、蒸熏法等	佤药泡脚等	体验型

续　表

地方性知识	挖掘旅游资源	拓宽旅游产品设计思路	开发不同类型的旅游产品
节日文化	春节、新火节、新水节、播种节、木鼓节、便克节、斋节、新米节、青苗节、贡象节、堆沙节、关门节、开门节、"司岗里"狂欢节等	节日体验	体验型
传统科技文化	摩竹取火、钻木取火、刺绣、编篾、打铁、纺织、酿酒、染布、制茶等	作坊工艺展示	学习型 体验型
影视文化	《阿布》《阿佤山》《不熄的火塘》《玉蝴蝶》《孔雀眼》《小站长》《司岗里》《月亮升起来MTV》《翻山》《司岗里》《图腾之旗——佤族篇》《最后的古村落》《情定司岗里》《临沧的诱惑》《爱的神奇》《情比山高》《穷途末路》《西游奇遇记》《远方的家》《乡土》等节目	佤族影视作品欣赏	展演型

续 表

地方性知识	挖掘旅游资源	拓宽旅游产品设计思路	开发不同类型的旅游产品
翁丁新村文化	在佤族的传统文化基础上，升级为集吃、住、行、游、购、娱为一体的旅游文化体验中心，解决当地居民的旅游就业问题。采用一种"舞台化"模式来发展旅游，把它建设成为佤族旅游社区的重要旅游区，减少游客对佤族文化的直接冲击和影响。在村貌的建设方面，请艺术家多提意见，并随之加上一些佤族文化的艺术元素。这里可以建设成向游客开放的旅游文化村，成为游客的主要接待地，解决翁丁佤族旅游社区接待能力不足的难题，将游客留宿在这里，让文化村成为游客了解佤族文化的窗口	表演舞台 民宿 旅游产品商店 餐饮 娱乐公园 咖啡馆 茶馆 每天"摸你黑"活动等	观光型 娱乐型 学习型 体验型

注：笔者根据翁丁佤族社区居民的旅游可行能力现状编制此方案。

5.4 翁丁佤族社区居民旅游技能可行能力的提升对策

5.4.1 培育居民保护传统宗教文化的意识

宗教信仰是一个民族延续的根基，是当地社会价值观的凝聚力量，对宗教信仰的保护，有助于培育社区居民群体的认同感、归属感和责任感。翁丁佤族旅游社区居民普遍信仰万物有灵的自然宗教，并且渗透到他们日常生活的各个方面。他们相信万物有灵和灵魂不灭，他们认为天、地、日、月、山川、河流等，一切不能解释的自然现象和人一样，也有"灵魂"或"鬼神"，并且，对人有强大的影响。这些"灵魂"主宰着世界，会给人们带来祸福安危，控制着人们的命运，因此，人们必须对这些"灵魂"进行祭祀。每当人遇不幸、生病和死亡时，居民一定要举行"叫魂仪式"。庄稼遇自然灾害等事情，一定要祭祀神明。他们最崇拜的神是"木依吉"神，因为它是主宰万物的最高神灵和创造人间万物的"鬼"，很多的祭祀活动都是为了取悦"木依吉"神，如跳舞、敲木鼓等。传说，"木依吉"神有许多儿子，包括风神、地神、雷神、树神、石神、庄稼神和佤族的第一个领导"克利托"等。他们还崇拜"阿雅"（天神），家里遇到大事，如结婚、生子、死亡等都要祭祀它。人们认为这些神各司其职，大神管大事，小神管小事，大神管不了小神，发生什么事就对应地祭祀什么神，才能消灭灾祸。摩巴是人与神的媒介，将鬼神的意愿以翁丁算卦的方式转告人们，又将人们对鬼神的崇拜通过念经的形式传达给鬼神。佤族旅游社区共有10多个摩巴，他们很有威信，对村寨的政治、文化、宗教生活有重要的影响，佤族人习惯在做任何事情之前，都要找摩巴算卦，做鬼定日子，做鬼当天，必请摩巴念经。在旅游社区内，每天都有10多家举行祭祀活动和叫魂仪式，有叫人魂、叫房魂、叫钱魂、叫谷魂和叫畜魂等。每当佤族的一些重要节日，所有村民都必须参加宗教集体仪式。佤族人认为超自然的世界分为四类：神灵、鬼怪、祖宗灵魂和生者灵魂。这些超自然的力量之间没有直接的从属关系，但相互影响，构成了神秘的超自然世界，影响着人们的生活。每年，村寨社区内都会举行隆重的多个村寨宗教集体仪式。包括哟黑拉翁（接新水）、祭木鼓、道大迈（砍牛尾巴）、勒依儿（祭祀"家神"）、耍嘎拉（镖牛）、祭稻（猎头）、郎李（佤历新年）、勒萨木（春节）等仪式。这些村寨集体仪式对佤族传统文化传承起着重要的作用，它们有一系列与农耕周期相关的仪式，也有与佤族历法周期吻合的年度性祭祀仪式。稻魂祭是祭祀稻谷魂，祈求得到稻谷神的保佑，以实现水稻的丰收。"郎李"是佤历新年，这一天要祭祀管日子的神，祈求它能保佑摩巴算准日子，造福全寨的村民。"勒萨木"是春节，要举行全寨人都参加的隆重的宗教仪式，包括取新火、祭寨桩和修缮祭拜神林。大年三十头一天，各姓头人到寨主家商量过年的活动，比如每家要交多少钱，要杀多少猪，哪些人负责煮饭，哪些人负责洗碗等事，商量好以后，第二天，每家派一人拿一碗米到寨主家吃饭，没有来的人，可以来拿一块肉回家。初一，还需要取新火。初一一早，每家小孩，不管男女，都身穿新衣服，拿着柴火去取新火回来烧火，领头人领着一头小猪，希望一年红红火火。老人们聚集在寨主家制作各种祭祀用品，有祭祀寨桩的大蜡烛、猪肉、鸡肉和供果等。到了晚上，全寨子的人都聚在寨桩所在的打歌场，村民在寨桩前点燃约 2 米高的大蜡烛，在老人的带领下，举行祭寨桩的祭祀仪式。仪式结束后，老人要全部守寨桩，村民围绕寨桩整夜载歌载舞。然后，寨子中人分家族祭祀寨桩，并请摩巴确定祭拜莫伟的日子，到祭拜莫伟的那一天，寨子里所有的男村民都要携带 2 支竹筒齐聚神林，修缮和清扫神林，并请老人念经，用煮熟的猪肉祭拜莫伟，最后，分给每个人都吃一点，体现了集体大众的公平性。这些宗教信仰和宗教礼仪是佤族传统文化的源头，因此，要激发居民保护这些宗教传统的意识，要求游客尊重他们的宗教文化，并制定相关的旅游保护措施来加以管理和保护。

5.4.2 提升家庭教育水平

文化是旅游发展的灵魂，促进翁丁佤族旅游社区民族文化的传承，是这些社区旅游发展中的重要任务，而家庭教育是佤族文化传承的一个重要途径，提升家庭教育水平能提高下一代佤族居民的旅游可行能力，助推翁丁佤族旅游社区文化旅游的发展。为了了解佤族旅游社区居民的家庭教育现状，笔者对 69 名佤族大学生进行了问卷调查和深度访谈，调查结果显示这些佤族大学生家长的教育程度基本都只是小学，所有被调查的佤族大学生父母中，只有 2% 的父母是大学本科毕业，2% 的父母是大学专科毕业，其余 96% 的父母都是小学及以下水平，他们对孩子学业的指导能力有限，基本不能指导孩子的学业，家庭教育严重缺失，他们也不重视孩子传承本族文化的教育意识，导致下一代对本族传统文化不珍视，非常不利于民族文化旅游的可持续性发展。因此，提升翁丁佤族居民家庭教育水平的关键是激发居民参加继续教育的热情，树立民族自信心，发展自身能歌善舞的特长，看到自身民族文化转化为经济收入的成效，增强他们生活的幸福感。

5.4.3 培养佤族本土旅游人才

翁丁佤族旅游社区的旅游发展重点在于培养当地的本土旅游人才，用当地摩巴的话讲"本土人才像石头，长期驻扎在这里，外地人才像流水，在几年就走了"，因此，一定要培养当地能带动大家发展的旅游人才。首先，建设佤族旅游社区图书馆。用旅游收入来购买与农业生产、植物种植、动物养殖、果树栽培、旅游宣传、旅游烹饪、旅游民宿管理等相关的图书，要求村民农闲时间来图书馆借阅，以此提高村民的终身学习意识，并将所学知识用于日常生活，提高生活质量，实现实质自由的生活。其次，成立翁丁佤族社区培训中心。将培训作为翁丁佤族旅游社区的重点工作，根据村民的需求，请相关教师来给予培训，开发针对村民的培训课程。特别要加强当地居民的成人继续教育培训和旅游职业教育培训。而这些本土人才成长的源头在于当地的基础教育，目前，由于优质教育资源的缺乏，佤族旅游社区居民受教育程度偏低，80%以上的年轻人都是初中毕业，他们基本上是返乡当农民或去外地打工，这样一来，他们的基础教育水平影响着他们的综合可行能力。为了在源头上提高佤族居民的整体可行能力，我们应投入大量精力加强这些地区的基础教育工作，加强在佤族旅游社区开展民族教育课程，让那些没有机会继续升入高中的佤族学生，在九年义务教育阶段有机会全面提高自身的综合素质，突出自身民族文化的特点，学习本民族的传统文化开发课程，为今后参与民族文化旅游做好知识储备。在成人后，能用这些民族教育知识来解决旅游发展中的问题，用事实来消除佤族旅游社区流行的"读书无用"思想，增加佤族家庭的旅游收入，早日实现2020年跨入小康社会的发展目标。

5.4.4 强化居民成人继续教育培训

针对翁丁佤族旅游社区居民的受教育水平偏低、终身教育缺乏的现状，应大力开展成人继续教育培训。在对居民的需求进行调研的基础上，结合村寨社区教育，引导居民学习地方性知识，主动思考旅游传承佤族非物质文化的现实问题，并积极参与旅游技能提升的培训，以及面向佤族居民开展的综合性教育培训，例如成立社区培训中心。将培训作为社区的重点工作，根据村民的需求，请相关教师来进行培训，开发针对村民的培训课程。成人继续教育培训的内容应以解决居民生活问题为主，包括健康保健、家庭理财、民族舞蹈、民族乐器、亲子教育、生产技能等；培训的形式应符合佤族居民需求，尽量计划在农闲时节。

5.4.5 开展居民旅游职业技能培训

翁丁佤族居民的旅游职业技能培训包括旅游技能培训、农业技能培训和美学运用培训。首先，要开展旅游技能培训。旅游技能培训的目标是以增加村民受教育机会作为主要手段，提高翁丁佤族旅游社区村民的旅游掌控可行能力，提高社区组织的管理水平，提升社区参与旅游的主体地位，使社区居民成为掌控社区旅游的真正主人。培训对象：包括社区旅游管理委员会成员、村委会工作人员、传统文化领导人、妇女、男人、儿童、表演队、导游等。培训时间：白天大多数村民必须从事农业生产活动，无暇进行学习，因此，培训的时间只能安排在每天晚饭以后，而且，必须从旅游收入中拿出一部分资金来奖励参加培训的村民，提高村民学习的积极性。组织管理：由佤族旅游社区主管，在各村寨成立村寨学习中心，培训的整个过程交由学习中心进行组织、考勤、评估。培训课程和教学：培训必须经过培训前期调研、设计培训方案、实施培训、培训后期评估四个阶段。而且，必须是长期的跟踪培训。培训前期，培训教师下乡到翁丁佤族旅游社区，调研村民的培训需求，根据需求确定培训的课程和教学方式。考核方法：为了提高村民参与培训的积极性，可以给村民布置与生活相关的家庭作业，然后进行小组讨论，增强村民对旅游社区的认知，尽量激发村民发展社区的创意思想，提高选择自己想过的生活的能力，培训过程重在解决社区难题，考核方法尽量简单，让村民就社区的某一问题讲讲自己的想法，培训结束后可以颁发培训毕业证。其次，加强居民的农业技能培训。翁丁佤族旅游社区是一个以农耕为基础的农村社会，居民群体的经济收入主要来自农业生产，然后才是旅游收入，对居民群体的职业教育还应加强农业技能培训，应以当地职业高中为依托，将农业技术进步落实到户到人。全面开展对新型农民的培训工作，普及种养—加工—营销—管理的农业产业链知识，提升农民对农业技术知识的应用能力，发展特色农业产业，研发高原特色农业旅游产品。培训的内容围绕种植类、畜禽养殖类、水产养殖类、农业工程类、旅游管理类等五大专业类核心课程，带领居民参观农业高新科技示范园区，引导他们发展现代农业，走"上中下游一体、产供加销游互促、一二三产融合"的多功能复合型农业产业之路。聘请电商专家讲授"互联网+农业"、农村电子商务、创新农产品流通及物联网应用等，提高其用互联网思维发展现代农业的意识。培训结束后，颁发给他们新型职业农民培训证书。培养居民群体自助、合作、竞争的意识，提高居民群体自主发展的能力和创新的能力，最终解决翁丁佤族旅游社区的"三农"问题。同时，发挥市场机制的作用，鼓励和支持涉农企业等市场主体，通过政府购买服务、市场化运作等培养新型职业农民的培训工作，构建居民培训—就业—保障一体化的模式。最后，让艺术进入翁丁佤族社区，开展居民的美学运用培训。艺术介入培养社区生活美学，培养社区居民的美学素养，重构农村文化精神；艺术介入打造生态美感，让村民自下而上地开展社区营造工作，实现人与生态环境的和谐共处；艺术介入推动文化创意产业，将环境、人文、庆典和艺术完美结合起来，将温室打造成花园，创造优质的休憩空间，为游客提供当季的新鲜果汁和茶饮服务。搭建与云南艺术学院农村社区工作组的合作平台，让艺术走进翁丁佤族旅游社区，美化村民生活。在建设过程中，突出佤族传统文化。

5.5 翁丁佤族社区居民旅游融资可行能力的提升对策

5.5.1 树立居民正确的金融观念

翁丁佤族社区居民对金融贷款有惧怕的心理，他们提倡"自己有多大力就做多大的事"，不愿意贷款，增加自己的负担，担心贷款后不能按期还款，居民中很少有人贷款去搞旅游创业的。因此，要向他们普及金融知识，让佤族居民树立起对金融的正确观念，了解金融、接受金融、用好金融。培养他们的诚信意识和风险防范意识。根据自身的经济实力，利用金融贷款，积极从事旅游就业、创业。

5.5.2 提供商业银行小额贷款

翁丁佤族旅游社区发展最缺乏的还是资金，可探索适合翁丁佤族旅游社区居民群体的扶贫金融模式，借助银行的业务，开设小额贷款，以此帮助佤族居民成长为农民企业家。借鉴孟加拉国的格莱珉银行的小额信贷模式，将我国商业银行引入翁丁佤族社区，提供居民低利率贷款服务。在社区建立信贷中心、贷款小组和贷款会员三级群众，以家庭为单位组成合作小组，6家人组成1个小组，6个小组组成1个中心，每星期都要召开贷款小组会议，会议内容为交流还款计划、投资计划、农业技能知识、旅游经营知识等。

5.5.3 推广居民农村互助资金

农村互助资金是翁丁佤族社区居民解决旅游融资的最佳途径，相比其他金融机构有独特的优势。农村互助金大多来自政府财政支持，用来组织农民发展合作社，探索发展社会经济的有效方法。这些资金由村委会统一管理，不会出现资金流失的问题，又能惠及最贫困的居民，用集体的互助资金带动大家共同致富。农村互助资金组织的居民都是邻居，彼此信任，相互监督，能减低违约的风险，增强资金的使用效率。在互助金的有效支配下，居民的收入会不断增加，互助金的金额也会得到增长，彼此形成良性循环。如果能在翁丁佤族社区推广农村互助资金，将能解决居民旅游融资困难的问题。

5.5.4 完善居民农业保险制度

翁丁佤族社区居民常年会遭受各种自然灾害，农民有强烈的农业保险需求。为了减少这些天灾人祸的伤害，应加强这些地区的农业保险保障，地方政府应加强引导佤族居民的投保意识，加大财政资金对佤族居民保险保费的补贴，不断扩大农业保险的覆盖面，并积极发展面向贫困户的新农业保险品种。由于农业保险的高风险，各种农业保险大部分呈现亏损状态，因此，需要借助国家和政府的力量支持农业保险发展，由地方政府提供一定比例的保费补贴，建立"政府＋银行＋保险公司"的农业保险模式，保障农业保险的可持续发展。

5.6 翁丁佤族社区居民旅游可行能力提升的保障机制

5.6.1 政策规划保障

通过对翁丁佤族社区进行全面的调查，根据当地旅游发展的现状，以及居民的旅游可行能力的主要特征，本研究认为，应制定"前台开发＋后台保护"的旅游发展规划政策（见图5.1）。以欧文·戈夫曼（Erving Goffman）的"舞台真实"理论为基础，将翁丁佤族旅游社区分为"前台"和"后台"，在"前台"区域重点展现佤族旅游产品，在"后台"区域重点保护佤族传统文化的传承，尽量减少旅游对佤族村寨的负面影响。在佤族传统村寨旁边建设一个集吃、住、行、游、购、娱于一体的现代文化旅游村，将它当作翁丁佤族社区旅游发展的"前台"，让游客了解佤族文化，传统佤族村寨成为旅游的"后台"，让游客目睹佤族原始部落的真实生活，亲身在这个佤族活态博物馆中感受佤族各种民俗，以及他们神秘的原始宗教和基督教信仰，当地居民在传统村寨里自然延续着祖辈传承下来的知识、信仰、艺术、道德、法律、习俗等，也能满足游客深度体验佤族文化的心理需求。周边的多个村寨是二者的支撑系统，全部村寨形成一个全域旅游圈。也就是在传统佤族村寨旁边"复制"一个具有现代社会特征的佤族村寨，专门用于接待游客，在这里配备优质的旅游服务设施，如建设佤族部落别墅、儿童娱乐场、佤族体育体验场等。这样能为本地的佤族居民提供多个全职就业机会和兼职就业岗位，为当地的困难群众提供社区救助。这种"相对隔离"是一种有效的旅游保护政策，这种发展政策能为翁丁佤族社区居民的旅游可行能力提升提供有效保障。这种"前台开发+后台保护"的旅游发展政策能满足游客的原住民文化体验的需求，同时又有利于佤族传统文化的保护和传承。在我国乡村振兴的战略下，可选择我国典型的佤族旅游社区作为试验区，探索我国佤族社区旅游发展的有效政策，积累更多的发展经验，帮助佤族居民主动提升自身旅游可行能力，早日实现全面脱贫，迈入小康社会。

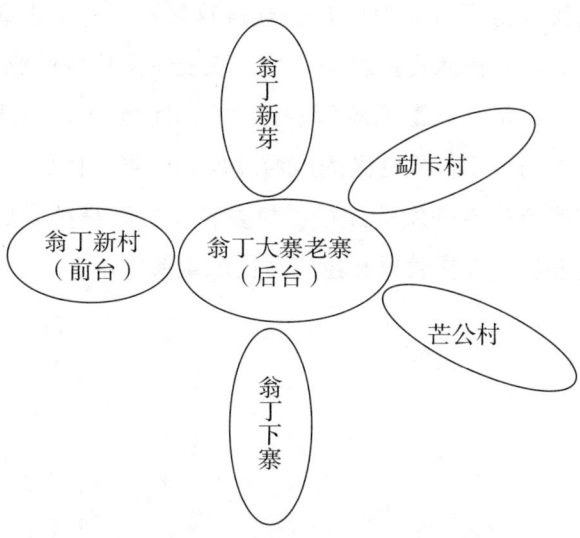

图 5.1　翁丁佤族社区旅游发展的规划政策

5.6.2 居民内生动力激发保障

翁丁佤族社区居民是自身旅游可行能力提升的内部主体,只有通过内源性发展,才能提升自身的"造血"能力。作为弱势群体,翁丁社区居民缺少旅游管理的参与机会和能力,在旅游发展过程中,他们几乎没有话语权,于是他们通常用敷衍的态度和沉默服从的行动来实现自己的表决权,而这种表决权往往会导致消极的后果,非常不利于他们维护自己的利益。要提高居民旅游可行能力,居民的内生动力必须起作用,梁漱溟先生认为"非乡村自身生出一个力量来,解决不了乡村问题,单靠外力绝对不行,乡村发展问题要启发乡村的自力,让乡村自己有生机,通过教育培养其根本,使农民的精神复苏而发动其进取心"①。居民是自我发展的主体,只有他们的观念转变过来,意识到自己建设家乡的责任和义务,才能促进他们的内生动力发展,树立起自我发展、自我教育、自我服务和自我管理的信心,从而提升自身旅游可行能力,成为新时代的新型农民,过上一种自我主导的幸福生活。

5.6.3 外部多元主体支持保障

翁丁佤族社区居民旅游可行能力的提升主体包括政府、居民、旅游企业、村委会和专家学者,外部支持主体是政府、旅游企业、村委会和专家学者,他们是激发居民内生动力的能力安全保障(见图5.2)。其中,政府制定针对翁丁佤族社区居民旅游可行能力提升的倾斜政策和人才引进政策;旅游企业引导居民进入市场,并投入资金发展"休闲农业+文化旅游业",为居民创造就业机会;专家学者是我国最喜欢解决问题的知识分子,为居民提供技术和教育资源,积极参与翁丁佤族社区的旅游发展,引导居民保护好地方性知识,探讨非物质文化遗产旅游开发的途径;村委会和社区精英是居民旅游可行能力提升的直接责任者,发挥管理和组织居民的重要作用。

---

① 梁漱溟. 乡村建设理论[M]. 上海:上海人民出版社,2011.

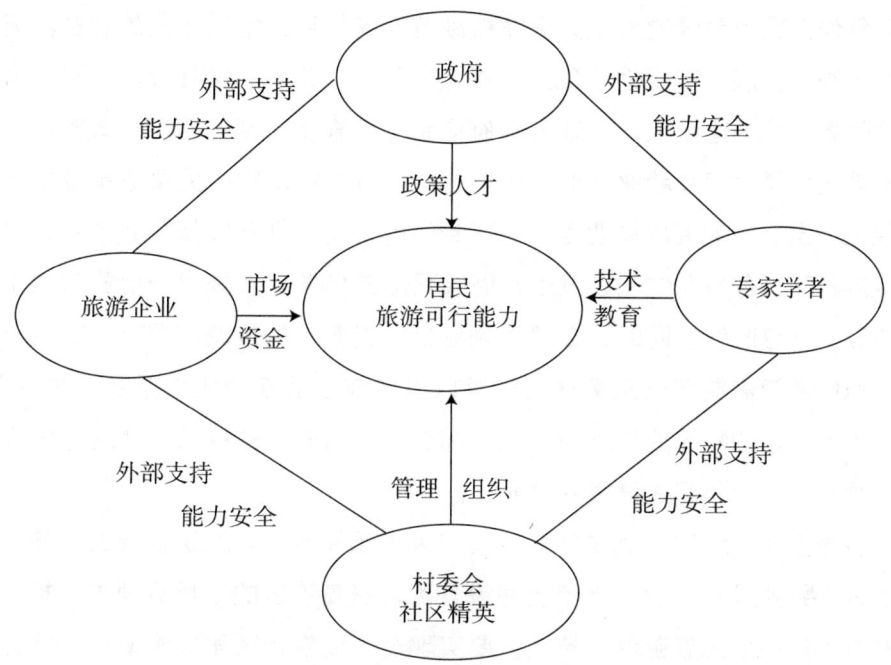

图 5.2　翁丁佤族社区居民旅游可行能力提升的外部主体

地方政府是提升翁丁佤族社区居民旅游可行能力的主导力量。在翁丁佤族居民的自组织能力和原有知识经验不足的情况下，地方政府对翁丁佤族地区的发展具有举足轻重的作用。地方政府能提供政策和人才支持，从善治、经济条件、社会机会等三方面提升翁丁佤族社区居民旅游可行能力，在旅游发展过程中，树立他们建设家乡的主体地位，培育他们保护和传承佤族传统文化的意识，改善居民的经济条件，增加居民的社会机会，并制定社区的土地、招商引资和资金的扶持政策，改造社区公共设施，提高村委会的自组织能力，以及居民的旅游可行能力。政府特别探索建立了符合旅游产业发展特点的土地管理利用制度。例如制定《云南省旅游产业用地改革试点方案》《云南省旅游产业用地改革试点政策》《云南省旅游用地分类体系》《云南省旅游产业用地基准地价编制工作实施方案》《云南省旅游项目用地年度计划指标管理暂行办法》等政策。将旅游社区居民纳入中央政府与地方政府的土地管理博弈中，维护当地居民在土地上的权利，加强土地的利用与管理，增加地方政府违规用地的成本。真正使居民享受集体土地所有权的权利，对国家征地的条件作出更为明确的规定。保障被旅游发展征用土地的居民的利益。促进社区的经济发展，实现翁丁佤族居民全面脱贫，跨入小康社会。同时，为了保障佤族社区的建设人才，地方政府应制定佤族就业创业的照顾政策，促进佤族地区大学生回乡就业创业，如在这些旅游社区规定机关事业单位招录中要保证一定比例的佤族毕业生，制订专门的录用计划和降低分数线等，在佤族旅游社区公务员职位的设置上，佤族职位占60%，实施对于佤族毕业生给予照顾的优惠政策。同时，在"以创业带动就业"的战略部署下，省政府及有关职能部门需制定一系列扶持政策以引导鼓励佤族毕业生返乡自主创业，给予他们一定的特殊的贷款免息政策和资金支持政策的扶持，让这些佤族大学生精英真正担负起建设家乡的重任。

旅游企业能给翁丁佤族社区居民带来市场和资金。旅游企业进驻旅游景区的最大好处是它们能投入资金建设景区，提高景区的市场竞争力、扩大居民视野、提高居民旅游就业技能。要实现翁丁佤族社区居民旅游可行能力的提升，必须引进旅游企业，将独具特色的民族文化旅游资源打造成有竞争力的旅游产品，这样才能增强佤族社区的旅游市场竞争力，在企业利润增长的同时，也增加居民的旅游就业机会。它们的运作将直接影响佤族旅游社区居民的旅游就业、旅游收入和传统文化的保护等问题，并将带动翁丁佤族社区的市场活力。

专家学者在提升翁丁佤族社区居民旅游可行能力方面，具有得天独厚的优势，他们能带来技术和教育支持。他们掌握着学术前沿资讯，拥有大学的教育资源，能寻找到解决这些地区中现实问题的最佳方法。他们是有学问、有眼光、有新知识新方法的人，在解决具体问题时，他们具有透过现象看本质的能力，探索居民旅游可行能力提升的孵化性运作和腐蚀性劣势，找出孵化性运作，消除腐蚀性劣势，他们能利用高校教育资源培训社区居民，增强居民的自主发展能力，践行各民族文化"各美其美，美人之美，美美与共，天下大同"的理念。专家学者应利用云南省8个高校民族教育基地的培训平台，开展专门针对翁丁佤族社区居民的教育培训，充分发挥9个培训平台的作用，送教下乡，担负起云南省佤族旅游社区居民旅游可行能力提升的重任。这些培训平台有云南师范大学的"云南省民族教育师资培训基地"、云南农业大学的"云南省少数民族青年与学生创业实践基地"、云南民族大学的"云南省少数民族双语人才教育与研究基地"、昆明市艺术学校的"云南省中小学校民族文化艺术教育基地"、云南开放大学的"云南省民族教育现代化研究基地"、德宏师范高等专科学校的"云南省双语双文师资培养培训示范基地"、滇西科技师范学院的"云南省少数民族语言文字基础教育教师培训基地"、昆明学院的"云南省民族团结教育基地"、丽江师范高等专科学校的"少数民族语言文字与国家通用语言文字双语教师培训基地"等。

村委会和社区精英是翁丁佤族社区居民旅游可行能力提升的管理和组织力量。费孝通先生[①]认为，中国农民的毛病就是"私"，曹锦清先生在调查河南乡村社会后，也认为我国农民善分不善合。梁漱溟[②]提倡通过建设乡村组织来解决农民的问题，引导农民合作于组织，这个组织是地方团体自治组织、文化教育组织和经济组织的三者合一，这个团体能启发乡下人的力量，形成乡村的团体生命。村委会和社区精英是乡村社区组织的主要组织者和召集者，在翁丁佤族旅游社区，由于居民的自我发展能力较低，成立村民组织化合作社有利于旅游利益的公平分配、维护村民群体的共同利益、提高与外来利益主体博弈的能力，而且，能降低资产专用性的风险，提高村民群体的自我发展能力，有助于提高佤族旅游社区的社会资本存量，增加居民整体的经济收入。村委会与社区精英组成团体，能代表居民群体的需要和利益，促进社会增权。因此，应建立村委会和社区精英的旅游议事制度，增强村委会的凝聚力，获取居民群众的信任。同时，还要建立各种类型的社区合作社，促进全体佤族居民共同分享旅游经济利益。

5.7 本章小结

翁丁佤族社区居民旅游可行能力的提升对策包括五个方面。首先，提升居民的旅游参与可行能力的对策是增强居民的旅游参与动机、机会和能力，建立居民旅游参与意愿表达机制等。其次，提升居民的旅游就业可行能力的对策是发展"休闲农业+文化旅游业"、培养新型农民、吸引大学生回乡就业

---

① 费孝通. 乡土中国 [M]. 上海：上海人民出版社，2006.
② 梁漱溟. 乡村建设理论 [M]. 上海：上海人民出版社，2011.

创业等。再次，提升居民的旅游产品开发可行能力的对策是培养居民将佤族文化与旅游产品融合的能力、培育居民鉴别佤族文化的保护性要素和开发性要素的能力等。复次，提升居民的旅游技能提升可行能力的对策是培养居民保护传统宗教文化的意识、提升家庭教育水平等。最后，提升居民的旅游融资可行能力的对策是树立居民正确的金融观念、提供商业银行小额贷款等。翁丁佤族旅游社区居民的旅游可行能力提升的保障机制包括政策规划保障、内生动力激发保障和外部多元主体支持保障。

第六章 研究结论和展望

6.1 研究结论

本研究以翁丁佤族社区居民旅游可行能力为研究对象,围绕"提升居民旅游可行能力"这一核心问题开展研究,主要内容包括构建理论分析框架和评估指标体系、实证研究和提出对策三大部分。首先,以可行能力理论、德鲁克文化管理理论、人力资源能本管理理论和旅游人类学"舞台真实"理论等为理论基础,以国内外著名旅游目的地的成功经验为现实依据,并结合研究对象的主要特征,构建出"直过民族"社区居民旅游可行能力的理论分析框架和"直过民族"社区居民旅游可行能力的评估指标体系。其次,选择典型的翁丁佤族旅游社区翁丁村为案例点,运用文献法、实地调查法、案例分析法、扎根理论分析法、口述资料分析法等研究方法收集和整理相关材料,总结出翁丁佤族社区居民旅游可行能力的主要特征。同时,运用"直过民族"社区居民旅游可行能力的评估指标体系,通过因子分析和模糊综合评价等定量研究方法对翁丁佤族社区居民的旅游可行能力进行评价,得出居民六大旅游可行能力的评价值。将这些定量的评价值结合居民的旅游可行能力特征,研究分析翁丁佤族社区居民旅游可行能力的现状及存在的问题。最后,针对翁丁佤族社区居民旅游可行能力存在的问题,本研究认为应着重提升居民旅游可行能力的孵化性运作,它们是旅游参与可行能力、旅游就业可行能力、旅游产品开发可行能力、旅游技能提升可行能力和旅游融资可行能力,在政策规划、居民内生动力激发和多元主体支持等保障机制的保障下,逐一提出提升居民旅游可行能力的有效对策。通过理论和实证研究,本研究得出以下主要研究结论。

6.1.1 旅游发展程度与居民旅游可行能力成正向关系

本研究的案例点是翁丁佤族旅游社区,包括翁丁大寨、翁丁新芽和翁丁下寨3个寨子,其中翁丁大寨的旅游发展程度最高,翁丁新芽和下寨的旅游发展程度较低。为了探讨旅游发展程度与居民旅游可行能力的相关性,本研究将翁丁大寨、翁丁新芽和下寨分开进行研究,采用李克特量表制作调查问卷,通过SPSS 17.0对本次调查的测量因子进行信度和效度测量,在符合信度和效度标准的基础上,运用一级模糊评价、二级模糊评价和因子分析等定量研究方法进行评价研究。得出翁丁大寨居民的旅游可行能力评价值是：旅游参与可行能力 = 2.219，旅游就业可行能力 = 2.833，旅游产品开发可行能力 = 2.642，旅游技能提升可行能力 = 2.905，旅游融资可行能力 = 2.154，旅游社交可行能力 = 4.168；翁丁新芽和下寨的居民旅游可行能力评价值是：旅游参与可行能力 = 2.202，旅游就业可行能力 = 1.66，旅游产品开发可行能力 = 2.214，旅游技能提升可行能力 = 2.534，旅游融资可行能力 = 2.954，旅游社交可行能力 = 3.906。通过比较它们的评价值，发现翁丁大寨居民的旅游可行能力比新芽、下寨居民的旅游可行能力偏高。可见，旅游发展程度的强弱与居民旅游可行能力成正向关系。

6.1.2 翁丁佤族社区居民旅游可行能力评价值偏低

本研究运用所构建的"直过民族"社区居民旅游可行能力评估指标体系，采用李克特量表编制调查问卷，运用SPSS 17.0对调查问卷进行信度和效度检验（KMO和Barlett球形检验），在符合信度和效度要求的基础上，通过因子分析和模糊综合评价等定量研究方法对居民的旅游可行能力进行评价，得到翁丁佤族社区居民的旅游可行能力的评价值为：旅游参与可行能力 = 2.549，旅游就业可行能力 = 2.276，旅游产品开发可行能力 = 2.143，旅游技能提升可行能力 = 1.996，旅游融资可行能力 = 2.764，旅游社交可行能力 = 4.029。其中，翁丁佤族社区居民的旅游社交可行能力评价值在4.0~5.0区间，属于较强的等级。这与佤族文化有紧密的关系，佤族居民因为拥有热情奔放、乐观上进和团结友善的文化特点，故他们喜欢和游客愉快地交谈，为游客提供方便等，深受游客喜爱。在旅游发展过程中，他们表现出较强的旅游社交可行能力。居民的旅游参与可行能力、旅游就业可行能力、旅游产品开发可行能力、旅游技能提升可行能力和旅游融资可行能力的评价值在1.0~3.0区间，属于较弱的等级。研究发现佤族居民缺少参与的决策权和管理权；对旅游促进就业的思考少；开发表演式旅游产品、参与式旅游产品、度假旅游产品和专项旅游产品的能力弱；缺乏提升旅游技能方面的培训；缺少发展旅游经营的资金。因此，翁丁佤族社区居民的旅游可行能力的孵化性运作应聚焦于旅游参与可行能力、旅游就业可行能力、旅游产品开发可行能力、旅游技能提升可行能力和旅游融资可行能力等五项能力。

6.1.3 翁丁佤族社区需要制定本土旅游规划政策

本研究以旅游人类学的"舞台真实"理论为基础,制定了"前台开发+后台保护"的旅游规划政策,将翁丁佤族旅游社区分为"前台"和"后台","前台"为翁丁新村,"后台"为翁丁大寨老寨。将翁丁新村打造成集吃、住、行、游、购、娱为一体的文化旅游村,开发更多的表演式旅游产品、参与式旅游产品、度假旅游产品、专项旅游产品和体育旅游产品等,满足游客对佤族异质文化生活体验的需求。在翁丁大寨老寨主要提供陈列式旅游产品和观光旅游产品,重点保护佤族传统文化,尽量减少旅游对佤族村寨的负面影响。周边的翁丁新芽、翁丁下寨、勐卡和芒公等多个佤族村寨是二者的支撑系统,它们与翁丁新村、翁丁老寨形成一个全域旅游圈,共享旅游发展的经济利益。目前,翁丁佤族社区已形成了翁丁老寨和翁丁新村共存的旅游现象,有近20户翁丁大寨居民已搬到翁丁新村,根据当地旅游发展的实际情况,这种"前台开发+后台保护"的旅游发展规划政策,是一种"相对隔离"且有效的旅游保护政策,这种规划政策能为翁丁佤族社区居民的旅游可行能力提升提供有效保障,能满足游客的原住民文化体验的需求,同时又有利于佤族传统文化的保护和传承。

6.1.4 翁丁佤族社区居民旅游可行能力的提升对策

通过对翁丁佤族社区居民旅游可行能力的定性和定量研究,对他们的现状进行分析,本研究发现他们存在的主要问题是旅游参与能力不足、经济条件差和社会机会少。为了提升翁丁佤族社区居民旅游可行能力,本研究认为翁丁佤族社区居民旅游可行能力的提升对策应包含五大方面,即旅游参与可行能力、旅游就业可行能力、旅游产品开发可行能力、旅游技能提升可行能力和旅游融资可行能力,针对每个旅游可行能力,本研究都提出了相应的提升对策。它们是:第一,旅游参与可行能力的提升对策。增强居民旅游参与动机、机会和能力,建立居民旅游参与意愿表达机制。第二,居民旅游就业可行能力的提升对策。发展"休闲农业+文化旅游业",培养新型佤族农民,吸引佤族大学生回乡就业创业,发展居民"互联网+旅游"能力,推进农村电子商务发展。第三,佤族居民旅游产品开发可行能力的提升对策。培养居民将佤族文化与旅游产品融合的能力,鉴别佤族文化的保护性要素和开发性要素的能力，让佤族文化"活化"传承的能力，开发体验型体育旅游产品的能力，提升居民设计文化旅游产品的能力。第四，佤族社区居民旅游技能提升可行能力的提升对策。培育佤族居民保护传统宗教文化的意识，提升家庭教育水平，培养佤族本土旅游人才，强化居民成人继续教育培训，开展居民旅游职业技能培训。第五，佤族社区居民旅游融资可行能力的提升对策。树立佤族居民正确的金融观念，提供商业银行小额贷款，推广农村互助资金和完善居民农业保险制度。

6.1.5 "直过民族"社区居民旅游可行能力的理论分析框架能指导实践

本研究以可行能力理论为理论基础、国内外旅游目的地成功经验为现实依据，结合"直过民族"社区的特征，构建了初步的"直过民族"社区居民旅游可行能力的理论分析框架。然后，在5次对案例点进行调研的过程中，运用扎根理论分析法，根据调研结果，不断修正该理论分析框架。因此，该理论分析框架对佤族社区居民旅游可行能力的提升具有指导作用。"直过民族"社区居民旅游可行能力的理论分析框架充分考虑旅游发展的大背景，提出"直过民族"社区居民的旅游可行能力受制于三大要素，即脆弱性环境、功能性活动偏弱和地方性知识。"直过民族"居民面临的脆弱性环境表现在他们居住在沿边、封闭的特殊地理位置，自然条件和交通条件较差；功能性活动偏弱表现在"直过民族"居民的经济条件差、社会机会少、透明性担保和防护性保障不完善等，他们生活贫困，发展滞后。地方性知识表现在"直过民族"居民拥有特殊的文化形态，他们能发挥自身民族文化优势，将"直过民族"的物质和非物质文化进行旅游开发，从而提升自身文化的旅游影响力。居民的旅游可行能力评估分析包括旅游参与可行能力、旅游就业可行能力、旅游产品开发可行能力、旅游技能培训可行能力、旅游融资可行能力和旅游社交可行能力等六大维度指标。居民旅游可行能力的孵化性运作需要在旅游保障系统的支持下，将居民的内因和外因结合，从宏观（政府）、中观（社区、旅游企业和专家学者）、微观（社区精英和社区居民）三个层面进行探索，进而提升居民的五大旅游可行能力。与此同时，居民旅游可行能力的提升则会进一步改善脆弱性环境，提高居民功能性活动并增加可利用的资源，形成良性的循环系统。

6.1.6 "直过民族"社区居民旅游可行能力提升的重点是激发居民的内生动力

"直过民族"社区居民是弱势群体，由于他们缺少旅游管理的参与机会和能力，在旅游发展过程中，他们几乎没有话语权，于是他们通常用敷衍的态度和沉默服从的行动来实现自己的表决权，而这种表决权往往会导致消极的后果，非常不利于他们维护自己的利益。事实上，他们是自身旅游可行能力提升的内部主体，只有通过激发他们的内生动力，促使他们内源性发展，才能提升自身的"造血"能力。梁漱溟研究乡村建设的问题多年，他也认为农村地区的发展问题就是要启发乡村的自力，让乡村自己有生机，通过教育培养其根本，使农民的精神复苏而发动其进取心。本研究的调研结果也表明制约当地居民旅游可行能力提升的主要原因之一是居民的思想观念。他们仍然保留着"等、靠、要"的旧思想，对自己的旅游发展缺乏思考，未能主动融入当地的旅游发展决策和管理中。因此，要提高居民旅游可行能力，必须激发居民的内生动力。居民是自我发展的主体，只有他们的观念转变过来，意识到自己建设家乡的责任和义务，才能促进他们的内生动力发展，树立起自我发展、自我教育、自我服务和自我管理的信心，进而提升自身旅游可行能力，转型为新时代的新型"直过民族"农民，最终过上一种自我主导的有价值的幸福生活。

6.1.7 "直过民族"社区居民旅游可行能力提升需要多元主体的支持

由于"直过民族"居民整体贫困程度较深，他们居住于特殊的地理位置、经历过特殊的社会发展阶段并拥有特殊的文化形态，如果仅依靠自身的自我发展，将严重地制约着发展的速度和效率，面临着巨大的困境。因此，需要政府、旅游企业、专家学者、村委会和社区精英等外部主体形成合力，承担起各自的责任，共同推进居民旅游可行能力的提升。通过分析翁丁佤族社区居民旅游可行能力的现状，本研究认为政府是提升"直过民族"居民旅游可行能力的主导力量，在"直过民族"居民的自组织能力和原有知识经验不足的情况下，政府对"直过民族"地区的发展具有举足轻重的作用，必须提供政策和人才支持，制定针对"直过民族"社区居民旅游可行能力提升的各种倾斜政策。村委会和社区精英是"直过民族"社区居民旅游可行能力提升的管理和组织力量，必须通过带头引领作用，积极激发居民自身的内生动力。旅游企业的最大优势是它们拥有市场和资金，当它们进驻旅游景区之后，它们能投入资金完善景区的旅游接待设施，进而提高景区的市场竞争力、扩大居民的视野、提高居民的旅游就业技能并创造居民就业的机会。专家学者在提升"直过民族"社区居民旅游可行能力方面，具有得天独厚的优势，他们能提供技术和教育支持。他们掌握着学术前沿资讯，拥有大学的教育资源，能利用高校教育资源培训社区居民，增强居民的自主发展能力，能找出解决居民现实问题的最佳方法。他们能引导居民保护好他们的地方性知识，将其转换为旅游发展的资源，践行各民族文化"各美其美，美人之美，美美与共，天下大同"的理念。

6.2 研究的创新点

6.2.1 研究视野创新

本研究具有跨学科研究的视野。将人类学和管理学结合起来做交叉研究，人类学关注当地居民的民族文化传承问题，管理学关注居民的能力提升问题。通过跨学科研究，本研究提出居民旅游可行能力的创新概念，它是指居民对旅游发展的掌控能力，是居民主动发展旅游，让旅游成为提高自身生活质量的工具。最终，让自己过上一种自我主导、幸福感增强的生活的能力。居民旅游可行能力的研究范围比旅游参与能力的范围更广泛、内涵更丰富。同时，本研究还具有国际研究视野。为了开阔研究思路、奠定基础，笔者通过公派留学访学机会实地调研印度尼西亚巴厘岛的文化旅游成功经验，并对这些经验进行全面分析，结合翁丁佤族社区的特点，进行有选择的借鉴，深入探讨"直过民族"社区居民的旅游可行能力提升的理论分析框架和评估指标体系，通过实证研究，最终提出翁丁佤族社区居民旅游可行能力提升的对策。居民的旅游可行能力属于旅游服务系统，因为所有的旅游吸引物都需要人的优质服务来发挥它们的功能，所以，提升旅游目的地居民的旅游可行能力变得极为重要。

6.2.2 研究内容创新

本研究将可行能力理论引入"直过民族"旅游社区，围绕"提升居民旅游可行能力"核心问题，将"直过民族"社区居民的旅游可行能力作为研究的主要内容，它扩展了居民旅游参与能力的研究范围，既关注到居民参与旅游的意愿和生活的幸福感，又关注到居民掌控旅游的能力。研究内容包含了居民参与旅游的其他各方面的能力，如旅游参与可行能力、旅游就业可行能力、旅游产品开发可行能力、旅游技能提升可行能力、旅游融资可行能力和旅游社交可行能力等。要提升居民旅游可行能力需要居民重视地方性知识，增强保护自身文化的意识，主动进行文化再生产和社会调适，让佤族文化的传承遵循佤族居民的文化主体能动性和佤族文化自身的发展规律。在民族文化旅游中，佤族社区居民是文化持有者，处于主体核心地位，当他们的旅游可行能力得到提升后，他们就能利用自身的文化优势，运用现代理念和先进的技术手段，发掘和保护本民族的物质文化遗产和非物质文化遗产，进行文化再创造，从而进一步提升本民族的文化适应性和生命力。本研究首次关注的"直过民族"社区的居民旅游可行能力提升的问题，是我国推进乡村振兴的实践探索。

6.2.3 理论分析模式创新

本研究以可行能力理论为理论来源、国内外旅游目的地的成功经验为现实依据，结合研究对象的特征和旅游目的地系统的特点，构建了"直过民族"社区居民旅游可行能力的理论分析框架和评估指标体系。该理论分析框架包括旅游发展背景、脆弱性环境、功能性活动、地方性知识、旅游可行能力评估分析、孵化性运作、旅游保障、旅游可行能力提升主体、旅游可行能力提升的策略和旅游可行能力提升成果等与"直过民族"社区居民旅游可行能力相关的内外部环境、保障、对策性要素，并体现出这些要素之间的相互作用和联系，能够清晰反映出"直过民族"社区居民旅游可行能力研究的基本思路。此外，在"直过民族"社区居民旅游可行能力的理论分析框架前提下，遵循人性尊严、异质人力资源旅游开发、宏中微观多因素综合分析、因地制宜和城乡一体化等原则，构建了"直过民族"社区居民旅游可行能力的评估指标体系，该评估指标体系包括三大理论维度、六大旅游可行能力观测指标和 31 个观测分指标。该评估指标体系的构建基于"直过民族"社区旅游发展的实际情况和对居民旅游可行能力的基本要求，结合了当地特有的传统文化和地方性知识的影响力，对当地居民旅游可行能力的量化测评具有一定的合理性和可信度，也适用于其他"直过民族"旅游社区居民旅游可行能力的量化测评。

6.3 进一步研究的空间和展望

6.3.1 研究对象可延伸至其他"直过民族"旅游社区

云南省有多个"直过民族"旅游社区，本研究因时间和能力的限制，只能选择一个具有典型代表性的翁丁佤族社区，今后的实证研究可以扩大研究范围，延伸至其他"直过民族"旅游社区。除了对不同"直过民族"旅游社区居民开展旅游可行能力测评之外，还可对其进行比较分析，进一步完善和充实佤族社区居民旅游可行能力的研究成果。

6.3.2 拓展居民旅游可行能力的其他影响因素

影响居民旅游可行能力的因素众多，本研究重点选择了居民的旅游参与能力、旅游就业能力、旅游商品开发能力、旅游技能培训能力、旅游融资能力、旅游社交能力等六大因素。今后的研究可进一步拓展居民旅游可行能力研究的其他因素，例如旅游合作能力、劳动技能能力和职业转换能力等方面。

6.3.3 探讨"直过民族"社区居民旅游可行能力的孵化性运作

每个"直过民族"社区的具体情况不同，不同的"直过民族"社区居民旅游可行能力的孵化性运作也不同。因此，今后的研究应重点关注案例点居民旅游可行能力的孵化性运作，才能有的放矢地提出提升居民旅游可行能力的有效对策。

附 录

附录一　访谈提纲

一、专家和学者访谈提纲

1. 您认为"直过民族"旅游社区建设面临的最大困境是什么？

2. 在发展社区旅游中，您认为佤族旅游社区居民应该重点发展哪些能力？

3. 您认为在"直过民族"旅游社区建设中，政府、村委会、社区内部民间组织、企业及当地居民应该各自发挥哪些作用？

4. 在中国社会转型时期，您认为政府要如何引导"直过民族"旅游社区发展？

5. 您认为根据"直过民族"旅游社区的现状，我们有哪些途径可以提高当地居民的能力？怎样提高当地旅游管理部门的管理水平？

6. 在旅游开发背景下，您怎样看待佤族的文化自觉？

7. 现阶段，您认为"直过民族"旅游社区居民开发旅游产品的能力要如何增强？

8. 您怎样看待佤族地区大力发展农村电子商务问题？

二、社区精英访谈提纲

1. 您认为村民应该参与旅游决策吗？为什么？

2. 如果县政府想发展旅游，决定在这里建一个佤族体育体验广场，您同意吗？你们可能面临征地的问题，您觉得怎样补偿好？

3. 您认为发展旅游对佤族文化有影响吗？好的方面主要表现在哪些方面？坏的方面主要表现在哪些方面？

4. 您认为你们村的自然条件适合种植什么农旅产品？今后可以走农村电子商务的发展道路吗？

5. 为了提高村民的能力，您觉得可行有效的办法有哪些？

6. 村里有一些民间组织，您认为它们对村子的旅游发展起重要作用吗？如何才能更好地发挥它们的作用？

三、村民访谈提纲

1. 您如何看待本村的旅游发展？好的方面是哪些？不好的方面是哪些？

2. 如果有经济条件，您最想从事什么旅游经营（餐饮、表演、家庭旅

3. 每年过你们的传统节日的时候，您都有旅游收入吗？您对这些收入满意吗？

　　4. 如果有大学老师来开展农业、旅游业、商业的培训，您最想学习哪些方面的知识？

　　5. 您喜欢你们村吗？哪些地方让您觉得住在这里很好？

　　6. 您会积极参加村里的各种集体旅游活动吗？为什么？

　　7. 您觉得村里哪些人对您的影响最大？为什么？

　　8. 你们村每年遇到的自然灾害有哪些？您觉得怎样才能将自然灾害的损害减少到最低？

　　9. 您希望通过旅游发展，解决个人的哪些困难？解决村里的哪些问题？

四、游客访谈提纲

　　1. 您来自哪里？为什么选择来这里旅游？

　　2. 您在这里花了多少钱？都买了一些什么旅游产品？

　　3. 您是第几次来这里？觉得这里的旅游发展怎么样？来这里旅游后，您感到满意吗？

　　4. 您对这里的佤族文化感兴趣吗？主要想了解他们的哪些文化？

　　5. 您对佤族村寨的旅游设施满意吗？您觉得有哪些方面可以再改善一下？

　　6. 除了翁丁，您还去了哪些村寨？那些村寨好玩吗？

　　7. 这里的人们热心吗？您喜欢他们吗？下次如果有机会，您还会选择来这里旅游吗？

　　8. 您喜欢佤族舞蹈、音乐和民居吗？

　　9. 如果佤族旅游社区能提供条件较好的少数民族民宿，您愿意住在这里吗？

五、旅游企业负责人访谈提纲

　　1. 您认为"直过民族"旅游社区建设面临的最大困境是什么？

　　2. 你们公司进来后，您是如何经常与佤族旅游社区居民沟通交流的？

　　3. 您认为在"直过民族"旅游社区建设中，政府、村委会、社区内部民间组织、企业及当地居民应该各自发挥哪些作用？

4. 在中国社会转型时期，您认为企业在提高当地居民的参与旅游的能力方面，可以做些什么贡献？

5. 现阶段，您认为佤族旅游社区居民开发旅游产品的能力要如何增强？

6. 你们企业在制定旅游发展规划的过程中，会邀请当地的村委会和村民参加吗？

7. 你们公司是哪年接手翁丁村的旅游开发的？这几年的游客数量有增加吗？门票收入怎么样？您对这里的旅游发展前景是否看好？

六、旅游政府部门工作人员访谈提纲

1. 您认为"直过民族"旅游社区建设面临的最大困境是什么？

2. 在发展社区旅游中，"直过民族"旅游社区居民应该重点发展哪些能力？

3. 您认为在"直过民族"旅游社区建设中，政府、村委会、社区内部民间组织、企业及当地居民应该各自发挥哪些作用？

4. 在中国社会转型时期，您认为政府要如何引导"直过民族"旅游社区发展？在提高他们的参与旅游的能力方面，政府需要采取哪些有效措施？

5. 您认为根据佤族旅游社区的现状，应该怎样提高当地旅游管理部门的管理水平？

6. 在旅游开发背景下，您怎样看待佤族的文化自觉？

7. 现阶段，您认为佤族旅游社区居民开发旅游产品的能力要如何增强？

8. 您怎样看待佤族地区大力发展农村旅游电子商务问题？

附录二 访谈人员记录表

2016 年 5 月 20 日至 6 月 8 日访谈人员记录表

被访谈对象	编码	时长	访谈内容
肖某 （开小卖部，50 岁）	Wxx - J1	11′21″	出卖的旅游产品有哪些、您认为翁丁吸引游客的主要特色有哪些、旅游收入占总收入的比例
肖某 （一般村民，65 岁）	Wxx - C1	7′23″	家里的经济条件、村里的生活条件、孩子的上学条件
肖某 （开农家乐、旅馆，60 岁）	Wxx - J2	15′10″	农家乐的经营情况、村里传统叫魂的习俗有哪些、村里有多少个摩巴
肖某 （村民，51 岁）	Wxx - C2	11′32″	孙子去哪里上学、儿子去打工的情况、村里的防火措施有哪些、村里的医疗条件怎样
李某 （开民宿，李家带头人）	Wxx - J3	65′11″	接待的游客多数来自哪里、村里主要有哪些姓氏、这些姓氏都有带头人吗、他们主要做些什么事情、村里的叫魂仪式有哪些、寨主在村里的作用是什么
肖某 （原村长）	Wxx - C3	22′23″	村委会的构成、工作人员有哪些、村里处于低保的人数、当地居民的能力哪些方面需要提高、村子人口的总数、需要提高村民的哪些能力
杨某 （村支书）	Wxx - Z	125′02″	村民受灾情况、人民房保险的情况、村民参与旅游的情况、新村建设情况、当地适合发展什么产业、教育的发展情况、年轻人多数都出去打工吗、政府对旅游的财政支持有哪些、扶贫工作队对村民的帮助有哪些、翁丁新村的建设现状如何、以后准备怎样规划

续　表

被访谈对象	编码	时长	访谈内容
马某 （耿马游客）	Wxx-YK1	30′06″	为什么过来翁丁旅游、想买什么旅游产品带回去、喜欢翁丁的哪些景色、希望翁丁加强哪些方面的建设
胡某 （昆明游客）	Wxx-YK2	22′45″	是自驾车来翁丁吗、为什么第二次带朋友过来、会在翁丁这里过夜吗、村民做的菜好吃吗、来这里是为了体验佤族的原始文化吗、为了加速旅游的发展，翁丁需要在哪些方面加以改进来满足游客的需求
织布女 （开小卖部，27岁）	Wxx-J4	62′34″	家庭的经济收入有多少、文化程度怎样、多长时间去进一次货、是否想出去打工、夫妻关系和婆媳关系如何、生活的幸福感怎样
赵某 （当地摄影爱好者）	Wxx-S	90′11″	翁丁的传统文化对旅游发展有促进作用吗、寨主对全村的作用大吗
杨某 （翁丁小学的老师）	Wxx-L	123′46″	翁丁的扫盲工作完成了吗、是否经常到村寨里进行家访、对翁丁将来发展旅游的设想有哪些、在教学中会融入一些佤族歌舞的内容吗、翁丁需要开发哪些特色旅游产品、职业学院对翁丁的旅游发展会有帮助吗、翁丁新村可以怎么打造
肖某 （42岁，未结婚， 长期出去打工， 反对发展旅游）	Wxx-C4	15′02″	不喜欢住在翁丁的原因是什么、对村领导不满意的原因是什么、这里发展旅游好吗、发展旅游的负面影响有哪些、你有哪些生活困难

续表

被访谈对象	编码	时长	访谈内容
李某 （社区导游）	Wxx-D	34′44″	翁丁的导游有多少个、发工资吗、游客喜欢请导游吗、每天来玩的游客多吗、讲解时更喜欢突出佤族文化哪些方面的特色（佤族服装特色、寨子的历史、生产生活用具）
肖某 （擅长舞蹈、唱歌，寨子的开心果，拍过纪录片《走遍云南》）	Wxx-BY	56′43″	自己的成长经历有哪些、喜欢参加节日的舞蹈吗、最大的梦想是什么（歌声唱不断、酒杯喝不完、舞蹈跳不完）、你的乐观性格是怎样养成的、你有没有不快乐的时候、你这一辈子都是跟着自己的内心走吗
李某 （保安）	Wxx-BA	46′22″	你认为游客少的原因是什么、你们的工作职责是什么、村里有多少个摩巴、有多少个姓氏家族的头人、风俗有哪些、叫魂对村民的影响有多大、农业生产的情况如何
杨某 （53岁，2009年曾任代理村主任，开民宿）	Wxx-J5	140′06″	开民宿有多长时间、价格怎么收费、游客住宿的情况怎样、愿意一辈子住在村里吗、翁丁发展旅游经济的促进作用表现在哪些方面、有必要对佤族的传统文化进行保护吗、个人的能力对改善自己的生活重要吗（他认为对村民进行培训能提高他们的生活能力。村民收入的大部分被用到叫魂上面了。上面领导的换届对翁丁的发展影响很大。目前，村民最关心的问题是新房的问题）

续 表

被访谈对象	编 码	时 长	访谈内容
杨某 （寨主，80岁）	Wxx-ZZ	67′15″	翁丁村的发展历史、寨主的成长经历、寨主如何组织村民过节？过春节时村民都是一起庆贺吗、您认为叫魂好吗、翁丁的传统节日有哪些、翁丁的旅游发展历史
肖家媳妇 （开民宿）	Wxx-J6	21′55″	村民参加春节集体庆贺的仪式有哪些、村民生病一定要叫魂吗（举例）、叫魂起作用吗、叫魂有哪些仪式、除了生病之外遇到哪些事情也要叫魂、家里喜欢养哪些牲畜
肖某 （48岁，开餐馆、民宿、小卖部。不识字。有3个小孩，老大出去打工，老二是人民教师，老三是汽车司机）	Wxx-J7	127′43″	依靠自己致富的吗、讲述自己致富的经历、能主动帮助有困难的村民吗、旅游发展很好吗、想参加妇女就业的相关培训吗（希望政府尽快制定政策解决村民入住新村新房的事情，也希望村民赶快富裕起来）
田某 （39岁，开小卖部。小学2年级。婆婆经常生病）	Wxx-J8	97′36″	哪些旅游产品好卖、家里的最大开销是什么（婆婆的医病费用和孩子的上学费用）、生活的最大困难是什么（经济条件差）、想参加哪些培训、丈夫主要做什么工作
肖某 （会计。承担全村所有节日活动的经费预算和结算工作）	Wxx-K	67′08″	每年全村的重要活动有多少次、村民参加节日活动需要交费吗、这些费用怎么分配、旅游的收入和出去打工及发展农业生产的收入进行比较哪个多些、对村里传统文化的保护最担忧的是什么

续 表

被访谈对象	编 码	时 长	访谈内容
李某 （施工老板）	Wxx-W	59′32″	自然灾害给村民造成的损失大吗（他认为村民很友好，村寨的道路正在改善，可是村民受到的限制太多，很多人很贫困。贫困的主要原因是叫魂仪式花销大）
肖某 （佤族舞蹈艺术家。曾经是高原艺术团的一级演员，录唱过《想你》。到过台湾、新加坡、上海、北京等地演出。目前计划回家乡创业）	Wxx-B	89′10″	对佤族舞蹈文化热爱吗、身为佤族你感到自信和幸福吗、每晚的文艺队排练你都参加吗
李某 （初中，村主任）	Wxx-ZR	10′48″	村子的总体经济情况如何、村子人口的总数是多少、需要提高村民的哪些能力
杨某 （卖票）	Wxx-G	37′18″	村里的人都能参加旅游管理委员会的工作吗、总共有多少村民能拿固定工资、来翁丁旅游的游客哪个季节多、上班和下班时间固定吗（他认为能留住游客住在翁丁，收入就会增加）
杨 （旅游管理委员会主任，摩巴，69岁）	Wxx-JL	98′46″	翁丁旅游发展的历史、如何组织村民参与旅游活动、主要有哪些活动、村寨的门票收入如何分配、目前旅游发展遇到的最大困难是什么、如何解决、村民需要提高各方面的能力吗（他认为上级主管部门对他们的管理政策改变频繁，影响了旅游的可持续发展）

续　表

被访谈对象	编码	时　长	访谈内容
肖某 （村医，工作了 30多年，50岁）	Wxx-YS	146′16″	喜欢村医这个工作吗、村里卫生院的设施和工作人员数量是什么情况、你怎么看村民叫魂医病的做法、希望学习电脑的操作知识吗、你要求你小孩也学医吗、你能给村民看哪些疾病
肖某 （一般村民， 经常出去打工）	Wxx-C5	29′40″	家庭情况如何、孩子都在读书吗（对村里的低保政策不满意。认为旅游没有给他带来很大好处，经济收入还是要依靠农业生产）
备注	编码W表示正式调研时的访谈，Wxx表示编号，Wxx-W表示被访者的身份，如Wxx-Y表示医生；Wxx-L表示老师；Wxx-C表示村民等			

笔者根据2016年5月20日至6月8日调研访谈材料整理。

2018年7月14日至25日访谈人员记录表

被访谈对象	编码	时　长	访谈内容
肖某 （支书）	Wxx-CL	39′56″	了解翁丁村委会关于旅游发展的规划；翁丁村民搬新居的情况；成立农村合作社的构想；农业产业发展的想法，如稻田养鱼、桑葚林下养鸡等
杨某 （老支书）	Wxx-CL	145′16″	旅游社区需要哪些人才；村民的旅游参与能力、旅游就业能力、旅游产品开发能力等现状如何；哪些能力急需提升；实施旅游技能培训的可行性，旅游如何与农业相结合

续 表

被访谈对象	编码	时长	访谈内容
杨某 （第一书记）	Wxx-CL	35′10″	扶贫的工作难点有哪些；主要开展哪些扶贫工作（他认为翁丁佤族旅游社区居民的叫魂活动过于频繁，导致村民经济贫困，一定要改变村民的观念，提高村民的各种能力。而且需要引入企业，带动村民参与旅游经营活动）
陈某 （扶贫工作队）	Wxx-F	69′12″	扶贫的工作重点是哪些；引导村民发展适合本地的农业种植业和养殖业，并提供这些产品的销售路径
王某 （大学生村官）	Wxx-D	17′27″	对翁丁佤族旅游社区居民的旅游参与能力、旅游就业能力、旅游产品开发能力、旅游教育能力、生存健康能力、旅游资金支持能力、社交能力和社会保障能力做出评价
导游1	Wxx-DY	43′10″	了解导游的工作时间、工作内容、导游词内容等
导游2	Wxx-DY	45′12″	对导游工作是否满意；旅游收入有多少等
李某 （检票员）	Wxx-G	40′06″	每天的游客数量有多少；工资有多少；每天的上班时间
杨某 （寨子儿子）	Wxx-ZC	79′13″	寨主的主要责任有哪些；翁丁大寨的重大节日庆祝活动和旅游经营的情况；每年的旅游收入有多少；是否需要提高自身的烹饪水平；是否参加过旅游技能培训

续　表

被访谈对象	编　码	时　长	访谈内容
摩巴1（传承人）	Wxx-M1	68′03″	对村委会决策的看法；对翁丁佤族旅游社区发展旅游的看法；对旅游保护和传承佤族传统文化的看法
摩巴2	Wxx-M2	89′34″	对村委会决策的看法；对翁丁佤族旅游社区发展旅游的看法；对旅游保护和传承佤族传统文化的看法
摩巴3	Wxx-M3	45′16″	对村委会决策的看法；对翁丁佤族旅游社区发展旅游的看法；对旅游保护和传承佤族传统文化的看法
摩巴4	Wxx-M4	45′11″	对村委会决策的看法；对翁丁佤族旅游社区发展旅游的看法；对旅游保护和传承佤族传统文化的看法
旅游经营者1	Wxx-J1	56′	您家的生意好吗；您认为发展旅游对佤族文化有影响吗；好的方面和坏的方面分别主要表现在哪些地方；您认为你们村的自然条件适合种植什么农旅产品；为了提高村民的能力，您觉得可行有效的办法有哪些
旅游经营者2	Wxx-J2	20′04″	您家的生意好吗；您认为发展旅游对佤族文化有影响吗；好的方面和坏的方面分别主要表现在哪些地方；您认为你们村的自然条件适合种植什么农旅产品；为了提高村民的能力，您觉得可行有效的办法有哪些

续 表

被访谈对象	编码	时长	访谈内容
旅游经营者3	Wxx-J3	38′32″	您家的生意好吗；您认为发展旅游对佤族文化有影响吗；好的方面和坏的方面分别主要表现在哪些地方；您认为你们村的自然条件适合种植什么农旅产品；为了提高村民的能力，您觉得可行有效的办法有哪些
旅游经营者4	Wxx-J4	71′06″	您家的生意好吗；您认为发展旅游对佤族文化有影响吗；好的方面和坏的方面分别主要表现在哪些地方；您认为你们村的自然条件适合种植什么农旅产品；为了提高村民的能力，您觉得可行有效的办法有哪些
旅游经营者5	Wxx-J5	60′14″	您家的生意好吗；您认为发展旅游对佤族文化有影响吗；好的方面和坏的方面分别主要表现在哪些地方；您认为你们村的自然条件适合种植什么农旅产品；为了提高村民的能力，您觉得可行有效的办法有哪些
旅游经营者6	Wxx-J6	15′05″	您家的生意好吗；您认为发展旅游对佤族文化有影响吗；好的方面和坏的方面分别主要表现在哪些地方；您认为你们村的自然条件适合种植什么农旅产品；为了提高村民的能力，您觉得可行有效的办法有哪些

续 表

被访谈对象	编 码	时 长	访谈内容
组长1	Wxx-CL	50′43″	您认为翁丁村的旅游产品还需要开发哪些；守寨门的居民的工分怎么算；你们组居民的低保有多少户；您认为这里的居民应该发展民宿吗
组长2	Wxx-CL	42′36″	您认为翁丁村的旅游产品还需要开发哪些；守寨门的居民的工分怎么算；你们组居民的低保有多少户；您认为这里的居民应该发展民宿吗
原生态舞者	Wxx-J7	37′08″	您为什么想成立佤族原生态歌舞表演队；您的梦想是什么；您每天表演几场；您有学生和您一起编舞蹈吗
旅游企业负责人	Wxx-WG	53′14″	如何开发佤族歌舞旅游项目；您认为应如何结合佤族的生产、生活进行开发，并申请专利，然后，与旅行社合作，用旅游项目获取经济利益
外出打工者	Wxx-DG	50′11″	您认为翁丁应开发哪些旅游产品；这些旅游产品需要进行哪些包装
备注	编码W表示正式调研时的访谈，Wxx表示编号，Wxx-W表示被访者的身份，如Wxx-Y表示医生；Wxx-L表示老师；Wxx-C表示村民等		

笔者根据2018年7月14日至25日调研访谈材料整理。

附录三 "直过民族"社区居民旅游可行能力维度和指标体系专家调查问卷及结果统计

尊敬的专家：

您好！

本研究采用德尔菲法确定"直过民族"社区居民旅游可行能力的评价维度和指标体系，用于调查"直过民族"社区居民旅游可行能力的水平。请您根据所列指标的重要程度，为各分项旅游可行能力的指标赋值。1——非常不重要，2——不重要，3——中立，4——重要，5——非常重要。

如果您有更好的建议，请在备注栏填入。

您的意见对该研究将产生重要的影响，非常感谢您的支持和帮助！

第一题 请为"直过民族"社区居民旅游可行能力的维度打分

维度	具体可行能力	1	2	3	4	5
善治	旅游参与可行能力	0%	0%	0%	80%	20%
经济条件	旅游就业可行能力	0%	0%	0%	40%	60%
	旅游产品开发可行能力	0%	0%	60%	20%	20%
社会机会	旅游技能提升可行能力	0%	0%	0%	100%	0%
	旅游融资可行能力	0%	20%	20%	20%	40%
	旅游社交可行能力	0%	20%	0%	60%	20%

注：其他维度建议（如有）。

第二题 请为"直过民族"社区居民旅游参与可行能力的指标打分

题目\选项	1	2	3	4	5
与旅游相关的组织代表了社区居民的需要和利益	0%	20%	40%	20%	20%
社区管理组织对"一事一议"制度的执行情况	0%	0%	0%	60%	20%
居民有参与旅游的决策和管理的机会	0%	0%	0%	20%	80%
居民有参与旅游的广度	0%	0%	20%	0%	80%

第三题　请为"直过民族"社区居民旅游就业可行能力的指标打分

题目 \ 选项	1	2	3	4	5
旅游是否增加经济收入	0%	0%	0%	40%	60%
居民对发展旅游的态度	0%	0%	0%	60%	40%
居民对旅游就业的评价	0%	0%	20%	80%	20%
居民对旅游就业条件的满意度	0%	0%	20%	20%	40%
居民农业旅游就业技能的情况	0%	0%	0%	20%	80%
居民对旅游经济收入的满意度	0%	0%	0%	60%	40%

第四题　请为"直过民族"社区居民旅游产品可行能力的指标打分

题目 \ 选项	1	2	3	4	5
居民能开发旅游产品的程度	0%	0%	40%	40%	20%
居民对体验旅游产品开发的评价	0%	0%	20%	0%	80%
居民对旅游节日打造的评价	0%	0%	0%	20%	80%
居民对社区精英在旅游产品开发中具有动员和示范作用的评价	0%	0%	0%	20%	60%

第五题　请为"直过民族"区居民旅游技能提升可行能力的指标打分

题目 \ 选项	1	2	3	4	5
居民的看书和识字水平	0%	0%	0%	60%	40%
居民的普通话交流水平	0%	0%	20%	20%	60%
居民对旅游促进民族非物质文化传承的看法	0%	0%	0%	20%	80%
居民对学校民族教育的观念	0%	0%	20%	40%	40%
居民对互联网的使用情况	0%	0%	20%	20%	60%

第六题　请为"直过民族"社区居民旅游融资可行能力指标打分

题目＼选项	1	2	3	4	5
居民是否获得旅游贷款服务	0%	0%	20%	40%	40%
居民是否获得旅游财政支持	0%	0%	0%	40%	60%
居民是否获得企业支持	0%	0%	20%	40%	40%
居民的亲戚朋友的资金支持能力	0%	20%	40%	20%	20%
居民个人资金积累	0%	0%	40%	40%	20%
旅游资金缺乏情况	0%	0%	0%	0%	100%

第七题　请为"直过民族"社区居民旅游社交可行能力指标打分

题目＼选项	1	2	3	4	5
对政府公信力的评价	0%	0%	0%	60%	40%
遵守村规民约的态度	0%	0%	0%	60%	40%
相信村委会领导的程度	0%	0%	0%	40%	60%
村民之间相互信任的程度	0%	0%	0%	60%	40%
相信邻居的程度	0%	0%	0%	40%	60%
旅游对居民社交的影响	0%	0%	0%	20%	80%
居民与外来文化的交流	0%	0%	0%	40%	60%

附录四　"直过民族"社区居民旅游可行能力调查问卷

亲爱的村民朋友：

您好！我们是""直过民族"社区居民旅游可行能力研究"课题组，为了了解"直过民族"村寨旅游发展的基本情况，我们来这里开展佤族村民参与旅游经营方面的专项研究。本调查采用不记名的方式进行，您所填的所有信息我们仅用于科学研究，并严格保密。恳请大家如实、认真填写或回答。请在相应选项上画"√"，大部分问题是单项选择题，只能选择一个答案，只有注明（多选）的是多项选择，可选择多个答案，遇到空格时，请在空格上填写相关要求内容。非常感谢您的积极参与和支持！

一、社区居民基本信息（请选择最合适的一个答案，在"□"中打"√"）

居住社区	□翁丁大寨　□翁丁新芽　□翁丁下寨　□芒公　□勐简大寨
性　别	□男　□女
年　龄	□≤20岁　□21—30岁　□31—40岁　□41—50岁　□51—60岁　□≥61岁
民　族	□佤族　□傈僳族　□德昂族　□拉祜族　□景颇族
文化程度	□没上过学　□小学　□初中　□高中或中专　□大学专科　□大学本科及以上
身　份	□普通村民（非建档立卡户）　□普通村民（建档立卡户）　□村委干部　□旅游管理委员会干部　□旅游管理委员会成员　□寨主　□摩巴　□曾外出打工者
您在本地居住时间	□5年以下　□5~10年　□10~20年　□20~30年　□30年以上
您家里有多少人	
您的家庭年收入	
您的家庭旅游年收入	
您家赡养老人的费用	
您家人情来往的费用	
您的家庭收入来源	□全靠农业　□以农业为主，旅游为辅　□以旅游为主，农业为辅　□全靠旅游，没有其他收入　□打工
家庭耕地面积（亩）	
与旅游业关系的密切程度	□一年四季都从事旅游活动　□只在旅游旺季从事旅游活动　□没有从事过旅游相关的工作
旅游开发前后，家庭总收入	□增加　□减少　□不变

续　表

您是否是旅游经营户	□是　□不是
您认为您家的旅游经营（旅游经营者填）	□很好　□较好　□一般　□较差　□很差
促进或限制您家旅游经营的因素有哪些（旅游经营者填、多选）	□文化程度较高/较低　□接受培训教育的机会较多/较少　□资金支持力度高/低　□家庭收入较高/较低　□距离景区核心区较近/较远　□邻里关系好/差　□家中劳动力较多/较少　□家人意见一致/不一致
导致您没有参加旅游经营的原因（非旅游经营者填、多选）	□文化程度低　□接受培训教育的机会少　□资金支持力度低　□家庭收入少　□距离景区核心区较远　□不懂怎样经营　□家中劳动力较少　□家人不支持　□无政府帮助　□其他
如果参加培训，您想学习的知识有（多选）	□写字　□讲普通话　□就业技能　□理财知识　□旅游经营知识　□开发旅游产品　□教育子女　□卫生健康　□农业技术　□其他
为了生活得更好，您最希望得到哪些帮助（多选）	□资金支持　□住房补贴　□教育培训　□卫生保健　□社会保障　□农业技术　□旅游参与　□互联网　□电子商务
目前，您最想提高的能力是（多选）	□旅游参与能力　□旅游就业的能力　□旅游产品开发的能力　□旅游教育的能力　□生存保健的能力　□资金支持的能力　□社会保障的能力　□社交信任的能力
您感觉您的生活状态是	☺ ☺ ☺ 😐 😐 ☹ ☹ 1　2　3　4　5　6　7

二、社区居民旅游可行能力信息（请选择最合适的一个答案，并在上面打"√"）

您对以下描述是否同意？5 分表示完全同意，4 分表示同意，3 分表示不确定，2 分表示不同意，1 分表示完全不同意。	完全同意	同意	不确定	不同意	完全不同意
1. 社区组织在一定程度上能代表社区居民的需要与利益	5	4	3	2	1
2. 关于旅游发展，我们村严格执行"一事一议"制度	5	4	3	2	1
3. 我们有参与旅游决策和管理的机会	5	4	3	2	1
您对以下描述是否同意？5 分表示完全同意，4 分表示同意，3 分表示不确定，2 分表示不同意，1 分表示完全不同意。	完全同意	同意	不确定	不同意	完全不同意
4. 我们村里几乎每家都能参与到旅游活动（如守寨门等活动）中	5	4	3	2	1
5. 旅游能增加我们的经济收入，我支持发展旅游业	5	4	3	2	1
6. 旅游发展为我们创造了更多的就业机会，例如开农家乐、民宿、开车、守寨门等	5	4	3	2	1
7. 过节时，我们全村都要参加迎宾、拉木鼓、摸你黑、歌舞表演等活动，以获得经济收入	5	4	3	2	1
8. 我认为应该在发展旅游的同时，也要重视发展泡核桃、竹子和茶叶等经济作物的生产，让农业和旅游业有效地结合在一起	5	4	3	2	1

续 表

您对以下描述是否同意？5 分表示完全同意，4 分表示同意，3 分表示不确定，2 分表示不同意，1 分表示完全不同意。	完全同意	同　意	不确定	不同意	完全不同意
9. 我们村急需建立就业技能的培训机构，培训村民做佤族特色餐饮和经营民宿等旅游就业技能	5	4	3	2	1
10. 我对旅游带来的经济收入很满意	5	4	3	2	1
11. 我们能创造具有民族特色的传统舞蹈和艺术，满足游客的需求	5	4	3	2	1
12. 我们能开发丰富多样的民族美食、传统手工艺技能和传统体育项目等游客体验项目	5	4	3	2	1
13. 我们的传统节日文化内容丰富，吸引了众多游客	5	4	3	2	1
14. 村里的旅游带头人在旅游产品开发中具有动员和示范作用	5	4	3	2	1
15. 我会写字和看书，学习与旅游相关的知识	5	4	3	2	1
16. 我能用普通话和游客进行交流	5	4	3	2	1
17. 我认为通过旅游可以传承佤族的非物质文化遗产	5	4	3	2	1
18. 孩子在学校期间必须学习本族文化知识，为今后从事旅游业奠定基础	5	4	3	2	1
19. 我能使用互联网了解农产品的市场需求信息	5	4	3	2	1
20. 如果我要投资农家乐，银行可以为我提供扶贫贴息贷款	5	4	3	2	1

续　表

您对以下描述是否同意？5分表示完全同意，4分表示同意，3分表示不确定，2分表示不同意，1分表示完全不同意。	完全同意	同　意	不确定	不同意	完全不同意
21. 如果我要从事畜牧养殖业或旅游经营，可以申请项目，获得政府的财政拨款	5	4	3	2	1
22. 如果我想发展水果种植业，企业可以垫资支持	5	4	3	2	1
23. 如果我想经营民宿，亲戚可以借钱支持	5	4	3	2	1
24. 我家有一定的储蓄资金，可以用来参与旅游相关的经营活动	5	4	3	2	1
25. 我最需要资金来参加旅游经营（如民宿、餐饮等），获取收益	5	4	3	2	1
26. 我相信政府的公信力，它能为我提供帮助（包括旅游）	5	4	3	2	1
27. 我相信村领导，他们能处理村里的所有事情（包括旅游），调解村民的各种纠纷	5	4	3	2	1
28. 我相信邻居，喜欢串门，我们相处融洽，相互信任，他们能为我提供帮助和支持	5	4	3	2	1
29. 我会严格遵守我们村的村规民约	5	4	3	2	1
30. 旅游让我和邻居之间的关系更紧密	5	4	3	2	1
31. 旅游促使居民学习外来文化，实现文化的交流	5	4	3	2	1

问卷调查到此结束，非常感谢您的支持与参与！！！

附录五 "直过民族"旅游社区游客调查问卷

亲爱的游客朋友：

您好！我们是""直过民族"社区居民旅游可行能力研究"课题组，为了了解"直过民族"村寨旅游发展的基本情况，我们来这里开展佤族村民参与旅游经营方面的专项研究。本调查采用不记名的方式进行，您所填的所有信息我们仅用于科学研究，并严格保密。恳请大家如实、认真填写或回答。请在相应选项上画"√"，非常感谢您的积极参与和支持！

一、游客基本信息（请选择最合适的一个答案，在"□"中打"√"）

来自哪里	□国内省内　□国内省外　□港澳台地区　□国外
性　别	□男　□女
年　龄	
民　族	
文化程度	□小学　□初中　□高中或中专　□大学专科　□大学本科 □硕士以上
职　业	□公务员　□事业单位人员　□国营企业员工　□私营企业员工　□军人　□学生　□个体经营者　□自由职业者 □其他
年收入	
来旅游的方式	□自驾车　□跟团
选择来这里旅游的原因	

二、您对翁丁旅游开发的看法

1. 您是通过什么途径知道这里的？

①旅行社　②自己在网页上看到　③朋友推荐　④电视宣传　⑤报纸杂志

2. 您对这里的旅游自然景观满意吗？

①满意　②不满意

3. 您对这里的人文景观满意吗？

①满意　②不满意

4. 您对这里的旅游设施满意吗？

①满意　②不满意

5. 您对这里的旅游项目满意吗？

①满意　②不满意

6. 您认为这里的村民发展面临的最大困难是什么？

①能力不足　②缺乏教育培训　③缺少资金支持　④缺少人才　⑤旅游产品太少　⑥医疗条件差　⑦经济收入低　⑧旅游参与不足　⑨旅游没有和农业相结合

7. 您认为这里的村民最需要提升哪些能力，以便早日通过旅游实现脱贫目标？

①旅游参与能力　②旅游就业能力　③旅游产品开发能力　④旅游教育能力　⑤生存健康能力　⑥旅游资金支持能力　⑦社交能力　⑧社会保障能力

8. 请您为村民的能力打分

5分表示非常好，4分表示较好，3分一般，2分较弱，1分非常弱	非常好	较好	一般	较弱	非常弱
1. 旅游参与能力	5	4	3	2	1
2. 旅游就业能力	5	4	3	2	1
3. 旅游产品开发能力	5	4	3	2	1
4. 旅游教育能力	5	4	3	2	1
5. 生存健康能力	5	4	3	2	1
6. 旅游资金支持能力	5	4	3	2	1
7. 社交能力	5	4	3	2	1
8. 社会保障能力	5	4	3	2	1

9. 您认为这里应该增加哪些旅游项目？

①佤王宴　②佤族特色民宿　③农业旅游产品　④佤族传统体育项目　⑤具有先进设备的佤族博物馆　⑥佤族特色旅游产品购物广场　⑦佤族歌舞表演的舞台　⑧佤族特色餐饮

10. 您计划在这里玩几天？

①半天　②1天　③2天　④3天

11. 如果还有机会，您还会再来吗？
①会　②不会　③说不清

附录六　翁丁佤族社区图片

佤族女神图腾

佤族民居

佤族撒拉房

佤族寨桩

佤族老人

参加旅游活动的佤族老人

抽烟的佤族老人

能歌善舞的佤族儿童

专心织锦的佤族妇女

佤族居民拉木鼓活动

佤族传统祭祀活动

佤族居民和游客打歌

记工分的佤族居民

展示茶艺的佤族妇女

附录七 勐角民族乡翁丁村民委员会翁丁村村规民约

总 则

依据《宪法》和《村民委员会组织法》的规定，为维护社会主义，加强社会主义法制，认真宣传贯彻执行党的方针、路线及政策，确保本村政治、经济和社会稳定，促进本村两个文明建设向前发展，经村民委员会开会研究决定，特制定以下村规民约：

第一章

第 1 条 坚定拥护中国共产党的领导，热爱祖国，坚持四项基本原则，深入进行改革开放，推动经济建设。

第 2 条 遵守国家各项法律法令和各项规定，遵守社会公共道德和行为规范，不搞歪门邪道。

第 3 条 加强与邻村社之间的团结，互相学习，互相尊重风俗习惯，互不歧视，和睦相处。

第 4 条 认真学习科学文化知识，不断提高劳动者素质，积极执行"科技兴农"的方针。

第二章

第 5 条 年满 18 周岁的人（除在校生外）均为劳动力，年满 50 周岁的老人不能作为劳动力，村内开展集体生产和公益事业建设所需的人工和资金实行"一事一议、事议公开"工作方法的制度。

第 6 条 党支部、村委员召开会议时，所有通知到会的人员必需按时参加，不积极贯彻落实会议精神，影响全局工作实施的（班子中根据责任大小追究责任）。工作扯皮、抵触、故意违抗、不服从安排经教育不悔改者，导致工作影响和造成损失的，必须追究责任，情节严重的，组织召开村民代表会议给于罢免。

第三章

第 7 条 结婚年龄：男性 22 周岁，女性 20 周岁，方能持居民身份证和户口簿领取结婚证。

第 8 条 严格执行计划生育政策，未办理结婚登记手续怀孕的，必须妊辰，若违反手续的收违约金 200 元（男、女各 100 元）。

第 9 条 非法与他人同居的，影响家庭和睦，属通奸的，收取违约金男女方各 300 元，属玩弄强奸的，不论已婚或未婚，上报司法部门严肃处理。

第 10 条 每对育龄夫妇生育不得超过两胎。生育间隔年限为 4 年。如发现必须及时刮宫，如不刮宫，按每月 50 元罚款处理。

第 11 条 无论属于完婚或适婚年龄的，自领取结婚证之日起，至少 8 个月后才能生育，如少于 8 个月视为婚前怀孕，并按第 9 条执行处理；如不交处罚金，不给予办理生育证明。

第 12 条 不准遗弃、虐待老人。对丧失劳动能力无固定收入的老人，其子女必须尽赡养义务，生病就医，生活服务，由子女承担费用。父母（含继父母，下同）承担未成年或无生活能力子女的抚养教育。不准遗弃、虐待病残儿、继子女和收养的子女。

第四章 搞好卫生及文化教育

第 13 条 搞好公共卫生和村落整容，不随地倒垃圾、秽物；修房盖屋余下的垃圾碎片及时清理，柴草、粪土按指定地点堆放，自觉维护村寨环境卫生。

第 14 条 不准在村里旅游步道、打歌场等公共场所堆放农家肥和杂物，违者处限期予以清理外，罚款 50～100 元。

第 15 条 每个家庭有义务保证其子女完成九年义务教育，凡 16 岁以下少年儿童未完成九年义务教育，辍学务农经商的，村委会及小组有权配合学校对其进行批评教育，督促其完成学业。

第 16 条 必须搞好环境卫生，确保群众身体健康，促进各项生产和经济发展，经布置任务后不搞环境卫生的，收取违约金 20 元，并勒令重新完成

（特殊情况除外）。

第 17 条　年满 7 周岁必须进学校上学，违者收取违约金 15 元。经教育仍然不就学的，限期就学；到期不就学的，收取违约金 30~50 元（由村教育领导小组执行）。

第 18 条　学生逃学流动，经教师做工作不悔改者，收取违约金 50 元，并限期归学。不归校者，从流动之年起，每年收取 50 元，直到该生毕业为止。

第 19 条　本村学生高中升大学，凭国民教育认可的录取通知书，村委会给予安排优惠政策。

第五章　认真搞好社会治安综合治理

第 20 条　加强社会治安管理，稳定全村社会秩序，维护国家和集体利益，保护人民的合法权益，保障改革开放和现代化建设的顺利进行。

第 21 条　严禁非法生产、运输、储存和买卖爆炸物品；生产销售烟花、爆竹，须经公安机关批准；捡拾枪支弹药、爆炸物品后，要及时上交公安机关或村治保会。

第 22 条　依靠群众，采取有利措施消灭不稳定因素和不安全隐患，及时调节民间纠纷，缓解社会矛盾，防范和减少违法犯罪。

第 23 条　禁止结伙斗殴和各种赌博行为，发生各种矛盾纠纷要依靠各级领导和有关部门协商解决，不能用打骂人的方法来处理，更不能因为发生矛盾纠纷和争端就动干戈。严禁借各种理由限制和侵犯他人人身自由；严禁肆意侮辱，殴打他人；在本村范围内禁止任何人在各种场所利用扑克、麻将、台球、子花等各种形式进行赌博活动。

第 24 条　酗酒闹事、挑拨邻里关系、扰乱生产和生活公共秩序的收取违约金 100~200 元。

第 25 条　禁止结伙斗殴，殴打他人，侮辱老人、妇女、儿童，违者收取违约金 100~200 元，造成伤害，肇事者要负责误工费、生活和医药费、护理费；情节恶劣，后果严重的，上报法律部门追究刑事责任。

第 26 条　严禁偷摸盗窃和各种扰乱社会治安的行为，经查获除赔偿一切盗窃损失之外，收取违约金 100~200 元，情节严重的报公安及司法部门追究法律责任。

第 27 条　禁止宗教迷信活动干扰治安、行政和教育工作；不得破坏社会秩序、工作秩序和群众生活秩序；不得损害公民利益和身体健康；不得接受外国势力支配，危害国家安全；严禁利用封建迷信破坏生产，骗钱害人。违者退还所有钱财并收取违约金 50—100 元，态度恶劣、情节严重的报公安及司法部门追究刑事责任。

第 28 条　调节纠纷，每调节一次必须事先交纳 50 元的综合治理基金，调节结束后由过错方承担这笔基金（若双方有过错各承担多少根据大小而定），并承担调解人员的误工费，每人每天 30 元（早上 10 元，下午 20 元），晚上按半天计算，12 点以后按全天计算。

第 29 条　禁止吸食鸦片和海洛因，禁止种植罂粟，禁止运输、吸食毒品，违者上交公安及司法部门处理。

第 30 条　加强森林防火工作，每年元月 1 日至 6 月为防火期，必须遵守值班制度，制定防火工作措施，不执行或经教育不悔改者，每缺一件防火工具收取违约金 5 元，不按时交纳者加倍收取，并责令限期补缺。

第 31 条　发现野外火源，无论任何人，都要设法在第一时间向村两委报告；接到火警的任何人，都要在最短时间内号召广大群众赶赴现场扑火。

第 32 条．村民野外用火发生火灾损失的，须赔偿由此带来的一切经济损失，视情节严重而负相应法律责任。

第 33 条　领导不重视防火工作，不履行制度，不采取措施，责任不落实或玩忽职守造成火灾重大损失的，分别追究领导和责任人的责任；用火违反安全规定，发生火灾的，除赔偿损失外，收取违约金 20~200 元，森林防火根据情况按每亩 5~30 元赔偿。未造成严重损失，有火灾隐患不排除、发生火灾了不及时组织扑火的，收取违约金 100~150 元。

第 34 条　未经报批，毁林开荒者，收取违约金 10~50 元。

第 35 条　防火期间，值班人员必须坚守岗位，不得擅离职守，违者收取违约金 10 元，如发生火灾，收取 50~100 元的违约金。

第 36 条　为了确保人身安全，保证正常供电，不准擅自私接电源，由此造成的故障和损失，除照价赔偿外，另处罚 100～200 元。

第 37 条　提倡讲文明、讲礼貌、尊老爱幼、讲正义、持真理、讲道德、正原则，家庭和睦、邻里团结，尊师重教、助残济贫、胸襟大度、诚实守信，美化村容、绿化村庄。

第六章　牲畜家禽病防治和管理

第 38 条　搞好防疫注射工作，宰杀病猪、牛鸡必须在指定地点，丢病死猪、牛、鸡必须在适宜地点深埋，违者收取违约金 10 元。不论机关，农村一律同等对待，自然村组负责检查实施。

第 39 条　对有病的牲畜，不准出卖。对于病死的牲畜要深埋村外，否则罚款 200 元。

第 40 条　提倡科学养殖，实行猪、牛关养，厩养，禁止放野牛，以免他人庄稼受损造成损失，违者按相关管理公约处理。

第 41 条　生猪实行厩养，如不遵守此项规定，仍然放出的由有关领导小组负责抓捕，每头猪违约金 30 元，小猪儿 20 斤以下收取每头 5 元；态度恶劣，拒绝交纳违约金和三天内不交违约金的，有关领导小组按相关公约处理。

第七章　土地、森林管理

第 42 条　土地属于国家、集体所有，根据建设要求，国家、集体对土地、山林实行调整，征用必须服从，任何单位、团体和个人不得违抗。

第 43 条　重点工程及乡、村耕路、沟渠、河道周围必须保持 2～3 米范围，以免水土流失，以及方便维修工程的实施。寨内寨外耕路场所必须保持清洁，任何单位和个人不得侵占，违者责令停止侵占活动，并收取违约金 1000～2000 元。

第 44 条　社员自留山、自留地归组员使用，任何团体、集体和个人不得随意侵占。

第 45 条　擅自盗伐集体和个人林木者，视其情节轻重，罚被盗伐林木保价值的 2 至 5 倍；夜间盗伐林木者，加倍处罚。

第 46 条　自然灾害（大风、大雨、风雪、冰雹等）毁坏的林木，任何人不准进山哄抢，捡到归还集体的，给予奖励，否则按盗伐林木条款处罚。

第47条 有田埂、坝堤垮塌，需砍伐林木兴修者，必须经村委会批准后方能砍伐。未经批准擅自砍伐者，按本章盗伐林木条款处理。

第48条 社员承包的土地（责任田、地、山林）在承包期内组员按集体规定使用，但不得自行改地形地貌，不得在承包地、山林盖房屋、葬坟、烧砖瓦，违者收违约金100~500元，并限期整改。

第49条 认真遵守执行田、地、山林界限，不得随意越界，造成纠纷的，后果及一切经济责任由肇事者承担。

第50条 认真爱护森林资源，依法治林，保护生态平衡。

第51条 建设和群众用材，须经有关部门批准，并缴纳税费和管理费，违者按乱砍乱伐论处。

第52条 不论何项工程，凡在本村区域内取用石料的，须经当地协调批准，上交管理费（每方1元）。否则，责任停止采取，并收违约金50~100元。

第53条 不得破坏水源林、人造林、风景林，违者收取违约金100~1000元，并上报林业部门处理。

第54条 村民因发展种植业、养殖业而需租用集体土地的，须经村民大会三分之二以上人员同意。不准将合同地进行非法出租和转手倒卖，违者村小组有权报请村委会终止合同，收回土地使用权，不做任何赔偿。

第55条 农民未经村民小组及村委会同意，不得私自乱开垦集体土地。已经开荒的，应无偿退还。如属村民小组同意农户使用的土地，如遇国家建设征用，按国家有关规定办理。村民小组需要征用的，村民应当服从集体，具体补偿办法结合市场及当地实际而定。未经村民小组及村委会同意，私自开荒、开发使用土地种植果树、作物的，如集体征用不做任何赔偿。

第56条 凡属村小组集体和农户栽种的山林，树木，未经村委会及林业部门批准，不得私自砍伐和损害，违者必须按照规定补种成活树木，并缴纳每株1元至10元的育林金；造成最大损失的，移交林业及相关部门查处。

第57条 村民出卖、赠与和交换房屋，应该按照房屋出售价或赠与的市场价，交换差价成效时，10天之内买主到当地财政部门交纳契税，逾期不缴纳者，按照契税法法规予以处罚。

第 58 条 村民需要建房的，原则上只能在翁丁村内购地建房，有其他情况的，本人要写好申请报告，由村民小组讨论并签具意见，经村民委员会审查同意，报乡人民政府或县国土管理局批准，再经村委定好房屋基地的方位才允许下脚建房。

第 59 条 建房的村民，经过批准占用耕地建房的，建房占耕地抵作承包地。

第八章　人口管理

第 60 条 严格执行计划生育政策，控制人口自然增长率，提高人口素质，任何农户、个人不得随意批准外人落户。

第 61 条 提倡一对夫妇生育一对孩子。对于独生子女户要求再生第二胎的，必须在领取二孩准生证后方可生育二孩，负责按规定征收社会抚养费。

第 62 条 凡育龄妇女应该做好上环等避孕措施，有计划生育二孩的，未准生前怀孕的，必须引流产术，否则按照计划生育法规予以处罚。

第 63 条 凡领取了独生子女证，再生育第二孩的夫妇享受国家相关优惠政策；原有两个孩子，死亡一个的，夫妇双方做了绝育手术，可以申请领取独生子女证，待遇与独生子女一样。

第 64 条 对领取独生子女证后，又生育第二胎的，依照《云南省人口与计划生育条例》有关处罚规定，收回原多承包的一份责任田地，并依法征收社会抚养费。

第 65 条 对不实行计划生育或国策，谩骂、殴打计划生育工作人员的，视情节轻重予以处罚，直至追究法律责任。

第 66 条 农民接待、留宿往来人员和乡外亲朋好友，必须3天内及时申报，暂住费1天1元，若隐藏发生治安问题，如出现为他人提供条件，导致家人思想，生产各方面不安的，违者收取违约金200元。

第 67 条 凡婚嫁本辖区外的村民，必须及时办理户口迁出手续，本村不再记为分配人口，不享受国家各种优惠政策；若需暂时留户口，需与村组签订协议为证据。

第九章 水利和村公共设施

第68条 翁丁新芽水库和各大小山塘、田埂和山水主流域都属于集体所有。承包水库，放鱼人员有保护水源储存、灌溉农田的责任，任何人不准擅自开水闸放水。

第69条 不准任何人毁坏堤坝、田埂和山水主流域等综合水利基层设施，违者处责其恢复原貌外，并处罚款200～500元。

第70条 村民都有维护村公共财产的责任和义务，对于损毁村公共财产的除责令恢复原状外，同时处罚款500～1000元。

第十章 附 则

第71条 凡在本村区域内，不论农村、机关都必须服从本村的村规民约发生各种纠纷案件一律必须及时公正处理。

第72条 凡在本村区域内居住的人员，有义务宣传本村的村规民约，并受到保护。

本村规民约若有与国家法律、法规相抵触之处，以国家法律为准。本村规民约从公布之日起实施。

参考文献

[1] [印] 阿马蒂亚·森. 以自由看待发展 [M]. 任赜, 于真, 译. 北京: 中国人民大学出版社, 2012.

[2] [印] 阿马蒂亚·森. 生活水准 [M]. 徐大建, 译. 上海: 上海财经大学出版社, 2007.

[3] [印] 阿马蒂亚·森. 贫困与饥荒 [M]. 王宇, 王文玉, 译. 北京: 商务印书馆, 2001.

[4] [印] 阿马蒂亚·森. 理性与自由 [M]. 李风华, 译. 北京: 中国人民大学出版社, 2006.

[5] [印] 阿马蒂亚·森, 让·德雷兹. 印度: 经济发展与社会机会 [M]. 黄飞君, 译. 北京: 社会科学文献出版社, 2006.

[6] 张晓萍, 李伟. 旅游人类学 [M]. 天津: 南开大学出版社, 2008.

[7] 张晓萍. 民族旅游的人类学透视——中西旅游人类学研究论丛 [M]. 昆明: 云南大学出版社, 2005.

[8] [美] 瓦伦·L. 史密斯. 东道主与游客——旅游人类学研究 [M]. 张晓萍, 何昌邑, 等, 译. 昆明: 云南大学出版社, 2002（2007重印）.

[9] 田卫民, 宋海岩. 旅游业与民族地区发展 [M]. 北京: 中国旅游出版社, 2009.

[10] 黄平, 王晓毅. 公共性的重建——社区建设的实践与思考（上下）[M]. 北京: 社会科学文献出版社, 2011.

[11] 联合国教科文组织编. 内源发展战略 [M]. 北京: 社会科学文献出版社, 1988.

[12] 周大鸣, 刘志扬, 秦红增. 寻求内源发展: 中国西部的民族与文化 [M]. 广州: 中山大学出版社, 2006.

[13] 王春萍. 可行能力视角下城市贫困与反贫困研究 [M]. 西安: 西北工业大学出版社, 2008.

[14] 保继刚, 王宁, 马波, 肖洪根, 谢彦君. 旅游学纵横——学界五人对话录 [M]. 北京: 旅游教育出版社, 2013.

[15] 王剑, 彭建. 西南民族地区旅游业与社区互动发展 [M]. 北京: 中国经济出版社, 2014.

［16］许南垣. 现代旅游经济学：学习指导、练习与案例［M］. 昆明：云南大学出版社，2010.

［17］马翀炜，陈庆德. 民族文化资本化［M］. 北京：人民出版社，2004.

［18］沧源县文联编. 沧源佤族民间故事［M］. 昆明：云南民族出版社，2016.

［19］马仲良，于燕燕. 社区建设基础知识［M］. 北京：中国劳动社会保障出版社，2001.

［20］张瑞凯. 社区能力建设——从理论概念走向行动实践［M］. 北京：北京理工大学出版社，2011.

［21］杨红英. 少数民族发展中的人力资源开发研究——基于云南民族文化传承与民族教育开发［M］. 昆明：云南大学出版社，2008.

［22］费孝通. 文化与文化自觉［M］. 北京：群言出版社，2010（2014重印）.

［23］［美］彼得·德鲁克. 德鲁克管理思想精要［M］. 李维安，王世权，刘金岩，译. 北京：机械工业出版社，2009（2015重印）.

［24］杨慧. 旅游·少数民族与多元文化［M］. 昆明：云南大学出版社，2011.

［25］杜越，王力. 全民教育理念下的农村社区学习中心［M］. 北京：高等教育出版社，2011.

［26］郭平. 巴厘巴厘——一个中国人的30次巴厘岛之行［M］. 北京：生活. 读书. 新知三联书店，2011.

［27］徐永祥. 社区发展论［M］. 上海：华东理工大学出版社，2001（2012重印）.

［28］徐赣丽. 民俗旅游与民族文化变迁——桂北壮瑶三村考察［M］. 北京：民族出版社，2006.

［29］戚鲁. 人力资源能本管理与能力建设［M］. 北京：人民出版社，2003.

［30］［德］卡西尔. 人论［M］. 唐译，编译. 长春：吉林出版集团有限责任公司，2014.

[31] 刘丹萍．旅游凝视：中国本土研究 [M]．天津：南开大学出版社，2008．

[32] 张文．旅游影响：理论与实践 [M]．北京：社会科学文献出版社，2007．

[33] [美] Dean MacCannell．旅游者：休闲阶层新论 [M]．张晓萍，等，译．桂林：广西师范大学出版社，2008．

[34] 孙九霞．旅游人类学的社区旅游与社区参与 [M]．北京：商务印书馆，2009．

[35] 曹兴平．民族村寨旅游社区参与的内生动力研究 [M]．成都：西南财经大学出版社，2015．

[36] 陈志永．少数民族村寨社区参与旅游发展研究 [M]．北京：中国社会科学出版社，2015．

[37] 王林．景观村落旅游与社区参与 [M]．北京：中国旅游出版社，2014．

[38] 韩庆祥．能力本位 [M]．北京：中国发展出版社，1999．

[39] 曾旭正．台湾社区营造 [M]．新北市：远足文化事业股份有限公司，2013．

[40] 袁少芬．民族文化与经济互动 [M]．北京：民族出版社，2004．

[41] 单菁菁．社区情感与社区建设 [M]．北京：社会科学文献出版社，2005．

[42] 罗慧燕．教育与社会发展：中国贵州省的一个个案研究 [M]．北京：民族出版社，2009．

[43] 蔡中宏．教育与社会发展研究：基于文化和人的视角 [M]．北京：中国社会科学出版社，2013．

[44] 鲁建彪．傈僳族社区发展研究：以云南省武定县插甸乡安乐德村为个案 [M]．北京：中国社会科学出版社，2007．

[45] [印] 阿马蒂亚·森，[美] 努斯鲍姆主编．生活质量 [M]．龚群，等，译．北京：社会科学文献出版社，2008．

[46] [美] 米奇利．社会发展：社会福利视角下的发展观 [M]．苗正

民,译.上海:格致出版社,上海人民出版社,2009.

[47] 郑培凯.口传心授与文化传承[M].桂林:广西师范大学出版社,2006.

[48] 陈理.民族历史文化资源与旅游开发[M].北京:民族出版社,2007.

[49] 曾玉荣.台湾休闲农业理念·布局·实践[M].北京:中国农业科学技术出版社,2015.

[50] 折晓叶,陈婴婴.社区的实践——"超级村庄"的发展历程[M].杭州:浙江人民出版社,2002.

[51] 董晓萍.全球化和民俗保护[M].北京:高等教育出版社,2007.

[52] 张凌云,王静,张雅坤.世界著名旅游目的地开发与管理[M].北京:旅游教育出版社,2015.

[53] 杨力民.创意旅游:讲述旅游规划的故事[M].北京:中国旅游出版社,2009.

[54] 马耀峰,甘枝茂.旅游资源开发与管理[M].天津:南开大学出版社,2013.

[55] 明庆忠.佤族文化旅游产品开发研究[M].北京:人民出版社,2016.

[56] [美] 德鲁克.管理的实践[M].齐若兰,译.北京:机械工业出版社,2009(2015重印).

[57] 田润乾.基于旅游扶贫的社区参与研究[D].开封:河南大学,2010.

[58] 吴应香.少数民族社区参与旅游扶贫研究——以云南省文山州为例[D].昆明:云南大学,2010.

[59] 张娅莉.旅游人类学视野下社区参与旅游扶贫实证研究——以九寨沟为例[D].成都:四川师范大学,2013.

[60] 漆明亮.社区参与旅游扶贫及模式研究[D].成都:西南财经大学,2006.

[61] 李云.社区参与旅游扶贫研究——以湖北省通山县西泉村为例

[D]．金华：浙江师范大学，2013．

[62] 王海龙．社区能力视角下的城市居民主观生活质量研究——基于深圳市和厦门市的调查[D]．厦门：厦门大学，2014．

[63] 俞青．减灾型社区应急能力建设研究——以白银市狄家台社区为例[D]．兰州：兰州大学，2013．

[64] 杨茜．我国乡村旅游社区能力建设初探——以民族村寨旅游为例[D]．上海：华东师范大学，2010．

[65] 陈玉燕．差序格局视阈下城市基层政府服务社区能力的提升路径[D]．广州：广州大学，2013．

[66] 蔺波．当代中国农村基层民主政权建设研究[D]．长春：吉林大学，2011．

[67] 张睿．国外"合作居住"社区研究[D]．天津：天津大学，2011．

[68] 袁文．湘西凤凰古城社区参与旅游发展的增权路径研究[D]．武汉：华中师范大学，2014．

[69] 时少华．权力结构视角下社区参与旅游的研究——以京郊二村为例[D]．北京：中央民族大学，2012．

[70] 修新田．参与式森林旅游发展中的社区增权机制和路径研究[D]．福州：福建农林大学，2015．

[71] 吕秋琳．增权理论视角下社区参与乡村旅游可持续发展研究[D]．济南：山东大学，2012．

[72] 车慧颖．基于增权理论的海岛社区参与旅游研究[D]．青岛：中国海洋大学，2013．

[73] 张禹．乡村生态旅游的社区参与模式及其运作机制研究——以太湖源白沙村为例[D]．杭州：浙江大学，2008．

[74] 胡兵．丙中洛小镇社区参与旅游模式优化研究[D]．昆明：云南师范大学，2014．

[75] 王浪．民族社区参与旅游发展的动力机制研究[D]．湘潭：湘潭大学，2008．

[76] 赵小远．社区参与旅游发展的冲突及治理机制研究[D]．郑州：

郑州大学，2014.

[77] 宋鹏. 羌族文化旅游可持续发展中的社区参与研究——以茂县牟托寨和坪头寨为例 [D]. 成都：成都理工大学，2012.

[78] 王洋. 社区参与生态旅游的管理机制和发展模式研究 [D]. 成都：西南交通大学，2008.

[79] 李佳. 九寨沟社区参与旅游发展模式的研究 [D]. 成都：西南财经大学，2008.

[80] 张伟庆. 少数民族社区参与旅游发展的模式创新研究 [D]. 昆明：云南师范大学，2006.

[81] 樊华. 历史文化名城吐鲁番社区参与旅游发展模式研究 [D]. 乌鲁木齐：新疆师范大学，2013.

[82] 曾艳. 国内外社区参与发展模式比较研究 [D]. 厦门：厦门大学，2007.

[83] 陈梅. 基于CSM新资源观论的农村社区参与旅游开发影响因素研究 [D]. 武汉：武汉大学，2010.

[84] 胡翼珍. 云南典型少数民族村落生态旅游可持续性发展研究——以沧源翁丁佤寨为例 [D]. 北京：中国林业科学研究院，2013.

[85] 杨家娣. 沧源县翁丁佤族生态村旅游开发研究 [D]. 昆明：云南师范大学，2004.

[86] 李建萍. 电视：作为一种媒介环境的影响——以沧源翁丁村为例 [D]. 昆明：云南大学，2014.

[87] 周雅婷. 民族特色村寨在文化旅游开发中的问题及解决路径——以沧源佤族自治县翁丁村为例 [D]. 昆明：云南大学，2015.

[88] 辛锡灿. 民族文化生态村模式下少数民族传统体育发展的SWOT分析和策略研究——以云南省沧源县翁丁村为例 [D]. 昆明：云南师范大学，2014.

[89] 张捍平. 翁丁村聚落空间与居民居住行为关系的研究 [D]. 北京：北京建筑大学，2010.

[90] 蓝玲. 翁丁佤寨土著知识旅游化利用及原真性保护研究 [D]. 昆明：云南师范大学，2014.

[91] 段超. 翁丁佤族文化展演式旅游产品开发研究 [D]. 昆明: 云南师范大学, 2014.

[92] 黄倩辉. 云南翁丁村佤族土著知识旅游综合开发研究 [D]. 昆明: 云南师范大学, 2014.

[93] 余晓兰. 云南翁丁佤寨特色文化旅游产业体系建设与管理研究 [D]. 昆明: 云南师范大学, 2015.

[94] 吴正本. 阿马蒂亚·森的可行能力发展观解析 [D]. 大连: 东北财经大学, 2013.

[95] 唐玲萍, 符江红. 国外社区旅游的启示——以加拿大 St Jacobs 社区为例 [J]. 商场现代化, 2009, 567 (2): 218 – 219.

[96] 吕君, 吴必虎. 国外社区参与旅游发展研究的层次演进与判读 [J]. 未来与发展, 2010 (6): 108 – 111.

[97] 孙九霞. 社区参与旅游发展的中西差异 [J]. 地理学报, 2006, 61 (4): 401 – 413.

[98] 张骁鸣. 西方社区旅游误读与反思 [J]. 旅游科学, 2007, 21 (1): 1 – 6.

[99] 邱云美. 社区参与是实现旅游扶贫目标的有效途径 [J]. 农村经济, 2004 (12): 43 – 45.

[100] 丁焕峰. 农村贫困社区参与旅游发展与旅游扶贫 [J]. 农村经济, 2006 (9): 49 – 52.

[101] 杨阿莉, 把多勋. 民族地区社区参与式旅游扶贫机制的构建——以甘肃省甘南藏族自治州为例 [J]. 内蒙古社会科学: 汉文版, 2012, 33 (5): 131 – 136.

[102] 田宏, 张建春, 张朝环. 石家庄乡村社区居民参与旅游扶贫开发的调查研究 [J]. 2015, 43 (9): 189 – 190, 199.

[103] 邱云美, 封建林. 少数民族地区社区参与旅游的影响因素与措施 [J]. 黑龙江民族丛刊, 2005 (6): 48 – 51.

[104] 陈佳娜, 李伟. 民族社区居民参与旅游发展的限制性因素分析 [J]. 淮海工学院学报: 社会科学版·学术论坛, 2011, 9 (21): 72 – 74.

［105］吕君．欠发达地区社区参与旅游发展的影响因素及系统分析［J］．世界地理研究，2012，21（2）：118－128．

［106］郭凌，王志章．论民族地区旅游社区参与主体的培育——以泸沽湖里格岛为例［J］．广西师范大学学报：哲学社会科学版，2009（6）：110－115．

［107］王江，罗仕伟．社区参与旅游的限制性因素研究——以云南澄江禄充社区为例［J］．重庆师范大学学报：自然科学版，2012，29（4）：107－111．

［108］胥兴安，王立磊，张广宇．感知公平、社区支持感与社区参与旅游发展关系——基于社会交换理论的视角［J］．旅游科学，2015，29（5）：14－26．

［109］颜亚玉，黄海玉．历史文化保护区旅游开发的社区参与模式研究［J］．人文地理，2008（6）：94－98．

［110］朱元秀．生态旅游发展中的社区参与典型模式比较与分析［J］．商业时代，2014（35）：137－139．

［111］陈海鹰，曾小红．利益相关者视角的乡村生态旅游社区参与模式探讨——以海口龙鳞村为例［J］．广东农业科学，2011（14）：157－160．

［112］樊忠涛．乡村旅游社区参与的模式与对策研究［J］．商场现代化，2015（3）：172－173．

［113］罗芳，李中建．民族村寨社区参与旅游发展模式探讨——以龙脊金竹壮寨为例［J］．科技情报开发与经济，2011（7）：168－170．

［114］罗永常．民族村寨社区参与旅游开发的利益保障机制［J］．旅游学刊，2006（10）：45－48．

［115］武晓英，李辉，李伟．社区参与旅游发展的利益分配机制研究——以西双版纳民族旅游地为例［J］．北京第二外国语学院学报，2014（11）：59－67．

［116］吕君．社区参与旅游发展的运行机制研究［J］．未来与发展，2012（8）：30－34．

［117］宋章海．试论社区参与在区域旅游发展中的问题与对策［J］．贵州大学学报：社会科学版，2005（1）：62－65．

［118］李辉，王生鹏，孙永龙．民族地区社区参与旅游发展现状与对策研究［J］．西北民族研究，2008（3）：136－141．

[119] 孙九霞. 社区参与旅游对民族传统文化保护的正效应 [J]. 广西民族学院学报：哲学社会科学版，2005，27（4）：35-39，46.

[120] 孙九霞. 社区参与旅游与族群文化保护：类型与逻辑关联 [J]. 思想战线，2013（3）：97-102.

[121] 艾菊红. 文化生态旅游的社区参与和传统文化保护与发展——云南三个傣族文化生态旅游村的比较研究 [J]. 民族研究，2007（4）：49-58，108，109.

[122] 王宇翔，程道品. 近10年来（2001—2011）民族地区社区参与非物质文化遗产保护旅游开发研究综述 [J]. 旅游研究，2014，6（1）：34-39.

[123] 左冰，保继刚. 从"社区参与"走向"社区增权"——西方"旅游增权"理论研究述评 [J]. 旅游学刊，2008（4）：58-63.

[124] 左冰，保继刚. 制度增权：社区参与旅游发展之土地权利变革 [J]. 旅游学刊，2012（2）：23-31.

[125] 王亚娟. 社区参与旅游的制度性增权研究 [J]. 旅游科学，2012，26（3）：18-26，94.

[126] 潘植强，梁保尔，吴玉海，林琰，曹婷婷. 社区增权：实现社区参与旅游发展的有效路径 [J]. 旅游论坛，2014，7（6）：43-49.

[127] 保继刚，孙九霞. 雨崩村社区旅游：社区参与方式及其增权意义 [J]. 旅游论坛，2008，1（1）：58-65.

[128] 翁时秀，彭华. 权力关系对社区参与旅游发展的影响——以浙江省楠溪江芙蓉村为例 [J]. 旅游学刊，2010，25（9）：51-57.

[129] 王华，郑艳芬. 社区参与旅游的权利去哪了？——基于我国旅游法律法规条文的内容分析 [J]. 旅游学刊，2015，30（5）：74-84.

[130] 郭文，黄震方. 乡村旅游开发背景下社区权能发展研究——基于对云南傣族园和雨崩社区两种典型案例的调查 [J]. 旅游学刊，2011，26（12）：83-92.

[131] 陈福平. 邻里贫困下的社区服务与能力建设 [J]. 中国行政管理，2013（2）：75-79.

[132] 丁元竹. 加拿大的社区服务体系建设及对我国的启示 [J]. 社区，

2006（9）：30-33.

[133] 吴娇. 从国外经验看我国城市社区自治主体参与网络的构建［J］. 辽宁经济管理干部学院学报，2009（6）：17-19.

[134] 施巍巍，颜少君. 国外社区参与社会管理的特点及其对我国的启示［J］. 学术交流，2009（2）：122-125.

[135] 彭兵. 通向城乡衔接的乡村社区能力建设——自加拿大新乡村建设运动生发［J］. 社会科学辑刊，2010（4）：63-66.

[136] 王芳. 生态责任、草根行动与低碳社区的能力建设——英美案例及其启示［J］. 江苏行政学院学报，2011（6）：61-66.

[137] 张磊，简小鹰，杨文波. 国外社区自主型发展实践研究［J］. 世界农业，2013（2）：39-42.

[138] 徐延辉，黄云凌. 社区能力建设与反贫困实践——以英国"社区复兴运动"为例［J］. 社会科学战线，2013（4）：204-210.

[139] 邹积亮，朱伟. 国外防灾减灾能力建设经验及启示［J］. 中国应急管理，2015（11）：68-70.

[140] 吴晓林，郝丽娜. 国外社区治理研究的理论考察［J］. 中国民政，2015（23）：57-61.

[141] 欧阳虹彬，叶强. 社区更新机制的弹性：英国模式对中国的启示［J］. 城市发展研究，2015（12）：63-69.

[142] 石发勇. 关系网络与当代中国基层社会运动——以一个街区环保运动个案为例［J］. 学海，2005（3）：76-88.

[143] 王瑞华. 政府在社区自组织能力建设中的作用［J］. 中国行政管理，2008（1）：94-97.

[144] 樊雅丽，马沁芳. 走向治理：农村基层社区能力建设的问题与策略——河北经验与有效路径探讨［J］. 河北学刊，2013，33（3）：150-153.

[145] 赵晓峰. "双轨政治"重构与农村基层行政改革——激活基层行政研究的社会学传统［J］. 北京社会科学，2016（1）：98-104.

[146] 伍俊斌. 当代中国推进基层治理的困境与对策［J］. 中共云南省委党校学报，2015，16（6）：156-161.

［147］赵定东，俞犁鲲．社区减负：何以可能又何以为之——基于杭州市余杭区社区减负的实践分析［J］．中国民政，2015（23）：31-34．

［148］施雪华，赵忠辰．中国社区减负增效的思路和方法［J］．中国民政，2015（23）：17-21．

［149］何植民，许应祥．基层政府社会管理能力建设研究［J］．中共南京市委党校学报，2016（1）：64-67．

［150］刘纬华．社区参与旅游发展研究应有的理论视野——兼与黎洁老师商榷［J］．海南大学学报：人文社会科学版，2002（2）：98-103．

［151］史云桐．社区能力的个案研究——以发展变迁为视角［J］．北京工业大学学报：社会科学版，2015，15（6）：16-24．

［152］吕顺．社区能力建设浅议［J］．新西部，2015（24）：3-6．

［153］孙九霞．赋权理论与旅游发展中的社区能力建设［J］．旅游学刊，2008（9）：22-27．

［154］朱孔芳．灾区重建中的社区能力建设——基于社会工作的"增权"视角［J］．华东理工大学学报：社会科学版，2008（4）：15-18．

［155］林珊珊，陈福平．新媒体环境下的社区赋权与信息化服务［J］．城市观察，2015（5）：39-46．

［156］刘玉如．社区发展模式视域下的农村社区能力建设——以黄山市W镇为例［J］．江西青年职业学院学报，2012，22（1）：79-82．

［157］黄云凌，武艳华，徐延辉．社区能力及其测量——以深圳市为例［J］．城市问题，2013（3）：20-27．

［158］邵海英，郭霞．社会工作视域下的农村社区能力建设研究——以广州市A镇B村为例［J］．湖北第二师范学院学报，2015，32（11）：71-73．

［159］徐延辉，龚紫钰．社会质量、社区能力与城市居民的能力贫困［J］．湖南师范大学社会科学学报，2015（5）：116-125．

［160］Anne D. Developing sustainable tourism for world heritage sites［J］．Annals of Tourism Research，1996，23：479-492．

［161］Marks R. Conservation and community：The contradictions and ambiguities of tourism in the stone town of zanzibar［J］．Habitat International，1996，20

(2): 265-278.

[162] Arnstein SR. A ladder of citizen participation [J]. Journal of the American Planning Association, 1969, 35 (4): 216-224.

[163] Pretty, J. The many interpretations of participation [J]. Focus, 1995, 16: 4-5.

[164] Tosun, C. Towards a typology of community participation in the tourism development process [J]. International Journal of Tourism and Hospitality, 1999, 10: 113-134.

[165] Tosun, C. Towards a typology of community participation in the tourism development process [J]. International Journal of Tourism and Hospitality, 1999, 10: 113-134.

[166] Tosun C. Stages in the emergence of a participatory tourism development approach in the Developing World [J]. Geoforum, 2005, 36: 333-352.

[167] Cevat. Limits to community participation in the tourism development process in Developing countries [J]. Tourism Management, 2000, 21 (6).

[168] Hung K, Sirakaya-Turk E, Ingram L J. Testing the efficacy of an integrative model for community participation [J]. Journal of Travel Research, 2011, 50 (3): 276-288.

[169] De los Angeles Somarriba-Chang M, Gunnarsdotter Y. Local community participation in ecotourism and conservation issues in two nature reserves in Nicaragua [J]. Journal of Sustainable Tourism, 2012, 20 (8): 1025-1043.

[170] Li W J. Community decision making participation in development [J]. Annals of tourism research, 2006, 33 (1): 132-143.

[171] Scheyvens R. Ecotourism and the empowerment of local communities [J]. Tourism Management, 1999, 20: 245-249.

[172] Cevat Tosum. Limits to community participation in the tourism development process in developing countries [J]. Tourism Management, 2000 (21).

[173] Simmons, D. G. Community participation in tourism planning [J]. Tourism Managerment, 1994, 15: 98-108.

[174] Tazim B. Jamal, Donald Getz. Collaboration theory and community tourism planning [J]. Annals of Tourism Research, 1995, 22 (1): 186 - 204.

[175] Taylor, G. The community approach: does it really work? [J]. Tourism Management, 1995, 16 (7).

[176] Pigram, John J, Wahab, Salab. The challenge of sustainable tourism grouth [J]. In Salab Wahab and John J. Pigram, eds. Tourism, development and grouth, 1997: 3 - 13.

[177] Pigram, John J, Wahab, Salab. Sustainable tourism in a changing world [A]. In Salab Wahab and John J. Pigram, eds. Tourism, development and grouth, 1997: 17 - 32.

[178] Butler, Richard. Modelling tourism development: evolution, growth and decline [A]. In Salab Wahab and John J. Pigram, eds. Tourism, development and growth, 1997: 109 - 125.

[179] Simpson M C. Community benefit tourism initiatives—A conceptual oxymoron [J]. Tourism Management, 2008, 29 (1): 1 - 18.

[180] Sofield T. Empowerment of sustainable tourism development [M]. London: Pergamon, 2003.

[181] Pearce, P., Moscardo, G. Tourism community relationship [M]. New York: Pergamon, 1996.

[182] Peter E. Murphy. Tourism: a community approach [M]. New York: Methuen, 1985.

[183] Catley, A. Methods on the move: A review of veter-inary uses of participatory approaches and methods focusingon experiences in dry land Africa [M]. London: International Institute for Environment and Development, 1999.

[184] I Nyoman Darma Putra, Siobhan Campbell. Recent developments in Bali tourism—culture, heritage, and landscape in an open fortress [M]. Program Studi Magister Kajjan Pariwisata Univerditas Udayana in cooperation with Buku Arti, 2015: 201 - 207.

后 记

研究"直过民族"的初衷源于我去云南省沧源县翁丁原始部落游玩的一次经历，当时，觉得当地居民热情奔放，但是，生活水平较为贫困，故萌生了想帮助他们脱贫致富的想法，于是，在选择案例点时，我毫不犹豫地选择了沧源翁丁佤族村。本书致力于探讨佤族社区居民旅游精准扶贫的有效对策，对维护边疆稳定发展、建设云南省民族团结进步示范区和提升居民旅游可行能力有很大的实践意义。

　　时光如梭，转眼我已花了5年的时间来完成这本书，回忆这5年的难忘时光，有书写时的苦思冥想，有调研时的百感交集，有离别时的恋恋不舍，这个过程伴随我人生跨入中年的阶段，它记录了我的学术成长的历程，让我明白了"什么是学术""该怎样做学术""学术的研究过程有哪些"等等自己一直很困惑的问题。也让我领悟到学术研究和做人一样，也是一个追求真、善、美的过程。在这个过程中，你必须凭借坚强的毅力去坚持，一步一个脚印，才能有所收获。最重要的是，要透过事物的现象，探索事物的本质，最终找到解决问题的方法。它教会了我感恩前人研究的成果，教会了我默默耕耘，静等花开的淡定，也教会了我懂得学海无涯的道理，以此鼓励自己以后一定要践行终生学习的理念，让自己每天进步一点点。

　　本书是在我的博士论文基础上修改而成的，在写作过程中，得到了我的恩师张晓萍教授的谆谆教诲，她为了我的书花费了很多精力和心血，从选题到田野调查，她都尽其所能地指导和帮助我，令我倍感钦佩和幸运，张教授真正做到了传道、授业、解惑，用自己的博学和睿智引导我走进旅游研究的学术殿堂。同时，非常感谢云南财经大学的明庆忠教授能在百忙之中，抽出宝贵的时间，认真阅读本书，提出高瞻远瞩的有效建议，让我受益匪浅，还为我的书写序。我要感谢指导我做学术研究的各位专家和教授们，他们是田卫民教授、吕宛青教授、杨红英教授、杜靖川教授、杨桂华教授、许南垣教授、马翀炜教授、桂荣教授、胡冀珍教授、叶文教授、罗明义教授、雷晓明教授、王立荣老师等。我要感谢我的同学们和师兄妹们，他们是熊龙、贺景、刘祥恒、伍乐平、李鑫、宋乐、张超旋等，谢谢你们的鼓励和支持。我还要感谢田野调查中，给予我大力支持的各位朋友，他们是沧源县文化旅游产业开发投资有限公司的周总、佤族文化研究开发中心的肖江老师、沧源扶贫办的刘家友、翁丁村的老书记杨振江,以及热情配合我们做问卷调查的所有翁丁村民,谢谢你们帮助我收集到研究的第一手资料。我要感谢云南大学出版社的支持,才使这本书得以顺利出版。我要感谢一直默默支持我的亲人们,你们的支持是我的坚强后盾,谢谢爸爸妈妈、公公婆婆、大哥大嫂、二哥二嫂、我先生和儿子,有了你们的关爱才让我更有力量去完成自己的学业,今后,我将更加珍惜和你们在一起的美好时光!为了完成书稿,我放弃了很多陪伴儿子成长的宝贵时间,希望儿子能够理解,早日立志,为成为最好的自己而努力。

在本书的写作过程中,我尽可能地进行完善和修正,可是由于时间和精力的局限,还是会有一些不足之处,比如今后可以增加更多案例点、扩大居民旅游可行能力的研究范围等等。总之,希望自己在学术研究的道路上,边做边学,越学越精,为促进云南"直过民族"地区的民族旅游发展贡献一分力量。

李春梅

2019 年 3 月 25 日